KB076541

채 신 화 · 나 원 식 · 이 상 원 지음

믿을건 지밖에 없었다

집 한 채로
수 십 억
자 산 증 식
포 트 폴 리 오

어바웃어북

집으로 돈 버는 시대는
아직 끝나지 않았다!

우스갯소리로 회자되는 '3대(代) 후회'가 있습니다. '할아버지가 강남에 땅을 샀더라면!', '아버지가 삼성전자 주식을 샀더라면!', '내가 그때 비트코인을 샀더라면!' 부자가 될 절호의 기회를 대에 걸쳐 놓쳤다는 안타까움 서린 농담이지만, 시대를 관통한 재테크 서사가 담겨 있습니다.

저성장 시대에 일반 직장인들의 월급으로는 착실하게 모아봤자 부자가되기 힘들다는 건 누구나 아는 사실입니다. '안전 자산(부동산) → 투자 상품(주식) → 하이 리스크 투자 상품(코인)'으로 투자처가 점점 과감해지는이유입니다. 과거 베이비부머 세대들은 높은 경제성장률에 힘입어 비교적 안정적으로 자산을 증식해 나갈 수 있었습니다. 하지만 지금은 상황이크게 변했습니다. 갈수록 경제성장률은 떨어지고 양극화가 심해집니다.그렇다고 눈 감고 귀 닫고 살기엔 정보가 넘치는 시대라 조급증이 생깁니다. 젊은 세대에서 위험성 높은 코인 투자에 뛰어드는 이들이 적지 않은이유도 '벼락부자'가 되기 위한 몇 안 되는 방법이라 여기기 때문입니다.

흔치 않은 일이지만, 주식이든 코인이든 투자에 성공해 벼락부자가 된다면 당신은 가장 먼저 무엇을 사고 싶은가요? 아마도 '집' 아닐까요?

쉽지 않은 일이지만, 학교 졸업 후 직장생활을 통해 어느 정도 목돈이 모이면 가장 먼저 어떤 재테크에 돌입할까요? 이 역시 '내 집 마련' 아닐까요?

그렇습니다. 한국사회에서 '집'은 돈이 많건 적건 가장 기본적인 생활수단이자 안전성 높은 투자처입니다. 돌고 돌아 '집'인 이유이지요. 집값이 급등하던 시절 당시 국토교통부 장관은 "집은 사는 것(buy)이 아니라 사는 곳(live)"이라며 투자심리를 억지로 누르려 애썼습니다. 하지만 이어서 찾아온 하락기 때도 집값은 크게 떨어지지 않았고, 하락기는 상승기에 비해 금방 저물고 있습니다. 이 과정에서 사람들은 단지 집값 때문에 자산 격차가 심하게 벌어지는 '벼락거지' 처지를 체험합니다. '내 집 마련'이 '계획'이 아닌 '꿈'인 시대가 돼버린 거지요.

이 책〈믿을 건 집밖에 없다〉에는 그 '꿈'으로 손을 뻗는데 꼭 필요한 이야기가 담겨있습니다. 투자에 본격 나서기에 앞서 반드시 알고 있어야 할 알토란 지식입니다. 집을 지을 때 가장 먼저 하는 일은 '터 파기'인데요. 집이 들어설 자리를 만들어야 그 위에 철근을 세우고 시멘트를 부을 수 있습니다. 맨땅에 건물을 올릴 수 없는 것처럼 내 집 마련과 부동산 투자의 첫걸음은 '잘 알기'라 하겠습니다.

이 책의 모티브는 비즈워치 부동산부가 오랜 기간 진행해온 '알쓸부잡(알아두면 쓸모 있는 부동산 잡학사전)'입니다. 꼭 알아야 할 부동산 기초지식에서부터 급변하는 시장의 흐름과 트렌디한 정보를 알기 쉽게 전달하는 데 초점을 맞췄는데요. 부동산을 한 뼘 더 들여다본다는 취지였지요. 이제 막 사회에 나온 20대부터 '내 집 마련'을 앞둔 30대, 투자를 노리는 40대와 50대에 이르기까지 몰라서 하는 실수를 줄이고 신중한 투자 판단을 위해 꼭 숙지해야 할 지식과 정보를 찾아 동분서주하며 기록한 결과물이 이 책〈믿을 건 집밖에 없다〉로 새롭게 리뉴얼된 거지요. 여느 부동산 책들과는 달리 부동산 전문기자들이 현장을 누비며 취재하고 각계 전문가들과 긴밀히 소통하며 집필했습니다.

이 책은 권두특집을 시작으로 모두 여섯 개의 챕터로 구성됩니다. 우선

권두특집에서는 서울의 대장아파트들과 그 인근 지역의 투자가치를 분석했습니다. 서울의 대장아파트들은 전국 부동산시장의 풍향계로 작용하는 만큼 부동산 투자자라면 그 시세와 가치를 제대로 파악하고 있어야 합니다. 이 책은 강남을 대표하는 신흥 부촌인 반포와 개포 지구를 비롯해 초고층 아파트와 트리플 역세권으로 각각 급부상한 청량리와 은평 지구를 통해 대장아파트들이 지역의 가치를 어떻게 견인하는지를 살펴봤습니다.

이어 첫 번째 챕터에서 재건축 등 정비사업을 다룬 데는 그만한 이유가 있습니다. 서울 대부분 지역과 1기 신도시들이 재건축에 돌입하고 있기 때문입니다. 서울에 새로 아파트를 지을 땅이 거의 고갈된 만큼 재건축은 필수불가결한 사업이 되었는데요. 이 책은 변화무쌍하고 복잡하기 이를 데 없는 재건축에서 핵심 포인트만 선별하여 심도 있게 다뤘습니다. 특히 용적률과 관련하여, '35층 룰'을 폐지한 '2040 서울도시기본계획'을 뜯어봤고, 1기 신도시 주민들이 그토록 염원하는 '노후 계획도시 정비 및 지원에 관한 법률'의 골자와 국회 통과 가능성을 타진해봤습니다 이밖에도 대지지분, 썩상투자, 컨소시엄 시공, 신탁 재건축, 권리산정기준일, 재건축초과이익환수제, 추가분담금 등 재건축에서 꼭 알아야 할 최신 이슈만을 심층 분석했습니다.

두 번째 챕터에서는 '분양'과 '청약' 관련 주제들을 모아 분석했는데요. '내 집 마련'의 첫 단추인 만큼 기초정보에 머무르지 않고 현실에서 맞닥트리는 실사구시(實事求是) 지식을 정확하게 전달하는데 초점을 맞춰 집필했습니다. 이를테면 '미분양에서 옥석가리는 법', '할인분양에 슬기롭게 대처하기', '무순위 청약'과 '선착순 분양', '토지임대부주택'의 허와 실 등을 알기 쉽게 설명했습니다.

세 번째와 네 번째 챕터에서는 그야말로 집테크의 고급 노하우들로 채

윘습니다. '강남3구의 경매 타이밍', '수익형 부동산의 투자가치', '아파트 브랜드가 시세에 미치는 영향', '금리 및 통계와 부동산경기의 상관관계' 등 나열하는 것만으로도 숨이 찰 지경입니다. 부동산 투자 고수들도 솔깃할만한 내용들이 가득하지요.

다섯 번째와 여섯 번째 챕터에서는 전·월세와 세금 문제를 다뤘는데요. 전·월세 시세와 집값은 실과 바늘 관계인만큼 부동산시장의 흐름을 이해하려면 전·월세 판도를 꿰뚫고 있어야 하지요. 최근 불거진 전세사기와 깡통전세 같은 부작용들이 집값에 미치는 영향도 깊이 있게 다뤘습니다.

끝으로 집테크의 마침표는 '강남에 내 집 마련'일까요? 그렇지 않습니다. 바로 '절세'이지요. 강남에 수십 억짜리 아파트를 소유한 분들도 이 책의 마지막 챕터를 정독해야 하는 이유가 여기에 있습니다.

부동산에도 수저가 있습니다. 부모에게 '억'소리 나는 주택을 상속받는 금수저, 수천만원짜리 청약통장을 증여받는 청약수저 등등. 취재를 위해 강남권 견본주택이나 분양 현장에서 만난 젊은이들은 대부분 수저 하나는 물고 있었습니다. '돈이 돈을 번다'는 명제는 철옹성이나 다름없었지요.

그런데요. 부동산시장엔 그런 수저들만 존재하지 않습니다. 최근엔 집을 사기 위해 스스로 움직이는 청년들을 많이 만납니다. 전략적으로 청약해 어린 나이에 분양을 받거나 재건축에 투자해 수억원의 시세차익을 얻는 사례도 봤습니다. '집으로 돈 버는 시대는 끝나지 않을 것'이라는 진리를 간파한 뒤 행동하는 이들이 늘고 있습니다. 그렇습니다. 믿을 건 집밖에 없습니다! 이 책을 집필하며 다시 한 번 절실하게 느낀 대목이지요. 이 책을 읽는 모든 분들이 터를 파고 건물을 올려 그곳에서 안전하고 행복한 삶을 영위하기를 소망합니다.

CONTENTS

CHAPTER 1
믿을 건 '재건축'밖에 없다
정비사업 투자분석

CHAPTER 2
믿을 건 '분양'밖에 없다
청약과 분양에 관한 신박한 지식

CHAPTER 3

믿을 건 '투자안목'밖에 없다
아파트 투자안목을 키우는 핵심 포인트

CHAPTER 4
믿을 건 '정보력'밖에 없다
시세, 금리, 통계 등에 얽힌 오해와 진실

CHAPTER 5

믿을 건 '보증금'밖에 없다
슬기로운 전·월세 생활

믿을 건 '절세'밖에 없다
부동산 투자의 마지막은 '세테크'

믿을 건
'대장아파트' 밖에 없다

서울 대장아파트 분석

누가 왕이 될 상인가

서울은 지금 대장아파트 전쟁

이른바 '대장아파트'로 불리는 단지들이 있습니다. 이 단지의 시세를 보고 지역주민과 실수요자들은 그 지역의 집값 흐름을 가늠하곤 합니다. 이런 단지는 지역을 대표하는 랜드마크로 여겨지기도 하는데요. 다만 신축이 들어서면서 그 자리가 바뀌기도 합니다. 예를 들어 서울 개포와 반포, 청량리 등에 대규모 단지 입주가 이어지면서 대장아파트 자리를 꿰찰 거라는 전망이 나오고 있습니다.

인근 아파트 시세 이끄는 대규모 단지

대장아파트라는 개념에 뚜렷한 정의는 없는데요. 입지 좋은 곳에 위치한 신축 브랜드 아파트가 대장이 되기도 하고 때로는 매머드급 대단지가 그 자리를 차지하기도 합니다. 오래된 아파트 중 투자가치가 높은 재건축 단

대장아파트라는 개념에 뚜렷한 정의는 없다. 입지 좋은 곳에 위치한 신축 브랜드 아파트가 대장이 되기도 하고 때로는 매머드급 대단지가 그 자리를 차지하기도 한다. 오래된 아파트 중 투자 가치가 높은 재건축 단지에 대장이라는 수식어가 붙기도 한다. 강남권에서는 반포 아리팍이 먼저 평당 1억원을 기록하면서 대장의 위치가 바뀌었다는 얘기도 있었지만 전통의 대장주는 아무래도 압구정 현대아파트(이미지)라는 전문가의 분석이 설득력 있다. 향후 압구정 단지들의 재건축이 완료되면 결국 다시 대장아파트가 될 것이란 전망이 적지 않다.

지에 대장이라는 수식어가 붙기도 하지요.

다만, 많은 이가 꼽는 대장아파트의 공통된 요건이 있습니다. 입지 좋은 곳에 위치한 대단지 브랜드이면서 인근 지역의 시세를 이끌어야 한다는 점인데요. 이런 단지는 가격이 높으면서도 먼저 움직이는 경향이 강합니다. 무엇보다 지역주민들이 해당 아파트를 랜드마크로 인정해야 한다는 점이 필수 요건이지요.

대장아파트의 요건으로 가장 많이 거론되는 건 바로 '가격'입니다. 대장이라는 말에서 알 수 있듯 각 지역을 대표하는 단지이니만큼 가치가 높을 수밖에 없는데요. 이는 결국 가격에 반영됩니다. 이에 따라 서울에서는 주로 역세권에 위치하거나 한강뷰가 있는 아파트가 그 자리를 차지하는 경우가 많습니다.

하지만 가격이 높다고 무조건 대장아파트가 되는 건 아닌데요. 예를 들어 2023년 전국 공동주택 중에서 공시가격이 가장 높은 곳들을 살펴보면 알 수 있습니다.

서울 강남구 청담동의 더펜트하우스청담과 용산구 한남동의 나인원한남, 한남더힐이 공시가격 1~3위를 차지했는데요. 이 단지들은 유명인들이 거주하는 최고급 주택으로 알려져 있기는 하지만 대장아파트로 불리지는 않습니다. 인근의 시세와는 별도의 흐름을 보이는 경우가 많습니다. 전문가들은 가격에 앞서 일단 '규모'를 갖춰야 한다고 설명합니다. 적어도 1000가구 이상의 대단지여야 대장의 수식어가 붙는다는 얘긴데요.

김인만 부동산경제연구소 소장은 "대장아파트라고 하면 주로 입지가 좋고 선호도가 높으니 가격이 비싸기 마련"이라며 "다만 청담동 등에 유명인들이 사는 아파트의 경우 비싸기는 하지만 지역의 랜드마크로 여기지는 않는다"고 설명했습니다. 이어 "일단 세대 수가 많아야 하고 가격이 높으면서도 지역의 시세를 이끌어야 한다"고 덧붙였습니다.

| KB부동산 선도아파트 3.3㎡당 시세 순위 |

순위	단지명	지역	3.3㎡당 KB시세(만원)
1	아크로리버파크	서초구 반포동	1억622
2	현대 (1,2차)	강남구 압구정동	1억355
3	신반포 (한신2차)	서초구 잠원동	1억215
4	현대 (6,7차)	강남구 압구정동	9907
5	래미안퍼스티지	서초구 반포동	9719

※2023년 7월 기준

이런 점을 반영한 통계지표도 있는데요. KB부동산에서 내놓는 'KB 선도 아파트 지수'입니다. 이는 가구 수와 가격을 계산한 시가총액 상위 50개 단지의 시세 변화를 지수화해 표시한 통계입니다. 대단지이거나 가격이 높으면 시가총액이 높아지는 건데요. 결국 수요가 많고 집값도 높은 단지들로 시장의 흐름을 선행적으로 보여주는 지수로 여겨집니다.

8000가구 이상의 매머드급 단지이면서 인근 시세를 이끄는 송파구 헬리오시티가 대표적이지요. 이 단지는 워낙 규모가 크다 보니 시가총액(248쪽)이 전국에서 가장 높습니다. 송파구의 대표적인 대장아파트 중 하나로 꼽힙니다.

🔍 신축 대단지, '새 대장주'로 …… 재건축 단지도 주목

대장의 자리는 영원하지 않습니다. 인근에 대단지 브랜드 아파트가 새로 들어서는 경우 자리를 넘겨주는 경우가 많은데요. 지난 2016년 입주 이후 서울 강남권의 대장주로 단숨에 올라선 반포동 아크로리버파크(아리팍)가 대표적입니다. 이 단지는 지난 2019년 전용면적 84㎡가 34억원에 거래되면서 '평당 1억원' 시대를 열어 주목받기도 했습니다.

하지만 최근 인근에 래미안원베일리가 입주하면서 아리팍이 자리를 내줄 거라는 전망이 많았습니다. 원베일리는 2990가구로 아리팍(1519가구)에 비해 규모가 큰 데다가 신축이라는 점을 고려하면 자연스러운 흐름이지요.

물론 대장이라고 해서 꼭 한 곳만 그 자리를 차지할 수 있는 것은 아닙니다. 입지요건이나 입주시기가 비슷한 단지들을 묶어 대장주로 부르는 경우도 있습니다. 서울 송파구 잠실의 대장주로 불리는 엘리트(엘스·리센츠·트리지움)가 대표적인데요. 최근 입주를 시작하며 청량리 일대의 새 대장주로 여겨지는 '청량리 3대장'도 이런 사례입니다(35쪽). 청량리역 한양수자인그라시엘과 청량리역 롯데캐슬SKY-L65, 청량리역 해링턴플레이스는 단숨에 이 지역의 랜드마크로 올라선 분위기입니다.

신축은 아니지만 상징성이 커서 대장의 수식어를 지키는 경우도 있는데요. 특히 재건축을 추진하는 유명 단지들이 그렇습니다. 압구정 현대아파트와 대치 은마아파트 등이 대표적입니다. 목동에서는 목동7단지, 여의도에서는 한양·공작아파트 등이 '재건축 대장주'로 불립니다.

최근 대장아파트에 대한 관심이 높아지고 있는데요. 서울 강남권의 개포와 반포, 그리고 청량리 등에서 신축 단지 입주가 줄줄이 이어지는 데다가 강남과 목동, 여의도 등에선 주요 재건축 단지들의 사업 속도가 빨라지는 영향입니다. 각 지역 대장주가 실제 바뀌고 있기도 하고, 또 재건축이 가시화하면서 향후 변화를 가늠하는 이들도 늘어나고 있습니다.

윤지해 부동산R114 리서치팀장은 "강남권에서는 반포 아리팍이 먼저 평당 1억원을 기록하면서 대장의 위치가 바뀌었다는 얘기도 있었지만 전통의 대장주는 아무래도 압구정 현대아파트라고 볼 수 있다"며, "향후 압구정 단지들의 재건축이 마무리되면 결국 다시 대장아파트가 될 것"이라고 전망했습니다.

대장아파트는 결국 지역주민을 비롯해 누구나 고개를 끄덕이는 인지도가 있어야 한다는 주장도 있습니다. 가격과 규모, 입지가 중요하긴 하지만 결국에는 사람들에게 지역의 랜드마크로서 인정을 받는 게 필수요건이라는 설명입니다.

'반포 대장주' 아리팍,
이제 비켜! 다음은 어디?

강남 부자들의 '원픽' 대장아파트들

"이대로 두면 강남이 평(3.3㎡)당 1억원이 될 판!"

_2019년 8월 13일, 김현미 전 국토교통부 장관

문재인정부가 부동산 투기와의 전쟁에 한창이던 지난 2019년경 당시 국토교통부 장관은 본의 아니게 '예언'을 하고 말았습니다. 분양가 상한제 도입 배경을 설명하면서 앞으로 집값 상승을 막지 못하면 자칫 강남에서 평당 1억원 시대가 열릴 수 있다고 언급한 건데요.

그의 '우려'는 곧 현실이 됐습니다. 그의 발언 다음 날 서울 서초구 반포동에서 아크로리버파크 전용면적 59.95㎡가 23억9800만원에 거래되었는데요. 평당 가격 9992만원으로 사실상 '평당 1억원 시대'가 열렸다는 보도가 쏟아졌습니다. 이후 아크로리버파크는 지금껏 국내 주요 대단지 아파트 중 평당 가격이 가장 높은 수준을 유지하고 있습니다.

타워팰리스 넘어선 강남의 신흥 부촌 아파트들

서울 반포동은 2010년대 신축 아파트들이 속속 들어서면서 강남을 대표하는 신흥 부촌으로 떠올랐습니다. 강남권에서 신축 단지는 희소성이 높은데요. 여기에 더해 한강 조망과 편리한 교통 · 편의시설, 학군 등 입지조건이 뛰어나다는 평가가 더해지며 각광받기 시작했습니다.

반포가 주목받기 시작한 것은 지난 2008년 말 3410가구 규모의 반포자이가 입주를 마무리하면서입니다. 이어 2009년 7월에는 2444가구의 래미

| 서초구 반포동 주요 단지 위치도 |

아크로리버파크
DL이앤씨 시공
2016년 준공
1612가구

래미안원베일리
삼성물산 시공
2023년 준공
2990가구

래미안퍼스티지
삼성물산 시공
2009년 준공
2444가구

동작대교   한강   잠원역

반포역

동작역   신반포역   고속터미널역

구반포역

반포가 주목받기 시작한 것은 2008년 말 3410가구 규모의 반포자이가 입주를 마무리하면서부터다. 2009년 7월에 2444가구의 래미안퍼스티지 입주가 이뤄지면서 두 단지는 강남을 대표하는 고급 아파트의 상징으로 자리 잡았다. 이어 아크로리버파크와 원베일리에 이르기까지 반포는 국내 아파트 최고 매매가 경신지가 되었다.

| 서초구 반포동 주요 단지 매매가 추이 | [단위 : 만원]

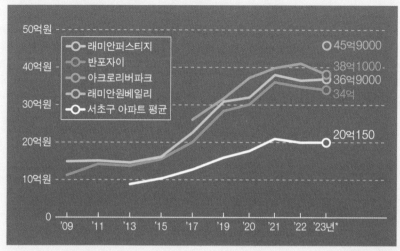

*2023년은 7월 기준
※국민평형(84m²), 매년 11~12월 최고가 기준
자료: 국토교통부 실거래가 공개시스템, 한국부동산원

안퍼스티지 입주가 이뤄지면서 두 단지는 강남을 대표하는 고급 아파트의 상징으로 자리 잡았습니다.

그간 강남의 대표적인 대장아파트로는 1980~1990년대 압구정 현대아파트, 2000년대 도곡동 타워팰리스가 꼽혔는데요. 하지만 '왕좌의 자리'는 영원하지 않았습니다. 래미안퍼스티지는 입주 이듬해인 2010년 국민평형 84m² 매매가격이 15억원을 넘어섰고요. 반포자이는 13억원 이상을 기록했습니다. 두 단지 모두 타워팰리스(11억~12억원)를 훌쩍 뛰어넘어선 겁니다.

2016년 입주한 아크로리버파크는 반포의 입지를 더욱 단단하게 다졌습니다. 이 단지는 사람들 사이에서 '아리팍'이라고 불리며 단숨에 유명세를 탔는데요. 한강 조망이 가능하다는 점과 고급 커뮤니티를 갖춘 점 등이 부각되면서, 2019년에는 대단지 아파트 중 최초로 평당 1억원 시대를 열었습니다.

아크로리버파크는 이후에도 전국에서 가장 높은 수준의 매매가격을 유지했습니다. KB부동산에 따르면 아크로리버파크의 평당 시세는 2023년 7월 기준 1억622만원으로 시가총액 50위 내 아파트 단지 중 1위를 기록했습니다. 왕년의 대장아파트였던 래미안퍼스티지(9719만원)와 반포자이(8895만원) 역시 각각 평당 시세 5위와 8위를 기록하며 '신흥 부촌' 반포를 여전히 떠받치고 있습니다.

반포구의 변화는 원베일리에서 끝나지 않는다. 2025년에는 잠원역 인근에 3307가구 규모의 신반포메이플자이의 입주가 예정돼 있고, 이에 앞서 2024년에는 반포디에이치클래스트(조감도)가 착공에 돌입한다. 이 단지의 경우 5200가구 규모의 매머드급 단지인 데다가 한강을 바로 옆에 두고 있어 가장 유력한 차기 대장주로 꼽힌다.

2023년 원베일리 입주 ……
반포디에이치클래스트도 주목

2023년부터 반포의 아파트 지도는 또다시 변화를 맞이하게 됐는데요. 8월 말 입주를 시작한 래미안원베일리(이하 '원베일리')가 아크로리버파크의 아성을 무너뜨릴 거라는 전망이 나온 겁니다. 원베일리는 삼성물산 건설 부문이 신반포 3차 · 23차, 경남아파트, 우정에쉐르, 경남상가 등을 통합 재건축해 총 2990가구 규모로 지은 단지인데요. 아크로리버파크와 마찬가지로 한강 변에 위치한 데다가 규모는 더 큽니다.

원베일리는 특히 입주가 이뤄지기 전달인 7월에 전용면적 84m² 입주권이 45억9000만원에 팔리며 화제가 되기도 했습니다. 거래도 국민평형 입주권이 30억원 후반대에 매매됐는데요. 아크로리버파크의 같은 평형대 매매가와 유사한 수준을 기록한 겁니다. 원베일리가 단지 규모나 입지 면에서 더 낫다는 점 등을 고려하면 새 대장주가 되기에 충분하다는 분석이 우세합니다.

윤수민 NH농협은행 부동산전문위원은 "반포의 경우 신축이 들어올 때마다 대장아파트가 바뀌는 분위기가 이어지고 있는데, 아리팍은 이제 신축이라기보다는 '준신축' 정도가 됐다"며, "더욱이 원베일리의 경우 아리팍과 마찬가지로 한강뷰인 데다가 도로나 지하철역 접근성은 더 낫다는 평가도 나온다"고 설명했습니다.

반포의 변화는 여기에서 끝이 아닌데요. 오는 2025년에는 잠원역 인근에 3307가구 규모의 신반포메이플자이의 입주가 예정돼 있습니다. 이에 앞서 2024년에는 반포디에이치클래스트가 착공에 돌입하지요. 이 단지의 경우 5200가구 규모의 매머드급 단지인 데다가 한강을 바로 옆에 두고 있어 가장 유력한 차기 대장주로 여겨집니다.

김인만 부동산경제연구소 소장은 "반포동의 경우 압구정 현대아파트처럼 전통의 대장아파트가 꾸준히 자리를 지키기보다는 신흥 부촌답게 신축이 등장할 때마다 대장의 자리가 바뀔 수 있다"며, "현재 원베일리가 대장주라고 한다면, 수년 뒤에는 반포주공1단지가 재건축해 또다시 바뀌게 될 것"이라고 전망했습니다.

대장 없던 '개포', 주공1단지 대장 꿰찰까

강남의 새로운 블루칩이 될 만하다

서울 강남구 개포동 개포주공 1~9단지는 1980년대 지어진 강남의 마지막 서민아파트였는데요. 한땐 우스갯소리로 '개도 포기한 동네'라고도 불렸지만 이제는 '개도 포르쉐 타는 동네'로 불릴 정도이지요. 래미안블레스티지, 디에이치아너힐즈 등 개포주공 아파트 재건축사업이 속속 추진되고 있는데요. 새 아파트가 들어서자 분위기가 점차 달라지고 있습니다.

다만 이 지역의 신축 단지들은 입주시기와 입지여건 등이 비슷해 뚜렷한 대장 단지로 여겨지는 곳은 없습니다. 그나마 지하철역과 가까운 디에이치아너힐즈의 매매가격이 조금 높은 수준이었지요. 그러나 2023년 11월 이후에 6700가구의 디에이치퍼스티어아이파크(옛 개포주공1단지)가 입주하면 그간의 춘추전국시대가 끝날 거라는 전망이 나옵니다. 전에 없던 '대장아파트'가 등장할 수 있다는 얘깁니다.

'개포주공' 재건축, 강남의 새로운 부촌으로 급부상

반포에 이어 강남의 또 다른 신흥 부촌으로 급부상한 개포동! 저층 소형 평수로 구성된 개포주공 1~4단지가 재건축을 성공적으로 마무리하면서 개포동은 이미지 변신에 성공했습니다. 특히 지난 2000년부터 2017년까지 개포동 아파트 평균 매매가격은 강남구 평균을 밑돌았지만, 2018년

| 강남구 개포동 주요 단지 위치도 |

개포동의 신축 단지들은 입주시기와 입지여건 등이 비슷해 뚜렷한 대장 단지로 여겨지는 곳은 없었지만, 2023년 11월 이후에 6700가구의 디에이치퍼스티어아이파크(옛 개포주공1단지) 입주가 시작되면 그간의 춘추전국시대가 끝날 거라는 전망이 제기된다.

| 강남구 개포동 주요 단지 매매가 추이 | [단위 : 억원]

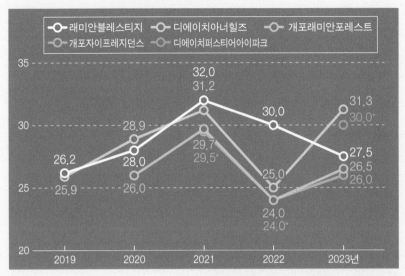

*분양권 거래가격, ※국민평형(84m²) 최고가 기준
자료: 국토교통부 실거래가 공개시스템, 한국부동산원

'강남불패'로 여겨지는 본격적인 상승장에 올라타며 역전에 성공했습니다. 부동산R114에 따르면 2023년 초부터 9월까지 개포동 아파트의 3.3m²당 평균 매매가격은 7397만원으로 강남구 평균(7093만원)을 웃돌았습니다.

개포동에 대한 관심이 더욱 높아진 건 지난 2016년 3월 삼성물산이 시공한 개포동 래미안블레스티지(개포주공2단지)가 성공적으로 분양을 마감하면서부터인데요. 당시 래미안블레스티지 1순위 청약 317가구 모집에 총 1만660건의 청약통장이 몰리며 평균 33.6대 1의 경쟁률을 보였지요.

이후 래미안블레스티지 실거래가격은 매년 큰 폭으로 상승했습니다. 국토교통부 실거래가 공개시스템에 따르면 래미안블레스티지 전용면적 84m²는 2019년 5월 20억4000만원에 최초로 거래됐는데요. 다음 해인 2020년 8월 최고 28억원, 2021년 10월 최고 32억원으로 크게 뛰었습니다.

래미안블레스티지에 이어 2019년 8월 디에이치아너힐즈(개포주공3단지, 1320가구), 2020년 9월 개포래미안포레스트(개포시영아파트, 2296가구)가 입주를 시작하면서 개포동은 신흥 부촌으로의 입지를 탄탄하게 다졌습니다. 다만, 이 단지 중 뚜렷한 대장아파트는 없었습니다. 모두 인근에 있는 데다가 입주시기도 비슷해 매매가격에 큰 차이가 나지 않았지요.

권일 부동산인포 리서치팀장은 "개포동 재건축 단지들은 가까이에 몰려 있어 입지적으로 비슷하다"며, "신축 대규모 단지를 대장 단지로 볼 수 있지만 크게 다르지 않다"고 분석했습니다.

이런 흐름은 현재까지도 이어지고 있습니다. 2023년 9월 1일을 기준으로 국토교통부 실거래가 공개시스템에 따르면 전용면적 59㎡의 가장 최근 거래는 △래미안블레스티지 7월 22일 20억원(18층), △디에이치아너힐즈 7월 28일 20억5500만원(19층), △개포래미안포레스트 7월 27일 18억2000만원(7층)으로 매매가격에 큰 차이가 나지 않습니다.

🔍 디에이치퍼스티어 입주 후 개포 대장 단지로?

2023년 3월 개포자이프레지던스(개포주공4단지, 3375가구)가 입주하면서 이런 흐름이 달라질 수 있다는 기대감이 흘러나오고 있습니다. 개포자이프레지던스는 2년여 만에 들어선 신축 브랜드 단지인 데다가 규모도 기존 단지들보다 크다는 점에서 주목받았습니다. 다만 2023년 상반기만 해도 시장 침체가 이어진 데다 입주 초부터 단지가 여러 논란에 휩싸이면서 입주효과를 상대적으로 보지 못했다는 평가도 있었습니다.

2023년 11월 이후에는 기존 단지들보다 규모가 확연히 큰 디에이치퍼스티어아이파크(개포주공1단지, 6702가구)가 입주를 앞두고 있습니다. 지역 안팎에서는 이 단지가 워낙 규모가 크다는 점에서 당분간 개포동의 대장단지로 여겨질 거라는 데 한목소리를 내고 있습니다.

KB부동산에 따르면 디에이치퍼스티어아이파크 전용면적 84㎡(33평) 매물 평균가는 29억4040만원으로 벌써 평당 1억원에 육박합니다. 실제 국토교통부 실거래가 공개시스템에 따르면 디에이치퍼스티어아이파크 전용면적 84㎡ 입주권은 2023년 6월 28일 최대 30억198만원에 거래됐습니다.

개포동에서 디에이치퍼스티어아이파크 다음으로 규모가 큰 개포자이프레지던스의 경우 KB부동산에서 집계한 매물 평균가는 30억원입니다. 입주를 마친 2023년 3월 이후 전용면적 84㎡ 거래 건이 없어 디에이치퍼스티어아이파크 최근 거래가격과의 직접적인 비교는 어렵습니다. 그러나 국토교통부 실거래가 공개시스템에 따르면 이 단지 전용면적 84㎡는 2023년 2월 4일과 6일 각각 25억5000만원, 25억원에 손바뀜했습니다.

권일 리서치팀장은 "개포주공1단지(디에이치퍼스티어아이파크)는 재건축하기 전에도 '대장 단지'로 꼽혔다"면서, "개포동 단지들에 비해 가구 규모가

디에이치퍼스티어아이파크(개포주공1단지, 이미지)는 준공 이후 개포동 인근 노후 단지들의 추가 재건축에 시간이 걸릴 것으로 예상됨에 따라 개포동의 첫 대장아파트 프리미엄을 한동안 누릴 전망이다.

월등히 커 향후 대장 단지로 꼽힐 가능성이 농후하다"고 말했습니다. 실제로 개포동에 소재한 A중개업소 대표에 따르면, 디에이치퍼스티어아이파크의 경우 기존 개포동 신축 아파트의 입주장과 분위기가 다르기 때문에 대단지에 고급화 전략으로 거래가격이 계속해서 오르는 추세라고 내다봤습니다.

특히 디에이치퍼스티어아이파크 이후로는 개포동 노후 단지의 추가 재건축에 시간이 걸릴 것으로 예상되면서 신축 아파트의 등장이 쉽지 않을 거라는 전망입니다. 개포주공 6·7단지는 2023년 6월 건축심의를 통과했고 5단지는 사업시행인가를 앞둔 상태인데요. 개포 경남·우성 3차·현대1차아파트는 최근 서울시의 신속통합기획을 확정한 바 있습니다. 이에 대해 개포동 B중개업소 대표는, 지난 몇 년 새 신축 단지들의 입주장이 이어졌지만 디에이치퍼스티어아이파크 이후 입주 예정인 아파트는 아직 없기 때문에, 인·허가 등에 따라 시기가 달라지겠지만 적어도 당분간은 대장아파트 명성이 이어질 것이라 말했습니다.

윤수민 NH농협은행 부동산전문위원은 "개포동의 경우 규모가 큰 신축 아파트가 들어서면 바로 대장 단지가 바뀌는 분위기"라면서도, "(속도가 빠른) 신속통합기획(89쪽 각주 참조)으로 재건축한다고 해도 최소 5년은 걸리기 때문에 대장 단지가 바뀌는 데 시차가 있을 것"으로 분석했습니다.

'청량리블루스'는 이제 그만! 65층 스카이라인으로 변신

'청' + 마용성의 탄생

'우리 청량리가 달라졌어요.'

서울 동대문구 청량리의 분위기가 서서히 달아오르고 있습니다. 집장촌·노후 주택 등 낡은 이미지를 벗고 초고층 단지와 강북 최대 복합환승센터를 품은 동네로 화려하게 변신 중인데요. '대장아파트'도 변화의 흐름을 타고 있습니다. 한동안 대규모 아파트 단지가 일대 부동산시장을 이끌었다면 최근엔 초고층 신축 주상복합이 '랜드마크 단지'로 자리매김하며 가치를 올리는 모습입니다.

홍등 꺼지고, 초고층 주상복합 불 켜졌다

서울시 동대문구 청량리는 노후 주택과 전통시장, 집장촌 등의 부정적 이미지가 강해서 부동산시장에서 저평가 받아왔습니다. 특히 청량리역 근처에 집장촌인 '청량리 588'이 자리 잡고 있었는데요. 성매매 업소 200여 개가 성업하면서 좀처럼 개발이 진행되지 못하고 슬럼화 됐었지요.

그러다 2018년부터 부동산 상승기에 올라타면서 재개발이 본격화되고, 2021년 서울시가 집장촌 보전계획을 폐지하면서 분위기가 전환됐는데요. 여기에 교통 호재까지 추가되면서 '원정 투자' 바람이 부는 등 가격 상승에 불이 붙자 한때는 '청마용성'(청량리·마포·용산·성동구)이라는 신조어가

| 동대문구 청량리 주요 단지 위치도 |

청량리역 롯데캐슬 SKY-L65
주상복합
65층
1425가구
2023년 준공
84~119㎡

서울성심병원

미주아파트
아파트
15층
1089가구
1978년 준공
86~177㎡

청량리역

청량리역 한양수자인 그라시엘
주상복합
59층
1152가구
2023년 준공
84~162㎡

전농1동 주민센터

전농119 안전센터

래미안 크레시티
아파트
22층
2397가구
2013년 준공
59~121㎡

동대문중

청량리는 2021년 서울시가 집장촌 보전계획을 폐지하면서 분위기가 전환됐다. 여기에 교통 호재까지 추가되면서 '원정 투자' 바람이 부는 등 가격 상승에 불이 붙자 한때는 '청마용성'(청량리·마포·용산·성동구)이라는 신조어가 생길 정도였다.

생길 정도였습니다.

2022년부터 전국적으로 집값 상승세가 멈춘 가운데 청량리 역시 불씨가 꺼져가는 듯 했지만 2023년 들어 초고층 단지들이 스카이라인을 밀어올리면서 다시 주목받고 있습니다. 대표적인 단지가 △주상복합 청량리역 롯데캐슬SKY-L65(최고 65층, 1425가구), △주상복합 청량리역 한양수자인그라시엘(최고 59층, 1152가구), △아파트 청량리역 해링턴플레이스(최고 40층, 220가구) 등입니다. 이들은 역세권 비슷한 위치에 모여 있고, 청량리와 그 일대에서 보기 힘든 초고층 단지라는 점에서 '청량리 3대장'으로 불리는데요.

특히 청량리역 롯데캐슬SKY-L65는 집장촌을 포함한 청량리4구역 재개발 단지로, 청량리의 이미지를 확 바꾸는 동시에 '랜드마크 단지' 자리를 꿰찼습니다. 강북에서 가장 층수가 높은 주상복합 단지인 데다 청량리역과 붙어 있어 교통, 인프라 등의 편의성까지 갖췄습니다. 이에 2019년 7월 분양 당시 국민평형(전용면적 84㎡)이 10억원 전후였으나 1순위 청약을 경쟁률 14.4대1로 마감했지요.

대장 '아파트' 다시 나올까?

이 같은 흐름에 '리딩 단지'의 바통이 초고층 단지로 넘어갔습니다. 청량리 일대의 '대장아파트'는 지난 10년 가까이 동대문구 전농동 래미안크레시티가 차지했는데요. 이 아파트는 2397가구의 대규모 단지인 데다 전농초, 동대문중 등 학교가 가까워 실거주 수요가 높습니다. 한창 부동산 호황기였던 2021년 9월엔 전용면적 84㎡가 17억원(18층)에 거래되며 강북에서도 '국평'이 20억원을 넘본다는 평가를 받기도 했지요. 이후 하락기에 접어들자 2022년 12월 같은 평형이 10억5000만원(6층)까지 떨어졌으나 2023년 다시 오르기 시작해 8월엔 13억원(6·7층)에 거래됐습니다.

그러나 당시 롯데캐슬SKY-L65의 분양권이 더 비싸게 팔렸습니다. 전용면적 84㎡ 대부분이 10억~13억원대에 거래되는 가운데 2023년 7월 최고 16억5600만원(33층)에 거래가 성사됐는데요. 청량리역한양수자인그라시엘 분양권도 같은 평형이 최고 15억원(20층)에 팔렸습니다. 가격으로

는 초고층 주상복합 단지들이 래미안크레시티를 넘어선 셈이지요.

아울러 청량리역 역세권인 만큼 교통 호재 영향을 받으면서 한동안 '대장'의 자리를 유지할 것이란 전망이 나옵니다. 청량리역은 현재 지하철 1호선, 수인분당선, 경의중앙선, 경원선, 경춘선, KTX강릉선이 지나는데요. 여기에 GTX-B, GTX-C, 면목선, 강북 횡단선도 예정돼 있어 향후 총 10개 노선이 지날 전망입니다.

청량리역 롯데캐슬SKY-L65(조감도)는 집장촌을 포함한 청량리4구역 재개발 단지로, 청량리의 이미지를 확 바꾸는 동시에 '랜드마크 단지' 자리를 꿰찼다. 강북에서 가장 층수가 높은 주상복합 단지인 데다 청량리역과 붙어 있어 교통, 인프라 등의 편의성도 높다.

롯데백화점 | 롯데시네마 | 롯데마트

윤수민 NH농협은행 부동산전문위원은 "교통 편의는 주거보다는 상권에서 더 크게 작용하기 때문에 청량리역 일대에 주상복합이 많이 생길 것"이라며 "이미 리딩 단지로 인식받고 있는 롯데캐슬SKY-L65를 비롯해 초고층 주상복합 단지들이 다수 들어서면서 일대 가격을 견인할 것"이라고 봤습니다.

청량리 일대에 정비사업이 다수 추진되고 있는 만큼 향후 신축 아파트로 '대장' 타이틀이 옮겨갈 수 있다는 분석도 나오는데요. 시장에선 청량리역 역세권인 동대문구 청량리동 미주아파트(1089가구)를 눈여겨보고 있습니다. 이는 1978년 준공한 아파트로 2022년 12월 최고 35층, 1370가구의 재건축 기본계획이 확정된 상태인데요. 다만 이 아파트는 아직 조합 설립 추진 중으로 재건축 후 준공까지 갈 길이 멉니다.

여경희 부동산R114 수석연구원은 "미주아파트 등 정비사업이 추진되면 '신축'이라는 이점으로 가격을 견인하면서 대장아파트가 또 바뀔 수 있다"고 말했습니다.

윤수민 위원도 "현재는 편의성이 강조된 주상복합 단지들에 관심이 쏠렸는데, 향후 주거지로 기능을 하는 아파트가 신축됐을 때 시장의 움직임에 따라 청량리의 분위기도 달라질 것"이라고 했습니다.

은평DMC, 신축도 초역세권은 못 이긴다

탁월한 입지조건이 만든 대장아파트

신축 아파트가 대장 자리를 꿰차는 경우도 있지만 기존의 대장아파트가 굳건히 자리를 지키는 사례도 있습니다. 바로 은평구의 DMC센트럴자이입니다. 은평구 수색증산뉴타운은 서울 강북권에서 대규모 입주가 이뤄지는 지역으로 주목받고 있는데요. 이 지역은 2020년대 들어 대규모 단지들이 속속 준공하면서 강북권의 대표적인 주거 타운으로 면모를 갖춰가고 있습니다.

이 지역에서 대장아파트로 평가받는 단지는 2022년 4월 입주한 DMC센트럴자이입니다. 입주하자마자 대장 자리를 꿰찼는데요. 대규모 브랜드 단지인 데다가 은평구 내에서도 가장 입지가 좋은 것으로 평가받는 디지털미디어시티(DMC)역 인근에 있다는 점에서 주목도가 높습니다. 2023년에만 인근에 대단지 아파트 세 곳이 새로 입주를 시작했지만 이 지역의 대장아파트 자리에는 큰 변화가 없었습니다.

은평 최남단 ······ DMC센트럴자이가 '대장'

서울의 서북쪽에 자리한 은평구는 이른바 '서울 내 외곽 지역' 중 한 곳으로 꼽히는데요. 이중 수색증산뉴타운의 경우 은평구에서 가장 최남단에 위치해 있는 데다가 6호선 디지털미디어시티(DMC)역을 끼고 있어 주목받아 왔습니다. 이 지역에는 특히 국내 미디어 · IT 기업 등 800여 개 업체가 입주해 있어 서울 내 주요 업무지구 중 한 곳으로 꼽힙니다.

수색증산뉴타운은 2006년 뉴타운으로 지정됐는데요. 이후 2008년 글로벌 금융위기 여파 등으로 난항을 겪다가 지난 2017년 'DMC롯데캐슬더퍼스트'가 분양하면서 개발이 본격화됐습니다. 이 단지는 지난 2020년 입주했고요. 이 지역에서 처음으로 입주를 마친 곳입니다. 이후 이듬해 10월 DMC SK뷰가 입주했고, 지난 2022년 4월에는 DMC센트럴자이가 집들이를 마쳤습니다.

애초 은평구 내에서 대장아파트는 2018~2019년 입주한 녹번역 인근의 힐스테이트녹번이나 래미안베라힐즈 등이 꼽혔는데요. 하지만 2020년 이후 DMC역 인근에 신축이 들어서면서 '은평구 대장'의 타이틀을 가져오기 시작했습니다. 그 가운데 특히 DMC센트럴자이는 수색증산뉴타운 내에서도 초역세권이라는 장점을 앞세워 은평구 전체 대장아파트 자리를 꿰찼지요.

DMC센트럴자이는 입주 전부터 주목을 받았는데요. 부동산시장이 정점을 찍었던 지난 2021년에는 84㎡ 입주권이 17억원에 팔려 눈길을 끌었습니다. 당시 힐스테이트녹번과 래미안베라힐즈의 같은 평형 매매가는 15억원을 넘기지 못했습니다.

DMC센트럴자이는 DMC역에서는 5분 거리인 데다가 같은 6호선인 증

| 은평구 수색증산뉴타운 주요 단지 위치도 |

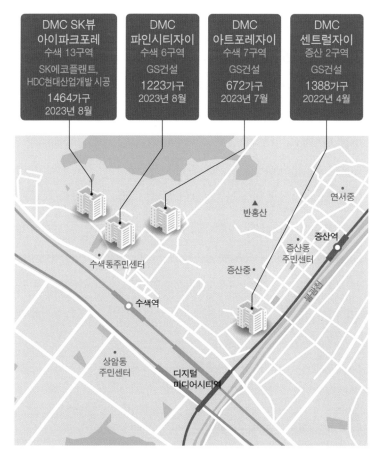

| DMC SK뷰
아이파크포레
수색 13구역
SK에코플랜트,
HDC현대산업개발 시공
1464가구
2023년 8월 | DMC
파인시티자이
수색 6구역
GS건설
1223가구
2023년 8월 | DMC
아트포레자이
수색 7구역
GS건설
672가구
2023년 7월 | DMC
센트럴자이
증산 2구역
GS건설
1388가구
2022년 4월 |

수색증산뉴타운은 은평구에서 가장 최남단에 위치해 있는데다 6호선 디지털미디어시티
(DMC)역을 끼고 있어 주목받아 왔다. 이곳에는 특히 국내 미디어·IT 기업 등 800여 개 업체
가 입주해 있어 서울 내 주요 업무지구 중 하나로 꼽힌다.

산역과 경의중앙선 수색역도 도보 15분 정도 거리에 있는데요. 트리플 역
세권으로도 볼 수 있습니다. 여기에 더해 증산초등학교 및 증산중학교와
도 가까워 입지적으로 우수하다는 평가를 받습니다.

신축 줄줄이 입주했지만 '트리플 역세권'엔 역부족

2023년 7~8월 수색증산뉴타운에서 신축 단지들이 줄줄이 입주를 시작하면서 이 지역 분위기는 다시금 활기를 띠었는데요. DMC SK뷰아이파크포레와 DMC아트포레자이, DMC파인시티자이가 분위기를 이끌고 있습니다. 이들 중 가장 규모가 큰 곳은 DMC SK뷰아이파크포레(1464가구)입니다. 다만, 다른 단지들과 규모가 크게 차이가 나지는 않는데요. 같은 시기에 입주한 DMC파인시티자이도 1223가구 규모이지요.

이 단지들은 경의중앙선 수색역과 가깝다는 메리트가 있는데요. 하지만 6호선과 공항선, 경의중앙선 환승역인 DMC역과 가까운 센트럴자이와는 입지 면에서 차이가 클 수밖에 없다는 평가가 많았습니다. 이에 따라 지난 2022년 이 단지들의 입주권 거래를 보면 84㎡가 10억~12억원 선에서 매매가 이뤄졌는데요. 이는 DMC센트럴자이의 같은 평형 실거래가보다 낮은 수준이었습니다.

이 지역에서는 당분간 입지적으로 우수한 DMC센트럴자이가 대장 단지

| 은평구 수색증산뉴타운 가격 비교 | [단위 : 만원]

구분	DMC 센트럴자이	DMC SK뷰 아이파크포레*	DMC 아트포레자이*	DMC 파인시티자이*
2023년 3월 실거래가	12억8000	9억7000	10억원	11억원
평(3.3m²)당 가격**	3765	3273	3606	3590

*입주권 거래 **평당가격은 호갱노노 추산치
자료: 국토교통부, 호갱노노

자리를 유지할 거라는 전망이 많습니다. 최근 입주한 신축 단지와 비교해 입주시기도 얼마 차이가 나지 않는데다가 지역 특성상 입지가 최우선 요소라는 평가가 많기 때문입니다.

인근 한 공인중개사무소 대표는, 이 지역은 DMC역을 시작으로 북쪽으로 올라갈수록 가격이 낮아지는 경향이 있다고 하면서, 신축 세 곳도 수색역 인근이긴 하지만 경의중앙선이라는 점에서 한계가 있다고 설명했습니다. 이어 입주시기도 크게 차이가 나지 않아 여전히 DMC역 인근의 DMC센트럴자이나 DMC SK뷰(2021년 입주)의 가격이 더 높다고 봤습니다.

입지가 중요하다는 점은 신축 세 개 단지의 가격에서도 나타나는데요. SK뷰아이파크포레의 규모가 가장 크긴 하지만 수색역과 가까운 파인시티자이와 아트포레자이의 입주권 거래액이 더 높았다는 점을 보면 알 수 있습니다.

김인만 부동산경제연구소 소장은 "서울에서도 외곽 지역은 대중교통 인프라가 촘촘하지 않아 입주 연도보다는 입지가 더욱 중요하다고 볼 수 있다"며, "그런 면에서 DMC역 주변 지역에서는 당분간 센트럴자이가 지하철역 접근성이 좋다는 점에서 랜드마크가 될 수밖에 없을 것"이라고 분석했습니다.

CHAPTER · 1

믿을 건
'재건축' 밖에 없다

정비사업 투자분석

재건축하기 딱 좋은 용적률

— 1기 신도시 주민들이 특별법만 기다리는 이유 —

재건축의 사업성을 판단하는 대표적인 기준 가운데 '용적률'이 있습니다. 문재인정부 때는 집값 과열을 막고자 재건축 규제를 바짝 조이면서 용적률을 충분히 올릴 수가 없었지요. 때문에 사업성이 부족하거나 원하는 설계를 적용하지 못하는 단지들은 재건축을 주저하는 분위기였는데요. 윤석열정부 들어 용적률 규제가 속속 풀리면서 '초고층 시대'가 열리는 듯합니다. 조합원 입장에선 용적률을 높일수록 일반분양 가구 수가 늘어나면서 사업성을 충분히 확보할 수 있어 환영할 만한데요. 하지만 교통난, 일조권 침해 등의 부작용이 우려되기도 합니다. 과연 적당한 용적률이란 어느 정도일까요.

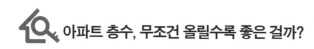 아파트 층수, 무조건 올릴수록 좋은 걸까?

용적률은 재건축 투자자들이 가장 주목하는 수치 중 하나인데요. 건축할

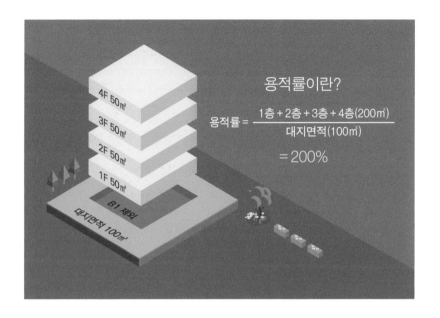

용적률이란?

$$용적률 = \frac{1층 + 2층 + 3층 + 4층(200㎡)}{대지면적(100㎡)}$$

$$= 200\%$$

수 있는 대지가 한정돼 있어 향후 용적률을 얼마나 높일 수 있느냐에 따라 투자 수익이 달라지기 때문이지요.

용적률은 대지면적에 대한 건축물(지하층 제외)의 연면적 비율을 말합니다. 가령 땅의 면적이 100평이고 용적률이 150%라면 연면적인 150평까지 건축할 수 있다는 뜻입니다. 조합원 입장에서는 용적률을 높일수록 유리합니다. 건물을 더 높이 지을수록 일반분양 가구 수가 많아지면서 분양 수익을 확보할 수 있거든요. 그럼 무조건 용적률을 높이면 되는 거 아니냐고요?

그렇게 쉬울 리가 없지요. 우리나라는 땅을 경제적 · 효율적으로 사용하기 위해 '용도지역'을 구분해 놨는데요. 아파트가 깔고 앉은 땅의 용도지역에 따라 용적률 상한이 정해져 있습니다. 용도지역은 현행 도시관리계획에 따라 주거 · 상업 · 공업 · 녹지지역 등 4가지로 분류되는데요. 그 중 주거지역은 다시 △제1종 전용 100% 이하, △제2종 전용 150% 이하,

△제1종 일반 150% 이하, △제2종 일반 250% 이하, △제3종 일반 300% 이하, △준주거지역 500% 이하 등으로 용적률 상한이 부여됐습니다.

용도지역별로 정해진 용적률이 있으니 새로 재건축을 한다고 해도 추가로 용적률을 올리는 데 한계가 있는데요. 가령 현재 용적률이 180%인 아파트가 3종 주거지역에 위치한다면 재건축 시 120%의 용적률을 추가로 올릴 수 있지만, 2종 주거지역에 위치한다면 250%가 최대라 추가 용적률 상향이 70%밖에 안 됩니다. 이 때문에 재건축 단지들이 '종 상향'을 요구하곤 하지만 쉬운 일은 아닙니다. 이에 투자자들은 애초에 저층 노후 아파트를 찾곤 합니다.

시장에서는 일반주거지역에 위치한 아파트의 경우 '용적률 160~180%' 정도를 재건축 사업성의 마지노선으로 보곤 하는데요. 절대적인 잣대가 되진 못합니다. 용적률뿐만 아니라 건폐율과 대지지분 등도 함께 봐야 하고요. 이른바 '고급화'가 가능한 지역에선 일반분양 가구가 적어도 분양가

| 주거지역 용도지역별 용적률 |

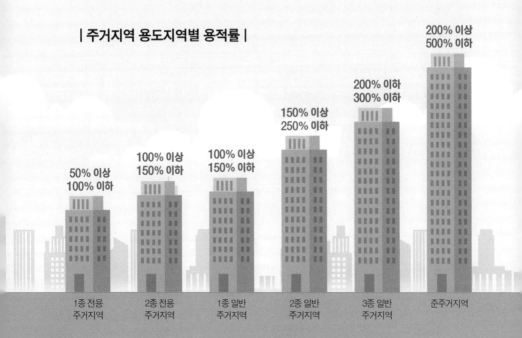

| 1종 전용 주거지역 | 2종 전용 주거지역 | 1종 일반 주거지역 | 2종 일반 주거지역 | 3종 일반 주거지역 | 준주거지역 |

- 50% 이상 100% 이하
- 100% 이상 150% 이하
- 100% 이상 150% 이하
- 150% 이상 250% 이하
- 200% 이하 300% 이하
- 200% 이상 500% 이하

를 올려서 수익을 낼 수 있는 등 단지 여건에 따라 사업성이 서로 다르기 때문입니다.

🔍 1기 신도시, 용적률 높이면 만사 OK?

용적률 상향에 특히 관심을 보이는 곳은 1기 신도시입니다. 분당, 일산, 평촌, 산본, 중동 등 1기 신도시는 평균 용적률이 169~226%라 용적률을 300% 이상으로 높이지 않으면 재건축 사업성을 확보하기 어려운 상황인데요. 주민들이 끊임없이 용적률 상향을 요구해 온 가운데 윤석열 대통령도 이를 반영한 '1기 신도시 재정비 특별법' 제정을 공약하면서 기대감이 높아졌습니다. 실제로 2023년 2월 1기 신도시 등 노후계획도시의 용적률을 최고 500%까지 높일 수 있는 '노후계획도시 정비 및 지원에 관한 특별법' 제정을 예고했습니다.

하지만 여야 간 의견 차이 등으로 특별법이 통과되지 못하고 있습니다. 일각에선 특별법 통과 시 부작용을 우려하는 시각도 나오고 있습니다. 용적률을 높여 가구 수가 늘어나면 주거의 질이 하락할 수 밖에 없거든요. 일반주거지역에서 용적률 500%를 적용하면 그야말로 '닭장 아파트'가 예상되는데요. 동간 거리가 짧아져 일조권, 조망권, 사생활 침해 등이 우려되고요. 도로 등 교통망이 확보되지 않으면 교통난도 생길 테고요. 재건축 기대감에 따른 집값 과열도 경계할만합니다.

부동산R114 조사에 따르면, 2022년 4월 말 기준 1기 신도시의 아파트 시가총액은 총 145조7663억3200만원으로 대선 직전인 2월 말과 비교해 0.34%(4873억3700만원) 증가했습니다. 같은 기간 서울 아파트 시가총액

| 1기 신도시 아파트 건축연한별 비중 | [단위 : 만가구, %]

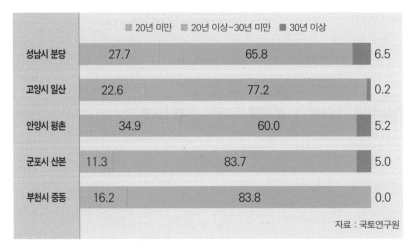

	20년 미만	20년 이상~30년 미만	30년 이상
성남시 분당	27.7	65.8	6.5
고양시 일산	22.6	77.2	0.2
안양시 평촌	34.9	60.0	5.2
군포시 산본	11.3	83.7	5.0
부천시 중동	16.2	83.8	0.0

자료 : 국토연구원

분당, 일산, 평촌, 산본, 중동 등 1기 신도시는 평균 용적률이 169~226%라 용적률을 300% 이상으로 높이지 않으면 재건축 사업성을 확보하기 어려운 상황이다. 투자자들 중에는 용적률 상향을 위해 노후 저층 아파트를 주목하기도 한다.

이 0.14%(1조8606억6800만원) 오른 것과 비교하면 1기 신도시의 가격증가율이 두 배 이상 높습니다. 이후 금리 인상, 매수심리 저하 등으로 집값 하락 기조가 이어지면서 지금은 가격상승세가 두드러지진 않는데요. 특별법이 통과돼 재건축이 본격화하면 다시 집값 상승 불씨가 타오를 가능성은 남아 있는 듯합니다.

이은형 대한건설정책연구원 연구위원은 "용적률을 올리려면 늘어나는 가구 수에 맞게 도로, 교통, 수도, 전기, 폐기물, 인프라, 학교 등 전반적으로 검토를 해야 하기 때문에 용적률 완화가 선별적으로 적용될 가능성이 높다"고 내다봤습니다.

아파트-상가 재건축, 같이 갈까, 따로 갈까

'썩상' 투자했더니 분양권이 나온다고?

'상가가 많으면 재건축 어렵다?!'

재건축에 투자할 때 단지 내 상가가 많은 아파트는 멀리하는 경향이 있습니다. 상가 소유자는 재건축하는 동안 수익을 내지 못하는 데다 해당 아파트에 거주하지 않는 사람이 많아 재건축에 반대하는 경우가 더러 있거든요. 일부 단지들이 '따로 재건축'에 나서는 이유이기도 한데요. 그럼에도 주택에 비해 상대적으로 가격·규제의 문턱이 낮아 이른바 '썩상'(썩은 상가 : 오래된 재건축 단지 내 상가를 뜻하는 은어) 투자가 꾸준히 관심을 받고 있습니다. 상가 있는 아파트, 재건축 잘 될까요.

 ### 상가가 없어야 재건축 진행이 빠르다?

통상 아파트와 단지 내 상가는 하나의 정비구역으로 지정되기 때문에 '통합재건축'을 하는 게 일반적인데요. 상가 소유자의 경우 상가 종전자산 평가가 주택에 비해 낮게 잡히고, 재건축사업이 진행되는 동안 상가를 운영할 수 없어 개발에 반대하는 경우가 많습니다. 재건축에 동의했다가도 영업 중단에 따른 피해 보상 수준을 주택 소유자들이 받아들이지 못해 갈등을 겪다가 다시 발을 빼기도 하지요.

이렇게 되면 결국 재건축 동의 비율이 낮아져 재건축 추진이 어려워집니다. '도시 및 주거환경정비법'(이하 '도시정비법') 제35조에 따르면 조합설립 인가를 받으려면 토지 등 소유자의 3/4 이상 및 토지면적의 1/2 이상 등에 해당하는 소유자의 동의가 필요하거든요. '상가 쪼개기'가 진행된 경우라면 재건축 추진이 더 어렵습니다. '도시정비법'상 상가는 감정평가에 따라 아파트를 받을 수도 신축 상가를 받을 수도 있는데요. 분양권을 노리고 '쪼개기'(지분 나눠 매매) 투자를 하는 거지요. 이에 상가 동의 호실보다 소유주가 더 많은 경우가 비일비재합니다.

'단군 이래 최대 재건축'으로 관심이 높았던 서울 강동구 올림픽파크포레온(둔촌주공 재건축)의 경우도 상가 지분 쪼개기로 골머리를 앓았는데요. 둔촌주공 단지 내 상가는 총 309실이지만 상가 지분권자가 약 530명에 달했습니다. 투자자들이 지분을 사들인 뒤 일부는 웃돈을 붙여 재매각하는 식으로 거래가 이뤄진 겁니다. 그러다 보니 한 사람이 소유한 지분면적이 4㎡가 채 안 되는 사례도 있는데요.

물론 모든 지분권자가 각자 1개의 신축 상가를 분양받을 순 없습니다. '도시정비법'에 '소유권과 지상권이 여러 명의 공유에 속하면 그 여러 명을 대표하는 1명을 재건축 조합원으로 본다'고 규정돼 있거든요. 하지만 신축된 상가를 지분별로 나눠가진 뒤 공간을 분리해 임대할 순 있습니다. 이에 상가 소유주들이 '무상지분율*'을 높여 분양받을 점포의 크기를 넓히는 작업을 추진하면서 재건축사업의 발목을 잡기도 했습니다.

이러한 갈등 탓에 주택과 상가의 재건축을 '따로' 진행하는 단지도 나옵니다. 상가 재건축을 단독으로 진행하면 주택 소유주와의 이해관계 불일치에 따른 사업 리스크를 해소할 수 있고요. '도시정비법'이 아닌 '건축법'을 따르게 되면서 조합원 동의율 규정만 넘기면 인·허가 절차도 간편해집니다. 실제로 한강변 초고층(56층) 아파트인 래미안첼리투스의 경우 상가를 분리하고 '일대일 재건축**'을 진행하면서 사업 속도를 높이고 고급화 이미지를 살렸다는 평가를 받기도 합니다.

동부이촌동 래미안첼리투스(사진)의 경우 상가를 분리하고 일대일 재건축을 진행하면서 사업 속도를 높이고 고급화 이미지를 살렸다는 평가를 받는다.

---

*현재 소유 지분에 견줘 각 조합원이 추가분담금을 내지 않고 얻을 수 있는 지분의 크기.
** 일반분양을 통한 수익이 없는 재건축 방식.

🔍 '썩상' 투자 괜찮을까?

다만 재건축이 '속도전'인 만큼 사업을 빨리 진행하기 위해 주택조합이 상가 조합원을 포용하는 사례도 종종 있습니다. 서울 서초구 잠원동 신반포2차의 경우 조합이 상가 산정비율을 0.1(10%)까지 낮춰 사실상 상가 소유자 대부분에게 아파트를 분양받을 수 있는 길을 열어줬는데요. 산정비율은 상가 조합원이 아파트를 받을 수 있는지를 좌우하는 숫자로 조합에서 특별히 정하지 않으면 '1(100%)'로 봅니다.

분양주택의 최소 분양가에 산정비율을 곱한 값보다 상가 조합원의 권리차액(새상가분양가 - 종전재산가액)이 커야 주택을 분양받을 수 있는데요. 이 비율이 낮을수록 상가 조합원이 주택을 분양받을 수 있는 가능성이 커집니다.

예를 들어, A아파트의 단지 내 상가를 소유한 B씨의 상가 권리차액은 5억원이고, 조합에서 분양하는 가장 작은 아파트 분양가가 10억원이라고 가정해 보겠습니다. 이때 산정비율이 '1'이면 아파트 가치는 10억원(최소분양가×산정비율)으로 권리차액보다 커서 분양권을 받을 수 없는데요. 산정비율을 '0.1'로 낮추면 아파트 가치가 1억원으로 떨어지면서 권리차액이 더 커져 분양권이 생깁니다.

특히 집값 상승, 주택 규제 심화 등이 맞물릴 때 '썩상'이 틈새시장으로 주목받곤 하는데요. 상가는 주택에 비해 종부세, 취득세 등에서 자유롭고 주택 수에 산정되지 않기 때문이지요. 더군다나 재건축초과이익환수제 규제 완화(예정)도 호재로 작용하고요. 재건축초과이익 부담금(56쪽)을 산정할 때 주택뿐만 아니라 상가가격도 반영하게 되면 상가 조합원 부담이 크게 줄어들면서 상가 조합원 반발로 사업에 속도를 내지 못했던 단지들도 사업에 탄력을 받을 수 있거든요.

| 재건축 상가 산정비율 |

[분양주택의 최소분양가 × 산정비율] < [권리차액(신규분양가 − 종전재산가액)]
일 때 주택 분양 가능

(예시) A아파트 재건축, 최소 분양가 10억원, B씨 상가 권리차액 5억원인 경우
① 조합비율 1 → 권리차액 5억원 < 아파트가치 10억원 : 아파트 분양권 받을 수 없음
② 조합비율 0.1 → 권리차액 5억원 > 아파트가치 1억원 : 아파트 분양권 받을 수 있음

*산정비율 : 상가 조합원이 아파트를 받을 수 있을지를 좌우하는 숫자.

이에 한동안 서울 송파구 올림픽선수기자촌 상가, 노원구 상계주공3단지 상가 등 일부 노후 상가 매맷값이 꿈틀댔는데요. 여전히 금리가 높은 수준인 데다 '재초환법' 계류 등 각종 변수가 뒤따르는 만큼 투자에 신중할 필요가 있다는 조언이 나옵니다.

권강수 상가의신 대표는 "재건축 단지 내 상가는 다른 상가에 비해 가격이 저렴하고 희소성이 있어서 꾸준히 관심을 받고 있다"면서도, "재건축 사업은 여러 변수가 뒤따르는 데다 분양권 및 입주권 우선순위에서 밀릴 수 있으니 꼼꼼히 확인하고 신중하게 투자해야 한다"고 말했습니다.

내 집 재건축하는데
국가에 돈을 낸다고?

── 재건축초과이익 부담 전격 해부 ──

"그게 뭔데 날 울려~"

곡소리가 절로 나오는 재건축 규제가 있습니다. 바로 재건축사업의 대표적인 '대못' 규제로 꼽히는 '재건축초과이익환수제'인데요. 말도 길고 어려워 줄여서 '재초환'이라 불립니다. 투기를 막기 위한 제도이긴 하지만 사유재산 침해 여지가 있어 논란이 끊이질 않는 규제이지요. 이미 집값 수준이 많이 오른 상태라 서울뿐만 아니라 지방 주요 단지들도 조합원당 '억' 단위의 재초환 부담금이 예정돼 사업 추진 자체가 어려워지고 있는데요. 과연 이번에는 대못을 뽑을 수 있을까요.

재건축해서 돈 벌었다고? 그럼 내놔!

재초환은 주택 재건축을 통해 집값이 크게 올랐을 경우 일정 금액을 국가가 환수하는 제도인데요. 집값이 급등할 때 투기심리 등을 위축시키기 위해 등장하곤 합니다. 제도가 처음 도입된 건 2006년경 부동산 상승기였는데요. 당시 집값이 크게 오르자 개발이익(이하 '초과이익')을 환수해 이를 배분함으로써 토지 투기를 방지하고 토지 이용을 효율화하기 위해 재초환을 시행했습니다.

하지만 금융위기를 겪으며 2013~2017년에는 제도 시행이 잠정 유예됐는데요. 이후 문재인정부 들어 다시 집값 상승세에 불이 붙기 시작하면서 2018년에 제도가 부활해 같은 해 1월 2일 이후 관리처분인가를 신청하는 재건축조합부터 재초환이 부과되고 있습니다.

재초환은 재건축으로 조합원이 얻은 초과이익이 1인당 평균 3000만원을 넘을 경우 초과금액 구간별로 최고 50%를 부담금으로 환수하는 제도인데요. 구체적으로 재건축 종료 시점(준공일) 집값에서 개시 시점(조합설립 추진위원회 승인일) 집값, 정상주택가격 상승분, 개발비용을 뺀 값에 부과율(10~50%)을 곱해서 금액을 산정합니다.

여기서 재건축 종료 시점 집값은 준공인가일 기준 공시가격, 개시 시점은 최초 조합설립 추진위원회 승인일 기준 공시가격이고요. 정상주택 가격상승분은 해당 기간 인근 지역의 평균주택 가격상승률과 정기예금이자율 중 높은 것의 비율을 곱해 산정합니다. 개발비용에는 공사비, 설계비, 감리비, 제세공과금, 조합운영비 등이 포함됩니다.

재초환! 말만 길고 어려운 줄 알았더니 계산법이 여간 복잡한 게 아닙니다. 그러니 재건축 주민에게 이런 큰돈을 내라 하니 납득하기 힘든 거지요. 알게 쉽게 예를 들어 단순 계산해보겠습니다.

가령 A아파트(조합원 수 500명)의 조합설립 추진위원회 승인일 기준 공시가격이 8000억원, 준공인가일 기준 공시가격이 2조원이고, 정상주택가격

상승분은 2400억원(30% 가정), 개발비용은 총 9000억원이라면, 초과이익이 총 600억원인데요. 이를 전체 조합원 수(500명)로 나누면 1인당 1억2000만원입니다. 이 금액이 1억1000만원을 초과했기 때문에 2000만원+500만원(1억1000만원 초과금액의 50%)인 2500만원이 재초환 부담금으로 부과됩니다.

집값 상승분에서 개발비용 및 지역 평균주택 가격상승분을 제외한 금액을 조합원 수로 나눠 계산
초과이익 = [종료시점주택가격 − (개시시점주택가격 + 정상주택가격상승분 총액 + 개발비용)] × 부과율

초과이익이 1인당 3000만원을 넘으면 초과금액 구간별로 10~50%를 누진 과세하는데요. 2023년 7월 20일 기준으로 다음과 같습니다.

초과이익 3000만원 이하 : 부담금액 면제

10%
초과이익 : 3000만원~5000만원
부담금액 : 3000만원 초과금액의 10%

20%
초과이익 : 5000만원~7000만원
부담금액 : 200만원+5000만원 초과금액의 20%

30%
초과이익 : 7000만원~9000만원
부담금액 : 600만원+7000만원 초과금액의 30%

40%
초과이익 : 9000만원~1억1000만원
부담금액 : 1200만원+9000만원 초과금액의 40%

50%
1억1000만원 초과
2000만원+1억1000만원 초과금액의 50%

🔍 재초환 7억원 단지까지 …… '재건축 누가 해?'

재건축 부담금은 준공 시점에 가격이 높아지면 높아질수록 많이 토해내는 구조인데요. 최근 5년간 가격이 급상승했다는 점에서 재건축 조합원들의 부담이 확 커졌습니다. 한국부동산원 통계에 따르면, 서울 아파트 중위매매가격*은 2018년 5월만 해도 6억6169만원이었으나 2023년 5월에는 8억4200만원으로 5년 만에 30% 가까이 뛰었는데요. 물론 집값 급등기였던 2021년 말(12월 기준 9억7100만원)에 비하면 많이 내리긴 했지만 강남 등 주요 지역은 여전히 상승 불씨가 남아 있는 상황입니다.

물론 '많이 벌었으니 많이 내야 하는 것 아니냐'고 보는 시선도 있는데요. '미실현 이익'이라는 점이 꾸준히 논란이 되고 있습니다. 통상 재초환 부담금은 준공인가일 이후 5개월 내 개별 금액을 확정해서 결정 부과하고, 부과일로부터 6개월 내 납부해야 하는데요. 1주택 수요자 중에서는 오래도록 기다렸다가 겨우 재건축 아파트에 입주한다고 해도 재초환 부담금을 납부할 여력이 없어 집을 포기해야 하는 최악의 경우가 닥칠지도 모를 일입니다.

실제로 서울 주요 단지들은 줄줄이 수억원대의 재초환 예정액을 통보받고 있는데요. 서울 용산구 '이촌 한강맨션'은 2022년 7월 조합원 1인당 7억7000만원에 달하는 재초환 예정액을 통보받았습니다. 이는 서울 재건축사업 중 최고 수준으로, 현재 추진 중인 68층 설계를 적용하면 이보다 더 높아질 가능성도 있습니다. 이 밖에 성동구 장미아파트는 4억7700만

---

*매매가의 전체 표본을 순서대로 나열했을 때 정중앙에 있는 '중앙매매가격'. 평균매매가격은 최상위-최하위 가격의 편차가 너무 클 경우 실제 평균과 차이가 생기는 반면, 중위매매가격은 실제 통용되는 중간 시세를 알 수 있음.

| 서울 주요 단지 재건축초과이익환수 부담금 |

지역	단지명	가구 수	재건축초과이익환수 부담금
용산	이촌한강맨션	1441	7억7000만원
성동	장미	286	4억7700만원
강남	도곡개포한신	846	4억5000만원
서초	반포3주구	2091	4억2000만원
서초	반포현대	108	3억4000만원
강남	대치쌍용1차	1072	3억원
서초	방배삼익	721	2억7500만원

원, 강남구 도곡개포한신 4억5000만원, 서초구 반포3주구 4억2000만원, 강남구 대치쌍용1차는 3억원, 서초구 방배삼익은 2억7500만원 등의 재초환 예정액이 부과된 상태입니다.

금액이 어마어마하다 보니 재건축 추진 동력도 약해졌는데요. 윤석열정부 들어 '규제 완화' 기조로 바뀌면서 다시 기대감이 나오고 있습니다. 국토교통부는 2022년 9월 재초환 개선방안을 발표하며 재건축사업의 '대못'을 뽑으려 했는데요.

이 방안에는 부담금 면제액 기준을 3000만원에서 1억원까지 상향하고 부과율 결정의 기준이 되는 부과구간 폭이 기존 2000만원 단위에서 7000만원 단위로 확대하는 등의 내용이 담겼습니다. 초과이익 산정 개시시점은 조합설립인가일로 늦춰지고 장기주택보유자에 대한 최대 50% 부담금 감면 혜택도 신설했는데요. 이렇게 되면 2022년 12월 말 기준 재초환 부과 대상 단지가 93곳에서 52곳으로 줄어들지요. 1억원 이상 고액 부과되는 단지도 23곳에서 7곳으로 감소할 전망입니다.

하지만 관련 법 개정안 통과가 미뤄지며 시장의 혼선이 커지고 있습니다. 국회 국토교통위원회에서 2022년 9월 정부가 발표한 '재건축 부담금 합리화 방안'의 내용을 담은 '재건축초과이익환수법(재초환법)' 개정안이 심의 중인데요. 야당의 반대가 계속되자 2023년 6월 정부가 한발 물러선 수정안을 제출한 바 있습니다. 면제금액 1억원은 그대로 유지하되 부담금 부과구간을 부과율에 따라 7000만원부터 4000만원까지 차등 적용하는 방안을 제시했습니다. 이렇게 되면 초과이익 1억7000만원을 넘어가는 경우 부담금이 2022년 발표한 정부 개선안보다 커지게 되는데요. 국회 법안소위를 거치면 최종안은 이와 달라질 수 있어 여전히 확정안이나 통과 여부가 안갯속입니다.

지자체들이 개정안 통과 시까지 부담금 부과 절차를 유예하고 있긴 하지만, 통과 여부가 불확실한 상황인 만큼 재건축 추진을 앞두고 있다면 법안 추진 사항을 잘 살펴보고 사업에 나설 필요가 있겠습니다.

추가분담금요?
이익금 드릴게요!

— 재건축 시 '대지지분' 완전정복 —

'대지지분 = 다다익선?'

재건축 사업성을 따질 때 용적률과 함께 확인하는 지표가 '대지지분'입니다. 대지지분이 클수록 일반분양을 늘려 사업성을 높일 수 있고, 추가분담금 없이 더 넓은 평수를 받을 수도 있거든요. 하지만 평균 대지지분이 높아도 가구 수가 적으면 대단지 브랜드 아파트로 재건축하기에는 한계가 있습니다. 소유자 개별 대지지분에 따라 사업성이 달라질 수 있으니 신중히 따져봐야 하지요.

대지지분으로 큰 평수 획득!

대지지분은 쉽게 말하면 '내 몫의 땅'이라고 보면 되는데요. 아파트처럼 다수의 사람이 같이 지내는 공동주택의 경우 전체 대지면적을 전체 가구 수(소유주)로 나눠서 따지게 됩니다. 대지면적은 해당 건물을 지을 수 있도록 허가된 땅의 크기를 말하는데요. 대지면적에서 건물이 차지하는 면적이 건폐율, 대지면적 대비 건축물 연면적 비율은 용적률입니다. 이처럼 대지지분과 용적률은 '실과 바늘' 관계인데요. 통상 용적률이 낮으면 평균 대지지분이 높아 재건축사업 경쟁력이 있다고 봅니다.

평균 대지지분은 공동주택 가구당 지분이고, 개별(세대별) 대지지분은 개별 가구가 갖고 있는 지분인데요. 평균 대지지분은 정비사업의 사업성을 판단하고, 개별 대지지분은 정비사업 시 개별 소유자의 이익을 가늠할 수 있는 하나의 지표입니다. 주택시장에서 대지지분은 '다다익선'으로 평가

대지지분이란?

대지권 비율	대지에 대한 권리의 비율로, 전체 대지면적에 대한 가구당 대지면적 비율.
대지지분	공동주택 전체 대지면적을 전체 가구 수(소유주)로 나눈 것. 계산법: 대지면적×대지권비율. ex) 전체 대지면적 1000m², 대지권비율 0.7일 때? 　　1000×0.07 = 70m²(21,175평)
평균 대지지분	공동주택 가구당 평균 지분.
개별 대지지분	공동주택 개별 가구당 지분.

서울에서 대지지분이 높기로 유명한 용산구 '한강맨션'(660가구, 용적률 101%, 사진)의 경우 전용 103㎡의 대지지분이 74.58㎡다. 무상지분율이 160%라고 가정하면 재건축 후 받을 수 있는 면적이 약 120㎡에 달하므로 추가부담금은커녕 오히려 이익금을 돌려받을 수도 있다.

받습니다. 대지지분이 클수록 동간 간격이 넓거나 층수가 낮아 주거환경이 쾌적할 가능성이 높기 때문입니다.

대지지분이 크면 상대적으로 가구 수가 적은데요. 이렇게 되면 재건축 이후 각자에게 돌아올 이익도 커집니다. 조합원 분양분 이외에 추가 세대를 많이 늘릴 수 있다면 그만큼 조합원의 추가분담금은 줄고 사업 수익성은 높아지거든요. 조합원의 무상 입주 아파트 평형도 커집니다. 대지지분이 클수록 무상지분율(가구당 대지지분에 무상으로 덧붙여주는 비율)이 높아져서 재건축 조합원이 추가분담금을 조금만 내거나 아예 내지 않고도 더 넓은 평수로 갈 수 있지요.

가령 서울에서 대지지분이 높기로 유명한 용산구 '한강맨션'(660가구, 용적률 101%)의 경우 전용 103㎡의 대지지분이 74.58㎡인데요. 무상지분율이 160%라고 가정하면 재건축 후 받을 수 있는 면적이 약 120㎡에 달합니다. 이렇게 되면 추가 부담금은커녕 오히려 이익금을 돌려받을 수도 있게 됩니다.

| 재건축 시 무상지분율 계산법 |

$$\frac{\text{개발이익평수} \left(\dfrac{\text{총분양수입} - \text{총공사비}}{\text{분양가}} \right)}{\text{대지면적}} \times 100$$

$$\text{ex)} \underset{\text{대지지분}}{20\text{평}} \times \underset{\text{무상지분율}}{150\%} = \underset{\text{무상평수}}{30\text{평형}}$$

중요한 건 '나의' 대지지분

그렇다고 대지지분이 큰 주택이 무조건 사업성이 높은 건 아닙니다. 평균 대지지분은 높지만 개별 대지지분은 낮을 수 있거든요. 이에 재건축을 목적으로 주택을 취득하는 경우라면 개별 대지지분을 확인해야 합니다. 대표적인 확인 방법은 등기부등본 열람을 통한 건데요. 등기부등본에 기재돼 있는 '대지권 비율'을 보면 됩니다.

대지권 비율은 '000분의 00' 식으로 기재돼 있는데요. 뒤에 숫자만 보면 됩니다. 가령 대지권 비율이 '90960분의 33.5178'이라면 뒤에 숫자인 33.5178㎡(10.14평)이 대지지분이지요. 이 밖에도 국토교통부의 'K-Geo 플랫폼'을 비롯해 민간 기업인 '아실' 등의 부동산 플랫폼을 통해 단지별 대지지분을 확인할 수 있습니다.

또 대지지분은 크지만 가구 수가 적다면 대단지 브랜드 아파트로 재건축하기가 어려울 수 있는 점도 유의할 필요가 있습니다. 이런 경우 인근 단지와 '통합 재건축'을 활용하기도 합니다. 그러나 가구당 대지지분이나 평형 등에서 차이가 크면 소유자 간 이해관계가 달라 사업 추진이 원활히 이뤄지긴 힘듭니다. 이에 재건축 투자 시 대지지분으로 받을 수 있는 면적과 전체 사업조건 등을 꼼꼼히 따져볼 필요가 있다는 조언이 나옵니다.

윤수민 NH농협은행 부동산전문위원은 "평균 대지지분이나 용적률이 좋아도 내가 거래하는 물건의 대지지분에 따라 오히려 추가분담금을 과도하게 낼 수도 있다"며 "단순히 대지지분이 많다고 안심하지 말고 사업조건을 더 세세하고 종합적으로 따져볼 필요가 있다"고 권고합니다.

지금 우리 학교는……
재건축 기부채납이 뭐길래

── 층수 올리기 vs 안 하고 속도 내기 ──

정비사업에서 말도 많고 탈도 많은 것 중 하나가 '기부채납'인데요. 그중에서도 '학교용지'가 포함된 사업지라면 더 심한 좌충우돌을 겪곤 합니다. 교육에 관련된 사항은 민감해서 위치나 공사기간 등을 두고 갈등을 벌이다 사업이 지연되는 경우가 허다하거든요. 최근에는 학령인구 감소, 임대 및 분양 확보 등에 따라 학교 기부채납이 찬밥 신세로 전락하는 분위기입니다.

학교 줄게 아파트 좀 (올려) 다오

기부채납은 재건축·재개발 정비사업 시 부지의 일정 부분을 임대주택, 학교부지, 도로 등으로 '기부'하면 건폐율, 용적률 등의 제한을 완화해 주는 제도인데요. 이 중에서도 학교부지는 대표적인 기부채납 방안이었습니다. 정비사업에 따라 늘어나는 취학인구에 대해 개발시행자가 기부채납 방식으로 학교를 마련하는 거지요. 아파트를 지으면서 학교도 함께 신설하거나 기존에 있던 학교를 옮겨서 짓는 식인데요.

지역 입장에서는 학교가 생기고 정비사업 조합 입장에서는 용적률 등 인센티브를 받을 수 있기 때문에 '윈-윈'(win-win)으로 보이는데요. 하지만 이 학교부지가 정비사업 추진에 걸림돌이 되는 사례도 빈번합니다. 2022년 강제전학 이슈가 있었던 서울 서초구 반포중학교 사례가 대표적입니다. 1974년 개교한 반포중은 반포주공1단지 1·2·4주구 재건축 지구에 포함돼 기부채납 방식으로 재건축하기로 했는데요. 조합이 아파트 재건축 시기와 함께 공사일정을 조율하기 위해 휴교시기를 앞당기려고 하면서 갈등이 커졌습니다.

학교부지가 정비사업 추진에 걸림돌이 되는 사례가 빈번하다. 2022년 강제전학 이슈가 있었던 서도 서울 서초구 반포중학교 사례가 대표적이다. 사진은 철거 전 반포주공1단지 1·2·4주구. 이 지역은 '디에이치클래스트'(현대건설 시공, 24~25쪽 조감도 참조)로 재건축되며, 55개 동, 지하 5층~지상 최고 35층, 5388가구(전용 59~212㎡)의 메머드급 단지로 재탄생할 전망이다.

재학생들이 학교를 다니다가 전학을 가야 할 위기에 처하자 재학생과 학부모들이 반발했고 결국 교육청은 모든 재학생이 졸업하는 2024년 휴교하도록 휴교 시점을 1년 늦췄습니다. 이 단지는 가뜩이나 여러 가지 문제로 소송을 벌이느라 사업이 지연된 상태였는데 휴교까지 미뤄지면서 공사를 빨리 시작하기 어려워졌지요. 이 밖에 강동구 올림픽파크포레온(둔촌주공 재건축)도 2020년 단지 내 초등학교와 중학교를 신설하는 계획이 교육부 동의 문턱을 넘지 못하면서 기부채납 방식의 세부사항을 변경해야 하는 문제가 발생하기도 했습니다.

🔍 애물단지로 전락한 '초품아'?

여기에 학령인구 감소, 임대 및 분양 수요 증가 등이 맞물리며 학교 기부채납이 점점 찬밥이 되는 분위기입니다. 학생 수가 줄어들자 교육청에서 학교 설립 계획을 축소하면서 학교 대신 아파트를 짓는 사례도 나오고 있는데요. 2022년 경기 안양 평촌자이아이파크는 단지 내 학교 설립 계획이 취소되면서 학교용지였던 곳에 아파트 100가구를 추가로 짓게 됐고요. 평촌어바인퍼스트도 학교용지에 304가구를 추가로 조성합니다. 학령인구가 줄자 신설 계획을 취소하고 기존 학교를 증축하는 식으로 바뀐 건데요. 조합원 입장에선 이득입니다. 분양 수익을 더 낼 수 있으니 그만큼 분담금을 줄일 수 있거든요.

정부 차원에서 임대주택 공급을 권장하기도 하는데요. 서울시는 2017년 하반기부터 재건축·재개발 등 정비사업지에서 학교부지를 기부채납 대상에서 사실상 제외했습니다. 당시 송파구 잠실주공5단지 정비계획안

학생 수가 줄어들자 교육청에서 학교 설립 계획을 축소하면서 학교 대신 아파트를 짓는 사례가 나오고 있다. 평촌어바인퍼스트의 경우 학교용지에 304가구를 추가로 조성한다. 학교 신설 계획을 취소하고 기존 학교를 증축하는 식으로 바뀐 것이다. 조합원 입장에선 이득이다. 분양 수익을 더 낼 수 있으니 그만큼 분담금을 줄일 수 있기 때문이다.

심의 과정에서 학교부지 마련을 놓고 서울시와 서울교육청이 대립하면서 문제가 불거졌는데요. 조합이 학교 3곳을 기부채납하기로 하면서 임대주택 확보가 어려워지자 서울시는 임대주택을 반드시 포함하도록 유도하면서 잠실주공5단지의 정비계획안은 상당 기간 진통을 겪었습니다.

이 같은 흐름은 앞으로도 이어질듯합니다. 정부가 용적률 상향 등 인센티브를 제공하는 대신 임대주택을 확보하는 각종 공공 정비사업 정책을 추진 중이기 때문이지요. 저출산과 정부의 정책 방향이 맞물리면서 기부채납 트렌드도 바뀌는 모습인데요. 하지만 학교를 새로 짓지 않고 기존 학교에만 의존하다 보면 향후 정비사업 완료 후 유동인구가 늘었을 때 뒤늦게 문제가 될 수도 있기 때문에 신중한 검토가 필요해 보입니다.

컨소시엄 아파트,
좋아요, 싫어요?

— 단독시공보다 컨소시엄이 인기 없는 이유 —

아파트를 하나의 시공사가 짓는 게(단독시공) 좋을까요, 여러 시공사가 함께 짓는 게(공동시공) 좋을까요? 재개발·재건축 사업의 시공사 선정 시 '도급 방식'에 대한 의견은 꾸준히 갈려 왔습니다. 한때는 시공사들이 함께 짓는 아파트가 '랜드마크'가 될 것이란 기대감 등으로 컨소시엄 방식이 유행처럼 번지다가 그 부작용이 드러나면서 갈수록 단독시공의 선호도가 높아지고 있는데요. 하지만 부동산 경기가 출렁이자 시공사들이 리스크 분담 차원에서 다시 손을 잡는 추세입니다. '단독이냐, 공동이냐' 과연 어떤 선택이 옳을까요.

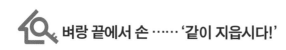 벼랑 끝에서 손 …… '같이 지읍시다!'

컨소시엄(consortium)은 라틴어로 '동반자 관계'를 의미하는 말로 건설업계

에선 두 개 이상의 건설사가 합작해 아파트를 짓는 방식을 뜻합니다. 컨소시엄 아파트는 각 건설사의 장점(기술 합작 등)과 브랜드 이미지를 동시에 얻을 수 있는 점이 큰 매력입니다. 주로 대규모 아파트를 지을 때 활용되는 방식인 만큼 '랜드마크' 효과까지 누릴 수 있는데요.

시공사 입장에선 더 이득입니다. 건설사가 개별적으로 경쟁을 하면 수주를 하기 위해 '출혈 경쟁'을 피할 수 없거든요. 수주 경쟁에서 밀릴 경우 투입했던 막대한 비용을 회수할 수도 없지요. 반면 건설사들끼리 손을 잡으면 홍보·마케팅 비용도 절약할 수 있고 경쟁에 따른 손실도 줄일 수 있습니다. 특히 자금조달을 분담하고 미분양 등 리스크를 줄일 수 있다는 점이 강점입니다. 부동산 경기 침체기였던 2010년대 초반에 컨소시엄 시공이 붐을 일으켰던 이유이기도 한데요. 그때만 해도 입찰 자격에 '컨소시엄 구성'이 포함될 정도였습니다.

당시 건설사들은 단지 규모가 1000가구만 넘어도 컨소시엄을 꾸려 수주하곤 했는데요. 2013년엔 서울 은평구 응암10구역(현 백련산SK뷰아이파크, 1305가구) 재개발을 SK에코플랜트와 HDC현대산업개발이 함께 수주했고요. 총 3850가구에 달하는 경기 안양 호원지구(현 평촌어바인퍼스트) 재개발

| 컨소시엄 시공 주요 장·단점 |

장점	단점
각 건설사의 장점(기술 집약)과 브랜드 이미지를 동시에 얻을 수 있음.	단지명이 길어지거나 제3의 단지명을 적용해 브랜드 가치 저하될 수 있음.
랜드마크 효과 및 분양 리스크 감소	하자보수 등 건설사 책임소재 불명확.
건설사 자금조달 분담.	느린 의사결정 및 사업진행속도.
건설사 출혈경쟁 방지 및 홍보·마케팅 비용절감.	건설사간 경쟁 효과 떨어져 조합의 사업 방향 선택의 폭 좁아짐.

사업의 경우 지난 2012년 포스코건설, SK에코플랜트, 현대건설, 대우건설 등 4개 대형 건설사가 컨소시엄을 구성해 품에 안았습니다.

🔍 '들어올 거면 혼자 들어와!'

그러나 얼마 지나지 않아 정비사업 조합원들은 단독시공으로 목소리를 모았습니다. 컨소시엄 시공 결과 곳곳에서 불만들이 나오기 시작했거든요. 개별 입찰하면 수주를 하기 위해 건설사들이 앞 다퉈 더 좋은 조건을 내놓는 반면, 컨소시엄으로 입찰하면 경쟁 효과가 떨어져 사업 방향에 대한 조합원들의 선택 폭이 좁아질 수밖에 없습니다.

준공 후에도 하자보수 등에 있어 책임 소재가 불명확하다는 단점이 있는데요. 실제로 강남권에서 공동시공한 한 아파트는 단지에서 악취가 나 주민들이 시공사에 문의를 했으나 동별, 도로별 시공사가 다르니 주민이 직접 악취의 원인을 파악해서 해당 시공사에 보수 요청을 해야 한다는 답변을 받아 논란이 되기도 했습니다.

단지 명도 경쟁력이 떨어진다는 평가가 나옵니다. 시공에 참여한 건설사들의 브랜드를 나열하거나 제3의 단지명을 붙이다 보니 상대적으로 브랜드 가치가 떨어지거든요.

여기에 부동산 상승기까지 맞물리며 분양 리스크가 크게 줄어든 2020~2021년엔 서울 지역을 중심으로 단독입찰이 트렌드로 자리 잡았습니다. 용산구 한남3구역의 경우 총 5816가구(공사비 2조원)에 달하는 대단지에다 구릉지라는 리스크가 있음에도 조합원들이 컨소시엄 불가를 선언하면서 결국 현대건설이 단독 수주했지요. 은평구 갈현1구역(4116가구, 공사비 약

1조원), 서초구 반포3주구(1490가구, 공사비 8087억원)도 각각 롯데건설, 삼성물산이 단독으로 품었습니다. 2021년 마천4구역, 현대연립, 미아4구역 등은 입찰공고에 '공동도급 불가'를 표기해 원천 차단하기도 했습니다.

 컨소시엄 아파트, 새 국면 맞을까

당시 이런 분위기 속에서도 컨소시엄 시공에 나선 사업장이 있습니다. 서울 서남권 최대 재개발사업으로 꼽히는 관악구 신림1구역 재개발인데요. 신림1구역은 지하 2층~지상 29층, 42개 동 4250가구 규모로 조성될 예정

지하 2층~지상 29층, 42개 동 4250가구 규모로 조성될 예정으로 추정사업비만 1조537억원에 이르는 신림1구역 재개발사업에서, GS건설 컨소시엄은 공동도급에 대한 조합원들의 우려에 대비해 '공동이행 방식+브랜드 선택제'라는 조금 다른 사업 방식을 제안했다. 대표 건설사 한 곳에서 모든 공사를 지휘하고 준공 이후 발생한 하자도 3사 통합 AS 센터를 통해 처리하며, 컨소시엄으로 시공계약을 따낸 뒤에도 조합원들이 단지명을 자유롭게 정할 수 있도록 브랜드 선택권을 제공했다. 컨소시엄의 최대 단점으로 꼽혀 온 시공 책임 떠넘기기, 브랜드 가치 하락 등을 막기 위한 선제적 조치를 했다는 점에서 주목을 끌었다. 이미지는 신림1구역 재개발 조감도.

으로 추정사업비만 1조537억원에 이르는 '신림뉴타운 대장급' 사업지인 만큼 대형 건설사들의 경쟁이 예상됐었지요. 하지만 정작 입찰에는 GS건설(주관사), 현대엔지니어링, DL이앤씨가 컨소시엄을 꾸려 단독 참여했습니다.

컨소시엄에다 단독입찰로 마무리되자 조합원들은 '컨소시엄 불가'를 요구하는 1인 시위를 진행하고 결의서를 취합하는 등 거센 반발에 나섰는데요. 그러자 GS건설 컨소시엄은 공동도급에 대한 조합원들의 우려에 대비해 '공동이행방식+브랜드 선택제'라는 조금 다른 사업 방식을 제안했습니다. 대표 건설사 한 곳에서 모든 공사를 지휘하고 준공 이후 발생한 하자도 3사 통합 AS 센터를 통해 처리한다는 겁니다.

또 컨소시엄으로 시공계약을 따낸 뒤에도 조합원들이 단지명을 자유롭게 정할 수 있도록 브랜드 선택권을 제공하기로 했습니다. 당시 GS건설 관계자는 "통상 공동도급 시 시공사별로 분할해서 책임을 나누는데, 이 경우 책임 떠넘기기 등의 우려가 있으니 통합해서 건설사 한 곳이 대표로 처리하고 단지명에 들어갈 브랜드도 조합원의 결정에 따르기로 했다"고 말했습니다.

그동안 컨소시엄의 최대 단점으로 꼽혀 온 시공 책임 떠넘기기, 브랜드 가치 하락 등을 막기 위한 선제적 조치를 했다는 점에서 이전과는 다른 모습인데요. 이후 신림1구역은 신탁 방식을 도입하고 서울시의 신속통합기획 사업지로 선정돼 사업이 순항하고 있습니다. 이에 컨소시엄 시공 방식도 새 국면을 맞는 듯 싶은데요. 사업장의 조건이나 입찰 제안 내용 등에 따라 단독시공이냐, 컨소시엄 시공이냐에 따른 장·단점이 제각각이기 때문에 조합원이라면 꼼꼼히 따져볼 필요가 있어 보입니다.

내 아파트, 키 키우기 전략

— 서울시 '2040 플랜'에 주목하는 이유 —

주택은 '주택법', 철도는 '도시철도법', 환경은 '자연환경보전법'……

이렇듯 모든 분야마다 최고 상위법이 있고 그 아래 시행령이나 시행규칙 등이 여러 갈래로 나뉘어 있는데요. 그런데 서울시는 조금 다릅니다. 주택, 교통, 산업, 환경, 문화, 복지 등 다양한 부문별 계획을 하나로 통합해 조정하는 최상위 법정계획을 운영하고 있거든요. 바로 '서울도시기본계획'(현 '2040 서울플랜')입니다.

2022년 12월부터 부동산시장에서 그토록 바라던 '35층 규제' 완화 방안이 담긴 '2040 서울플랜'이 시행되면서 너도나도 층수 올리기에 나섰습니다. 강남에선 무려 70층짜리 아파트 건축을 추진하기도 하는데요. 한강변을 비롯해 서울시의 스카이라인이 확 변하게 될까요.

'2040 서울플랜'이란?

서울도시기본계획은 한정된 자원을 효율적으로 활용해 주민들의 삶의 질을 높이기 위한 정책방향입니다. 서울의 인구, 산업, 경제, 환경, 교통, 주택 등 여러 분야에서 장기적인 관점(20년)으로 서울의 미래상을 제시하는 건데요. 이는 최상위 법정계획인 만큼 하위 계획(도시관리계획)은 도시기본계획의 틀 안에서 움직여야 하지요. 도시관리계획에선 용도지역 · 지구 · 구역, 도시계획시설, 지구단위계획, 도시개발사업, 정비사업 등을 다룹니다.

1990년에 나온 최초의 법정계획인 '2000년대를 향한 서울도시기본계획'을 시작으로 △2011 서울도시기본계획, △2020년 서울도시기본계획, △2030 서울도시기본계획, △2040 서울도시기본계획 등 다섯 차례에 걸쳐 수립됐습니다.

| 서울도시기본계획의 변천 |

계획	2000 서울도시기본계획	2011 서울도 기본계획	2020 서울도시기본계획
수립	1990년	1997년	2006년
목표	2000년	2011년	2020년
주요 내용	강남 · 북 균형발전	지방자치시대 도래	IMF 이후 여건 변화 반영
	다핵도시로 개편	자치구계획의 수렴 및 반영	행정수도 이전 대응, 청계천 복원 등 반영
	도시철도망과 도시고속 도로망 계획	상암, 용산, 뚝섬, 마곡지구 개발 구상	그린벨트 우선해제 변경 반영
	1도심 / 5부도심 / 59지구 중심	1도심 / 4부도심 / 11지역 중심 / 54지구 중심	1도심 / 5부도심 / 11지역 중심 / 53지구 중심

| '2040 서울플랜'의 '35층 룰' 폐지 요지 |

2030 서울도시기본계획	2040 서울도시기본계획
서울시 전역에 일률적으로 적용되는 **수치화된 기준**	다양한 열린 공간을 위한 **정성적 유연한 가이드라인**

정량적 층수기준

용도	도심광역 중심	지역지구 중심	그 외 지역
상업 준주거	복합:51층 이상 가능 주거:35층 이하	복합:50층 이하 주거:35층 이하	복합:40층 이하 주거:35층 이하
준공업	복합:50층 이하 주거:35층 이하		
일반 주거	제3종일반:주거 35층 이하, 복합 50층 이하 제2종일반:25층 이하	제3종일반:35층 이하 제2종일반:25층 이하	

• 절대적인 수치 기준 삭제
• **대상지 여건을 고려하여 위원회 심의 등을 통해 적정 높이 결정**

35층이던 주거용 건축물 층수 제한 폐지, 주변 여건에 맞는 스카이라인 조성

동일용적률

2030 서울도시기본계획	2040 서울도시기본계획
2014년	2023년
2030년	2040년
민주적 절차 강화, 인구구조의 변화 등	보행 일상권 조성, 수변 중심 공간 재편, 기반시설 입체화
역사문화자원 및 경관의 보전	중심지 기능 혁신, 미래교통 인프라 구축
실효성 있는 재개발 · 재건축과 소단위 정비 추진	탄소중립 안전도시 구축, 도시계획 대전환
3도심 / 7광역 중심 / 12지역 중심	3도심 / 7광역 중심 / 12지역 중심 체계 유지 및 중심지 기능 고도화

자료 : 서울시

서울도시기본계획은 변화하는 시대여건을 고려해 5년마다 타당성 여부를 재검토하고 수정·보완하는 재정비 절차를 거치는데요. 서울시는 2019년 10월부터 '2040 서울플랜'을 준비했으나 박원순 서울시장이 궐위하면서 일시정지됐다가 오세훈 서울시장이 취임한 이후 2022년 12월 서울시 심의를 거쳐 2023년 1월 '2040 서울플랜'을 확정 공고했습니다.

이번 플랜에서 가장 주목받은 건 단연 '35층 룰'입니다. '2030 서울플랜'에서는 서울시 중심지체계 및 용도지역별로 높이 기준을 정해놨는데요. 초고층 건물이 일조권, 조망권 등을 독점하는 걸 막고 주변 자연경관과 조화를 이루고자 한강변에 위치한 주거용 건축물 층수를 35층 이하로 제한했습니다.

그러나 '2040 서울플랜'에선 서울 전역 일반주거지역에 일률적으로 적용했던 35층 높이 규제가 8년 만에 사라졌는데요. 이 규제가 정비사업을 추진하는 단지들에겐 사업성 저하의 원인으로 꼽혀왔던 만큼, 이번 완화에 부동산시장이 크게 환영하고 있습니다.

🔍 최고 70층짜리 아파트까지?

그동안 층수 규제에 가로 막혔던 서울 주요 단지들이 앞 다퉈 초고층 건립 추진에 나섰는데요. 특히 여의도와 강남에서 초고층 바람이 거셉니다. 서울 영등포구 여의도에서 가장 오래된 단지인 시범아파트(1971년 준공)는 이미 2022년 11월 서울시의 신속통합기획안이 확정되면서 최고 65층 높이로 재건축을 추진하게 됐고요. 여의도 한양아파트는 2023년 1월 최고 54층 규모의 주상복합단지로 개발하는 신속통합기획안이 확정됐습니다.

이밖에 대교아파트(1975년 준공) 59층, 진주아파트(1977년 준공) 58층, 삼부 아파트(1975년 준공) 56층 등으로 건립을 추진 중인데요. 여의도 주요 재건 축 단지들이 모두 50~60층대 초고층을 내다보고 있는 만큼 여의도가 '상 전벽해' 할 것이란 기대감이 높습니다.

강남도 마찬가지인데요. 강남의 대표적 재건축 단지인 대치동 은마아 파트(1979년 준공)도 '최고 49층'으로 재건축 계획 변경 절차를 추진 중입니 다. 강남구 압구정4구역(1978~1981년 준공) 송파구 잠실주공5단지(1978년 준

| 초고층 재건축 추진 중인 서울 주요 아파트단지 | [단위 : 층(층수는 바뀔 수 있음)]

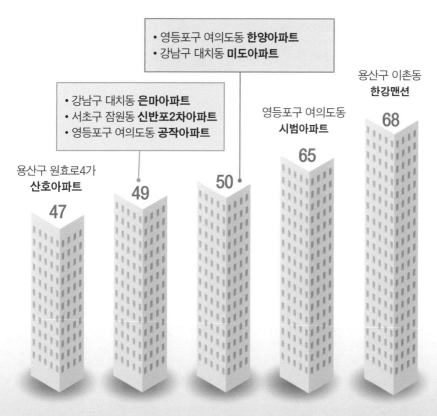

• 영등포구 여의도동 **한양아파트**
• 강남구 대치동 **미도아파트**

용산구 이촌동
한강맨션

• 강남구 대치동 **은마아파트**
• 서초구 잠원동 **신반포2차아파트**
• 영등포구 여의도동 **공작아파트**

영등포구 여의도동
시범아파트

용산구 원효로4가
산호아파트

47   49   50   65   68

자료: 각 조합, 서울시

꽁)도 최고 70층 건립을 추진 중이지요.

여의도와 강남에서 시작한 초고층 바람은 서울 전역으로 점차 번지고 있는데요. 이처럼 재건축 단지들의 층수가 높아지면 한강변 스카이라인이 바뀌면서 도시 경관이 한층 개선될 것이란 긍정적인 전망이 나옵니다.

이태희 한국건설산업연구원 부연구위원은 "비슷한 층수의 아파트가 한강변에 쭉 늘어서 있는 것보다 초고층 건물과 저층 건물이 혼재해 있는 게 도시계획 측면에서도 입체감 있고 통경축(조망 확보 공간)도 확보할 수 있다"며 "초고층 빌딩의 밀도도 높지 않은 편이라 오히려 도시 경관을 개선하고 랜드마크 도시를 만들 수 있을 것"이라고 내다봤습니다.

다만 '사업성'이 관건이 될 듯 합니다. 재건축 단지들이 초고층 건립을 원하는 건 용적률 상승으로 일반분양 물량이 확대되면 조합원의 추가부담금이 줄어들어 사업성이 높아지기 때문인데요. 그러나 층수를 올릴수록 공사비가 증가하는데 이미 자잿값 급등으로 건축 비용 부담이 커진 데다, 부동산 경기가 위축되며 일반분양이 잘 될 거란 보장이 없습니다. 더군다나 도시계획상 용도지역 인센티브를 받으려면 그만큼 공공기여를 더 부담해야 하지요.

서울시 신속통합기획으로 재건축을 추진 중인 강남구 압구정3구역의 경우 2023년 7월 설계 공모에서 최고 70층 설계 제안이 나왔는데요. 서울시는 압구정4구역과 달리 이 단지에 대해서는 왜곡된 설계 및 시장 교란을 이유로 이를 제시한 건축사무소를 검찰에 고발하고 재건축 공모 절차를 중단하기까지 했지요. 서울시의 기본계획만 믿을 게 아니라 과연 초고층 추진 아파트들이 지금의 열기를 쭉 끌고 나가서 무사히 준공할 수 있을지 꼼꼼히 따져봐야겠습니다.

부산에는 왜 초고층 빌딩이 많을까?

초고층 아파트 가치의 명과 암

서울 사람들은 '이 건물'이 보이는지 안 보이는지로 미세먼지 농도를 가늠한다고 하지요. 바로 우리나라에서 가장 높은 건물인 송파구 롯데월드타워입니다. 123층으로 워낙 높아서 근처 어디서든 이 건물을 볼 수 있으니까요.

그런데 사실 초고층 빌딩은 부산에 많습니다. 전국 초고층 빌딩 상위 2~4위를 차지한 엘시티를 비롯해 해운대에는 두산위브더제니스, 아이파크 등이 있고, 부산국제금융센터 역시 9위에 올랐습니다. 바다 조망에 대한 높은 수요와 부산시의 적극적인 건설 정책이 맞물린 결과입니다.

그런데 앞으로는 이런 추세가 바뀔 수도 있을 것 같은데요. 빌딩풍과 조망권 침해 등의 부작용이 제기되면서 부산시가 높이 규제에 나섰습니다. 반대로 서울시는 '35층 규제' 등을 폐지하고 용적률 상향을 장려하고 있습니다. 앞으로 초고층 빌딩의 '성지'가 바뀔 수도 있을까요.

서울 사람들은 '이 건물'이 보이는지 안 보이는지로
미세먼지 농도를 가늠한다. 바로 우리나라에서 가장 높은
송파구 롯데월드타워다. 123층으로 워낙 높아서
근처 어디서든 이 건물을 볼 수 있기 때문이다.

| 전국 초고층건물 순위 |

순위	건물	높이 [m]	지역
1	롯데월드타워	554.5	서울
2	엘시티 랜드마크 타워동	411.6	부산
3	엘시티 타워A동	339.1	
4	엘시티 타워B동	333.1	
5	파크원타워 1	322.0	서울
6	포스코타워 송도	305.0	인천
7	해운대 두산위브더제니스 A동	300.0	부산
8	해운대 아이파크 주동2	292.1	
9	부산국제금융센터	289.0	
10	서울국제금융센터(IFC)	284.0	서울

자료:세계초고층도시건축학회

초고층 빌딩 '성지'가 된 부산

세계초고층도시건축학회에 따르면 국내 초고층 빌딩 상위 10개 중 6개가 부산에 있습니다. 해운대 엘시티 랜드마크 타워동(411.6m), 엘시티 타워A동(339.1m), 엘시티 타워B동(333.1m) 등이 2~4위에 안착했습니다. 해운대 두산위브더제니스 A동(300m), 아이파크 주동2(292.1m)은 각각 7, 8위이고 부산국제금융센터(289m)도 9위에 있습니다.

서울에는 국내에서 가장 높은 건물인 송파 롯데월드타워(554.5m)와 여의도에 있는 파크원타워1(322m), 서울국제금융센터(IFC · 284m) 등 3개가 상위 10위권에 있습니다. 이밖에 인천 포스코타워 송도(305m)도 초고층 빌딩으로 손꼽힙니다.

'건축법'상 초고층 빌딩은 50층 이상의 건축물을 말합니다. 건축물이 높을수록 안전 우려가 커지기 때문에 50층 미만 건축물보다 훨씬 까다로운 허가 기준이 적용됩니다. 30개 층마다 한 층을 비우고 대피 공간을 설치하도록 한 '초고층 재난관리법'이 대표적인 예입니다.

이런 기준을 모두 통과하려면 건축비용도 많이 증가합니다. 현대차그룹이 추진했던 100층 이상의 글로벌비즈니스센터(GBC) 프로젝트도 50층짜리 3개 동으로 변경됐을 정도니까요. 결국 초고층 빌딩 건립은 '랜드마크'를 만들겠다는 건축주와 지자체의 의지가 일치해야만 가능한 일입니다.

실제로 부산시는 엘시티를 짓기 위해 규제를 여럿 완화했습니다. 해운대 바다 근처에 주거시설 건립을 금지한 '중심미관지구'를 해제하고, 해안부 건물의 높이를 60m로 제한했던 규정도 삭제했습니다.

최근까지도 부산시는 고층건축물 허가에 진심입니다. 국토교통부에 따르면 2022년 허가된 30층 이상 고층건축물 중 18%(연면적 기준)가 부산에

| 30층 이상 고층 건축물 허가 연면적 추이 |

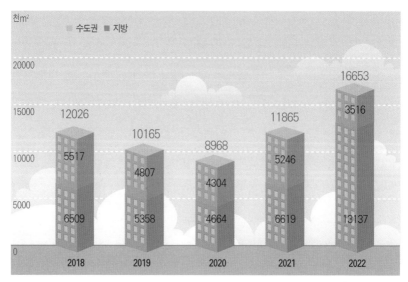

천m²

■ 수도권 ■ 지방

20000

16653

15000

12026

3516

10165

11865

10000

5517

8968

5246

5000

4807

4304

6509

5358

4664

6619

13137

0

2018   2019   2020   2021   2022

자료: 국토교통부

있습니다. 전국에서 가장 많은 비율이지요. 같은 기간 서울에 지어진 고층
건축물 면적은 전체의 2%에 그칩니다.

규제 조이는 부산 vs 푸는 서울

다만, 앞으로는 초고층 빌딩의 판도가 바뀔 수 있습니다. 빌딩풍, 조망권
침해 등 초고층 빌딩의 부작용을 경험한 부산시가 높이 규제에 나섰습니
다. 시는 지난 2020년 국내 최초로 '건축물 높이 관리 기준'을 수립했습니
다. 경관 훼손과 난개발을 방지하겠다는 취지입니다.

이어 '수변관리 기본계획'도 세우고 있습니다. 해운대 등 수변이 아파트
등으로 개발되면서 수변 공간이 사유화됐다는 지적을 받고 있는데요. 이

런 지역에 경관축, 통경축 등을 제시하고 공공성을 강화할 계획입니다.

반면 서울시는 높이 규제 완화에 적극적입니다. 오세훈 시장은 2023년 3월 '그레이트 한강 프로젝트'를 발표했습니다. 용산국제업무지구 등 한강변 핵심 거점을 '도시혁신구역'으로 지정하는 게 골자입니다. 도시혁신구역이 되면 건축 용도 제한을 받지 않고, 용적률과 건폐율도 시가 자유롭게 정할 수 있습니다.

여의도 금융중심지는 용도지역을 상향하고, 용적률 인센티브를 제공합니다. 한강변 주거지 높이 규제는 더 완화됩니다. 서울시는 2022년 3월 이미 주거용 건축물의 35층 이하 높이 규제를 폐지했는데, 아파트의 주동을 최고 15층으로 제한하는 높이 규정도 삭제됐습니다.

한강변 정비사업지는 이미 들썩거리고 있습니다. 여의도 시범아파트는 최고 65층 높이로 재건축을 추진하고, 용산 한강맨션도 68층으로 재건축하는 방안을 고민 중입니다. 부산에서 경험한 부작용이 또다시 반복되지 않으려면 철저한 계획이 필요하다는 지적이 나옵니다.

무시했다간
'금딱지'가 '물딱지' 된다?!

— 공공재개발 투자에서 '권리산정기준일'의 중요성 —

'권리산정기준일 전에 건축한 매물인가?'

재개발 투자에서 반드시 확인해야 할 사항 중 하나인데요. 이를 제대로 확인하지 않고 투자할 경우 수억원을 들였다 해도 분양권을 받지 못하는 사태가 벌어질 수 있습니다. 특히 공공재개발의 경우 더 주의를 기울여야 합니다. 공공재개발은 후보지 선정 때마다 투자자들이 예상 지역으로 몰려드는데요. '일단 사자' 식의 섣부른 투자를 했다가 권리산정기준일에 걸려 분양권을 받지 못할 수 있으니 주의해야겠습니다.

🔍 '금딱지'인 줄 알았는데 '물딱지'라니!

재개발 주택의 경우 분양권을 많이 받기 위해 단독주택을 허물고 빌라를 짓는 등의 '지분 쪼개기'가 성행하곤 하는데요. 무분별한 지분 쪼개기를 막고 분양 대상자를 구분하기 위한 제도가 바로 '권리산정기준일'입니다. '도시 및 주거환경정비법'(이하 '도시정비법')에 따라 정비사업을 통해 분양받을 건축물이 다음 각 호(토지 등 소유자 수가 증가하는 경우)의 어느 하나에 해당하는 경우 제16조 제2항 전단에 따른 고시가 있는 날 또는 시·도지사가 투기를 억제하기 위해 기본계획 수립 후 정비구역 지정·고시 전에 따로 정하는 날의 '다음 날'을 기준으로 건축물을 분양받을 권리를 산정합니다.

권리산정기준일 이후에 지분 쪼개기 한 주택의 소유자는 입주권을 받지 못합니다. 가령 소유주 A씨가 기준일 이후에 건축허가를 받아 단독주택을 허물고 다세대주택을 지었다면 A씨에 대한 입주권은 나오지만 A씨 외 다세대주택 거주자들(매매)은 입주권을 받지 못하는 거지요. 통상 정비구역 지정 고시일이 권리산정일이 되는데요. 공공재개발은 공모 때부터 투자자들이 몰리면서 지분 쪼개기로 신축 빌라가 난립하는 상황을 막기

| 권리산정기준일이란? |

의미	분양받을 권리의 산정일. 이날을 기준으로 단독주택을 허물고 빌라를 짓는 등의 지분 쪼개기(토지 등 소유자 증가) 불가.
관련법	**'도시 및 주거환경정비법' 제77조(주택 등 건축물을 분양받을 권리의 산정 기준일)** ① 정비사업을 통해 분양받을 건축물이 다음 각 호의 어느 하나에 해당하는 경우엔 제16조 제2항 전단에 따른 고시가 있는 날 또는 시·도지사가 투기를 억제하기 위해 기본계획 수립 후 정비구역 지정·고시 전에 따로 정하는 날(기준일)의 다음 날을 기준으로 건축물을 분양받을 권리를 산정한다. 1. 1필지의 토지가 여러 개의 필지로 분할되는 경우. 2. 단독주택 또는 다가구주택이 다세대주택으로 전환되는 경우. 3. 하나의 대지 범위에 속하는 동일인 소유의 건축물을 토지와 주택 등 건축물로 각각 분리해 소유하는 경우. 4. 나대지에 건축물을 새로 건축하거나 기존 건축물을 철거하고 다세대주택, 그밖의 공동주택을 건축해 토지 등 소유자의 수가 증가하는 경우.

위해 '공모공고일'을 권리산정일로 지정키로 했습니다.

　국토교통부와 서울시는 2020년 9월 17일 5·6대책에 따른 공공재개발 후보지 공모계획을 발표하면서 "비경제적인 신축행위 및 투기 방지를 위해 필요한 경우 지분 쪼개기 주택의 조합원 분양 권리산정일을 공모공고일(9월 21일)로 지정할 것"이라고 밝혔습니다. 이에 따라 공공재개발은 2020년 9월 22일을 기준으로 건축물을 분양받을 권리가 산정됩니다. 그 전까지 건축허가를 받고 등기 접수까지 마친 주택의 소유자만 입주권이 나온다는 거지요.

　이후 공공재개발 후보지 선정 과정에서도 마찬가지로 권리산정기준일을 정해 지분 쪼개기 등의 부작용을 사전 차단했습니다. 그럼에도 여전히 공공재개발 추진 기대감에 이를 제대로 알아보지 않고 투자하려는 투자자들이 적지 않다고 하는데요. 재개발 후 조합원 자격으로 새 아파트에 입주할 수 있는 '금딱지'인 줄 알았는데 알고 보니 입주권도 나오지 않는 '물딱지'를 갖게 되는 낭패를 볼 수도 있으니 주의해야 합니다.

한때 잘나갔던 공공재개발

자, 권리산정기준일 알아봤고 분양권 나오는지도 확인했다면 공공재개발 투자 'Go!' 하면 될까요? 글쎄요. 공공재개발의 전망이 마냥 장밋빛은 아닙니다. 불과 2년여 전만 해도 공공재개발은 흥행몰이를 제대로 했던 정비사업 방식인데요.

　공공재개발은 임대주택 공급에 대한 부담은 있지만, △LH나 SH의 사업 주도로 사업 속도 개선, △정비구역 해제 구역도 사업 가능, △분양가

상한제 비적용, △용적률 상향 등 각종 인센티브 제공 등의 장점이 많거 든요. 이에 지난 2020년 1차 시범사업지 모집에서는 70곳이나 신청을 하기도 했습니다. 주로 사업성이 부족하거나 조합원 내분 등으로 사업 추진이 부진한 곳들이 후보지로 선정됐는데요. 이후에도 모두 세 차례 모집해 32곳의 후보지를 선정했지만 일부 사업장은 여전히 주민 반발로 사업에 속도가 나지 않고 있습니다. 재산권 침해 문제 등으로 일부 주민들이 재개발을 반대하거나 민간 재개발 등 다른 방식으로 선회하자며 이탈하는 주민들도 있기 때문인데요. 이런 상황에 시공사 선정도 어려운 상태고요. 서울시의 경우 오세훈 서울시장의 신속통합기획* 등이 나오면서 공공재개발이 뒷전으로 밀리기도 했습니다. '흥행 보증수표'였던 공공재개발의 분위기가 사뭇 달라졌음을 기억해 둘 필요가 있겠습니다.

| 2021년 이후 공공재개발 선정지(32곳) |

1차 선정지 : 8곳 (2021년 1월 15일)

△동작구 흑석2 △영등포구 양평13 △영등포구 양평14 △동대문구 용두1-6 △동대문구 신설1 △관악구 봉천13 △종로구 신문로2-12 △강북구 강북5

2차 선정지 : 16곳 (2021년 3월 30일)

△노원구 상계3 △강동구 천호A1-1 △동작구 본동 △성동구 금호23 △종로구 숭인동 1169 △양천구 신월7동-2 △서대문구 홍은1 △서대문구 충정로1 △서대문구 연희동 721-6 △송파구 거여새마을 △동대문구 전농9 △중랑구 중화122 △성북구 성북1 △성북구 장위8 △성북구 장위9 △영등포구 신길1

3차 선정지 : 8곳 (2022년 8월 26일)

△마포구 아현동 699 일대 △영등포구 도림동 26-21 일대 △종로구 연건동 305 일대 △중랑구 면목동 527 일대 △은평구 응암동 101번지 일대 △양천구 신월5동 77 일대 △구로구 구로동 252 일대 △금천구 시흥4동 4번지 일대

*1·2차 후보지의 권리산정기준일은 공모공고일인 2020년 9월 21일.
**3차 후보지의 권리산정기준일은 공모공고일인 2021년 12월 30일.

* 오세훈 시장이 2021년 하반기 내놓은 대표적인 주택 공급 정책으로, 서울시가 정비계획 수립 단계에서부터 가이드라인을 제시하고 정비구역 지정까지 신속한 사업 추진을 지원하는 제도. 정비구역 지정까지 걸리는 기간을 통상 5년에서 2년으로 단축시킬 수 있어 높은 호응을 받았다.

뭉쳐야 재건축?

— 1기 신도시, 통합재건축 가능할까? —

1기 신도시에서 '통합재건축' 움직임이 커지고 있습니다. 정부가 '노후 계획도시 특별법' 혜택을 통합재건축 단지 위주로 적용하기로 했기 때문이지요. 통합재건축은 여러 개의 단지를 하나로 묶어 재건축을 추진하는 방식인데요. 1기 신도시 재건축은 안전진단 면제, 용적률 완화 등의 특례 없이는 사실상 불가능한 만큼, 통합재건축이 '필수'로 자리 잡을 것이란 전망까지 나오고 있습니다.

통합재건축의 실현가능성에 대해선 이견이 많습니다. 단지별로 대지지분이나 조망권 등이 상이하니 재건축 조건에 대해서도 서로 생각하는 바

| 노후 계획도시 특별정비구역 |

지정요건	대규모 블록 단위 통합정비, 역세권 복합·고밀개발 등
지정효과	안전진단 면제 또는 완화, 용적률·건폐율 완화 등
지정예시	4개 아파트 단지 복합개발 등

가 다를 수 있는데요. 실제 한때 통합재건축을 추진했던 여의도 단지들은 대부분 갈등을 해결하지 못하고 '단독재건축'으로 돌아섰습니다. 1기 신도시 통합재건축, 가능할까요.

🔍 통합재건축, 이젠 필수?

1기 신도시 등의 재건축 방법을 제시한 '노후 계획도시 정비 및 지원에 관한 특별법안'(이하 '특별법')이 현재 국회에 계류 중입니다. 애초 대통령 공약 때만 해도 '1기 신도시 특별법' 등의 이름으로 불렸지만, 다른 지역의 반발이 있어 '노후 계획도시'로 대상을 확대했습니다. 서울 목동 · 노원 등도 적용받을 수 있게 된 거지요.

노후 계획도시라고 해서 모두 특례를 받을 수 있는 건 아니고, '특별정비구역'에 지정돼야 합니다. 특별정비구역은 대규모 블록 단위 통합정비, 역세권 복합 · 고밀 개발 등을 추진하는 구역입니다. 도시 재창조 등 공익적 목적의 사업을 진행한다는 전제 하에 △용적률 · 건폐율 완화, △안전진단 면제 또는 완화, △인 · 허가 간소화 등의 혜택을 받습니다.

구체적 지정 기준은 아직 정해지지 않았지만, 정부는 아파트 단지 4곳을 복합개발하는 경우를 예시로 들었는데요. 재건축으로 단지 규모가 커지면 대규모 기반 시설이 들어서기 좋으니 단독재건축 때보다 사회에 기여하는 바가 크다고 본 겁니다. 1기 신도시 등은 블록별로 구획돼 통합재건축이 상대적으로 용이하다는 판단도 작용한 듯 합니다. 기존 용적률이 높고, 이제 막 재건축 연한(30년)에 가까워진 1기 신도시로선 특별정비구역에 지정돼야 재건축 가능성을 높일 수 있습니다.

주민들 통합될까 …… 이탈 우려 목소리도

일각에서는 '특별법'이 통합재건축을 사실상 강제하고 있다고 지적합니다. 규모와 입지가 다른 단지와 달라 통합재건축이 어려운 단지도 있고, 조합이 설립된다고 해도 이해관계 충돌로 사업이 지연·좌초될 가능성이 있기 때문입니다.

실제로 서울에는 통합재건축을 시도했다가 단독재건축으로 돌아선 곳이 많습니다. 여의도 대교아파트는 2021년 인근 화랑·장미아파트와 통

| 1기 신도시 지역 노후 아파트 비중 |

[단위 : %]

군포(산본)	71.4
안양(평촌)	59.2
성남(분당)	54.6
고양(일산)	53.7
부천(중동)	51.4
경기도 평균	38.0

| 서울 자치구별 노후 아파트 비중 |

단위 : %, 준공 20년 초과 기준

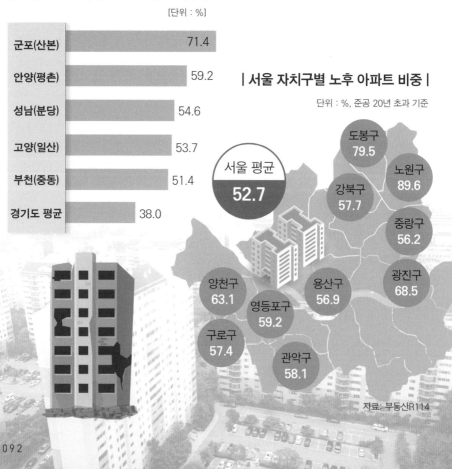

서울 평균 **52.7**

도봉구 **79.5**
노원구 **89.6**
강북구 **57.7**
중랑구 **56.2**
광진구 **68.5**
양천구 **63.1**
용산구 **56.9**
영등포구 **59.2**
구로구 **57.4**
관악구 **58.1**

자료: 부동산R114

합재건축을 논의했지만, 한강조망권 등의 문제로 무산됐습니다. 결국 2022년 10월부터 단독재건축을 추진 중입니다. 광장아파트는 단지 내부에서도 이견 조율에 실패해 1·2동과 3·5~11동이 따로 재건축을 진행할 예정입니다.

리모델링을 추진 중이거나, 연립주택이 많은 지역의 경우도 불만이 큽니다. '특별법'이 민간 대단지 아파트를 위주로 구성돼 일부 단지는 소외될 수밖에 없다는 겁니다. 일례로 일산신도시에선 블록 안에 LH 영구임대단지가 함께 있거나(흰돌3단지), 소규모 단지가 10곳 이상 붙어있는 경우(대화동) 등 특별정비구역의 예외 사례가 더러 있습니다.

다른 지역과 마찬가지로 단독재건축을 진행하는데 계획도시란 이유로 특례를 받는 건 불합리하다는 지적도 있습니다. 최소한의 공공성을 확보하고, 일반 재건축과 차별화를 하려면 '블록별 재건축'이 불가피하다는 시각입니다. 통합재건축을 하면 블록별 정비시기를 분배할 수 있어 '이주대란'에 대한 우려도 비교적 적습니다.

김인만 부동산경제연구소 소장은 "'특별법'은 준공 20년부터 적용되고, 안전진단과 용적률까지 완화되는, 세계에서 유례를 찾아볼 수 없는 방향"이라며 "재건축을 한꺼번에 추진할 수 없기 때문에 통합재건축을 통해 블록별 순환개발로 20년 이상 진행하는 게 최선"이라고 말했습니다.

다만 통합재건축을 논의하기에 앞서 '특별법' 국회 통과라는 산이 남아있습니다. 2023년 7월 말 기준, '노후 계획도시 특별법안'은 국회에 계류된 상태로 특별법 제정과 시행까지는 갈 길이 먼 상황입니다.

'내력벽 철거'
뭐가 문제야, 세이 썸띵~

— 리모델링도 규제 완화 가능할까? —

'뭐가 문제야 세이 썸띵~'

이 노랫말(지코의 〈아무 노래〉 중에서)이 절로 나오는 업계가 있습니다. 바로 '세대 간 내력벽 철거' 허용 여부 발표를 기다리는 리모델링 업계의 얘기 인데요. 세대 간 내력벽 철거는 안전성 문제 등을 이유로 금지하고 있습니다. 업계에서는 내력벽 철거가 사업성을 좌우하는 결정적 요인인 만큼 지속적으로 '허용'을 요구해 왔습니다.

그래서 정부도 관련 연구용역을 발주하고 그 결과를 발표하기로 했는데요. 벌써 4년째 입을 꾹 닫고 있어 업계의 속이 타들어가고 있습니다. 가뜩이나 1기 신도시 등에서 아파트 리모델링 훈풍이 불기 시작해 '규제 완화'가 간절해지고 있거든요. 내력벽 철거, 대체 뭐가 문제인 걸까요.

🔍 내력벽, 누구냐 넌? : 벽이라고 다 같은 벽이 아니다!

건축물에 들어가는 벽은 크게 내력벽과 비내력벽으로 나뉩니다. 내력벽은 아파트 하중을 지탱하는 벽으로 벽 자체가 기둥 역할을 하고요. 비내력벽은 공간을 나누는 등의 용도로 쓰입니다. 공동주택 리모델링 시 내력벽이나 비내력벽 모두 철거가 가능한데요. 다만 '세대 간' 내력벽은 철거가 안 됩니다. 세대 간 내력벽은 세대 내 내력벽보다 더 두껍고 하중도 더 많이 지탱하기 때문에 철거하는 과정에서 건물 붕괴 등의 사고가 발생할 우려가 있기 때문입니다.

하지만 '세대 간 내력벽 철거 규제'가 리모델링 아파트의 상품성을 높이는데 '걸림돌'이 되고 있습니다. 리모델링을 통해 아파트를 증축할 때 세대 간 내력벽을 철거하지 못하면 좌우 확장이 불가능하거든요. 이렇게 되면 '베이'(Bay)를 늘리기 어렵습니다. 베이는 전면 발코니를 기준으로 기둥과 기둥 사이의 공간을 말하는데요. 전면 발코니에 접해 있는 방(거실

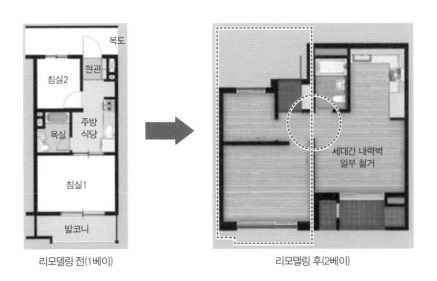

리모델링 전(1베이)   리모델링 후(2베이)

포함)의 개수가 몇 개인지로 구분하면 쉽습니다. 아파트 전면 발코니에 거실과 방 1개가 접해있다면 2베이, 거실과 방 2개가 접해있다면 3베이입니다.

옛날 아파트들은 이른바 '동굴형'이라고 말하는 2베이 구조가 많은데요. 요즘 신축 아파트들은 주로 3베이, 4베이 평면을 내놓습니다. 베이가 많을수록 채광이 잘 되고 전면 발코니 확장을 통해 실 사용면적을 늘릴 수 있어 입주민들의 선호도가 높거든요. 리모델링의 경우 '2베이 3세대'를 '3베이 2세대'로 변경하는 식으로 공사를 할 수 있는데요. 세대 사이에 내력벽이 있으니 철거하지 않는 이상 신축 아파트와 같은 수준으로 베이를 늘리는 등 상품성을 높이긴 힘든 상태입니다.

이런 문제로 리모델링 업계는 정부에 세대 간 내력벽 철거 허용을 요구해왔습니다. 안전에 문제가 없는 범위 내에서요. 정부는 이를 받아들여 2016년 1월엔 아파트를 리모델링할 때 안전진단 평가등급(B등급 이상)을 유지하는 범위에서 세대 간 내력벽 '일부 철거'를 허용하는 내용의 '주택법 시행령 · 시행규칙' 개정안을 입법예고하기도 했는데요. 이후 안전성 시비가 불거지면서 2016년 8월 재검토하기로 했습니다. 당시 내력벽 철거로 말뚝 기초에 무게가 가중돼 안전성에 문제가 생긴다는 일부 주장이 제기됐거든요.

정부는 2018년 한국건설기술연구원에 '리모델링을 위한 세대 간 내력벽 철거 안전성 연구 용역'을 맡기고 2019년 3월 결과를 발표하기로 했습니다. 결과가 나오면 국토교통부가 관련 업계의 의견을 수렴한 뒤 내력벽 철거 허용 여부를 결정하기로 했지요.

2020년 8월 한국건설기술연구원이 국토교통부에 해당 연구 보고서를 제출했는데요. 보고서는 '일부 철거가 가능하다'는 요지로 작성됐다고 전해집니다. 리모델링 업계가 국토교통부의 입만 바라보고 있는 이유이지요. 그런데 국토교통부가 당최 발표를 안 합니다. 연구 결과에 따라 세대 간 내력벽 철거를 허용했다가 혹여 안전사고라도 일어나면 큰일이니 섣불리 결정을 못 하고 있는 듯 한데요.

리모델링 업계는 애가 탑니다. 1기 신도시 등 곳곳에서 리모델링 훈풍이 불고 있는데 규제가 걸림돌이 되고 있기 때문이지요. 1기 신도시는 용적률이 높은 편이라 재건축 사업성이 나오지 않아 리모델링으로 방향을 트는 단지들이 많았는데요. 윤석열정부 들어 '노후 계획도시 재정비특별법' 추진에 따라 다시 재건축이 뜨는가 싶더니 관련 법 통과가 지체되자 리모델링 수요가 여전히 높습니다.

내력벽 철거와 함께 리모델링 사업의 수익성을 높이는 핵심 기술로 꼽히는 '수직 증축'도 아직 숨통이 완전히 트이진 않았습니다. 수직 증축은 2013년부터 허용됐지만 안전진단, 구조안전성 검사 등이 까다로워 준공 사례가 드문데요. 송파구 성지아파트, 강남구 대치동 대치1차 현대아파트 등 딱 2곳만 수직 증축 리모델링 허가를 받았을 뿐 아니라 업계의 답답함이 커지고 있습니다.

이동훈 한국리모델링협회 정책법규위원장은 "리모델링은 재건축과 달리 재입주율이 상당히 높은데, 그 이유는 오래된 아파트를 수선해서 계속 살려는 수요가 대부분으로 투자보다 주거의 기능이 훨씬 강하다"며 리모델링의 필요성을 강조했습니다. 이어 "리모델링을 활성화하려면 세대 간 내력벽 철거, 수직 증축 등의 규제를 완화해 리모델링 아파트의 상품성을 높이고 사업 확장성을 키워줘야 한다"고 덧붙였습니다.

신탁 재건축, 잘 나가다가 도루묵 될 수도 있다!

— 잠원동 신반포4차에서 신탁 재건축이 무산된 이유 —

최근 도시정비시장에서 신탁 방식이 관심을 받고 있습니다. 공사비 인상 등에 따라 조합과 시공사의 갈등이 커지자 신탁사 주도로 정비사업을 진행하려는 움직임이 나오는데요. 전문성이 있는 신탁사가 정비사업을 주도하면 시공사와의 협상이나 자금조달 등이 수월해지거든요.

그러나 수수료 부담이 높은 데다 참고할만한 성공 사례가 거의 없다는 점 등이 관건인데요. 전체 토지면적의 3분의 1 이상을 신탁등기해야 하는 것도 걸림돌입니다. 주민들이 등기부등본상 명의가 신탁사로 바뀌는 것에 대해 반감을 가지면서 '내 집 말고 옆 집 등기해라!'며 갈등을 겪다가 사업이 흐지부지 되기도 하거든요.

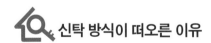 신탁 방식이 떠오른 이유

신탁 방식 정비사업은 서울 영등포구 여의도에서 가장 활발히 추진 중입

니다. 여의도 재건축 아파트들은 앞서 2017~2018년 사업 추진 속도를 높여 재건축초과이익환수제를 피하고자 줄줄이 신탁 방식을 채택했는데요. 시범아파트(1584가구), 한양아파트(588가구), 수정아파트(329가구), 광장아파트(744가구) 등이 먼저 신탁 방식을 추진했고요. 이후 부동산 규제 등에 정비사업 추진이 사실상 막혀 있다가 2023년 들어 공작아파트(373가구)와 은하아파트(360가구)가 신탁사를 선정하며 다시 신탁 바람이 부는 모습입니다.

| 신탁 방식 정비사업 추진 중인 서울 주요 단지 |

구분	지역	단지	준공연도	가구 수	신탁사(예비신탁사 포함)
재건축	영등포	여의도 시범	1971	1584	한국자산신탁
		은하	1974	360	하나자산신탁
		한양	1975	588	KB부동산신탁
		공작	1976	373	
		수정	1976	329	한국자산신탁
		광장	1978	744	
	서초	삼풍	1988	2390	한국자산신탁-한국토지신탁
	양천	목동9	1987	2030	한국자산신탁
		목동10	1987	2160	한국토지신탁
		목동11	1988	1595	
		목동14	1987	3100	KB부동산신탁
		신월시영	1988	2256	코람코-KB부동산신탁
	노원	상계5	1987	840	한국자산신탁
		상계11	1988	1944	대한토지신탁
	도봉	상아1	1987	694	KB부동산신탁
재개발	종로	창신9·10	2007	4000	한국토지신탁
	강서	방화2	2003	740	
	관악	신림1	2006	4104	
	서대문	북가좌6	2014	1970	

※재개발 준공연도는 정비구역 지정 또는 재정비촉진구역 지정 연도, 가구 수는 재개발 후 기준.

양천구 목동에서도 신탁 방식 재건축을 적극적으로 검토하는 분위기인 데요. 목동14단지(3100가구)가 2023년 3월 KB부동산신탁과 업무협약을 체결한 데 이어 목동9단지(2030가구)가 5월 한국자산신탁을 예비신탁사로 선정했습니다. 주민 설문조사에서 신탁 방식 동의자가 약 92%에 달했던 신월시영(2256가구)도 같은 달 코람코자산신탁, KB부동산신탁과 3자간 업무협약을 맺었습니다.

도봉구에서는 상아1차(694가구)가 2023년 4월 KB부동산신탁과 업무협약을 체결하고 서울시의 '신속통합기획'(89쪽 각주 참조)을 추진 중입니다. 재개발 단지 중에서는 종로구 창신9·10구역(2660가구)이 같은 해 5월 한국토지신탁과 업무협약을 맺고 신속통합기획을 통해 4000가구 대단지로 탈바꿈을 준비 중입니다.

이처럼 곳곳에서 신탁 방식의 정비사업을 추진하는 데는 최근 '공사비 증액' 논란이 영향을 미친 것으로 풀이됩니다. 다수의 정비사업 단지 조합이 공사비 증액을 두고 시공사와 갈등하면서 좀처럼 합의점을 찾지 못하자, 전문성 있는 신탁사에 맡겨 혹시 모를 리스크에 대비하려는 움직임을 보이고 있는 거지요.

통상 정비사업은 토지·주택 등 소유자들이 조합을 설립해 사업을 추진하는데, 조합은 전문성이 부족한 데다 각종 비리 등이 생기며 사업이 지연되는 문제점이 꾸준히 나타나고 있습니다. 이와 달리 신탁 방식은 신탁사가 정비사업 시행자로 참여해 사업비 조달부터 분양까지 전체 과정을 맡는 것으로, 조합을 설립하지 않기 때문에 진행 속도가 빠르고 조합임원들의 비리도 차단할 수 있지요. 금융회사인 만큼 자금력이 탄탄하고 부동산 및 금융전문가 등을 통한 공사비 검증도 가능합니다.

좋긴 한데 …… 우리 집 말고 옆집?

다만, 시장에서는 신탁 방식 정비사업의 앞날을 마냥 '장밋빛'으로 보진 않는 분위기입니다. 높은 수수료, 조합원의 이해도 부족 등 치명적인 단점이 있기 때문인데요. 신탁 방식은 통상 분양 수익의 1~4%를 신탁사에 수수료로 지불해야 합니다. 대형 건설사들의 분양 단지별 영업이익이 5% 내외인 점을 감안하면 상당히 높은 수준이지요.

최근에는 시공사들의 공사비 증액 요구가 커지면서 '공사비를 올려주느니 신탁사에 수수료를 내는 게 유리하다'고 보는 시각도 있는데요. 그러나 신탁사가 공사비 검증을 철저히 할 수 있는 전문성이 있는지에 대해서도 의구심이 나옵니다. 익명을 요구한 한 부동산 전문가는 "신탁사가 사업 시행을 대행한다면 상품성 평가, 공사비 적정성 검토, 인·허가, 조합 갈등 조율 등 전반적으로 전문성이 필요하다"면서도 "그러나 신탁사에서 정비사업은 아직까지도 신사업 수준인 경우가 많아 분야별로 전문가가 골고루 확충됐을지 의문"이라고 지적했습니다.

신탁 방식 정비사업의 성공 사례가 거의 없다는 점도 문제입니다. 대전 동구 e편한세상대전에코포레(2267가구)와 경기도 안양시 한양수자인평촌리버뷰(304가구) 정도로, 신탁 열풍이 분 여의도 역시 아직까지 착공한 단지가 한 곳도 없습니다.

여전히 조합원들의 거부감도 높은 편입니다. 신탁 방식이 확정되려면 정비구역이 지정되고 토지 등 소유자 4분의 3 이상 동의를 받아야 하고요. 전체 토지면적 3분의 1 이상을 신탁 등기해야 하는데요. 동의 문턱은 넘어도 '등기 문턱'은 넘기 힘듭니다. 등기부등본상 실질적 소유권이 신탁사로 이전되면 주민들의 의견이 배제될 것이란 우려 때문입니다.

등기부등본상 명의가 신탁사로 바뀌게 되는 것에 대한 반감도 있는데요. 이에 '우리 집 말고 옆 집 꺼 등기해라' 식의 단지 내 님비 현상이 나타나며 갈등을 겪기도 합니다. 실제로 첫 강남권 신탁 재건축 단지로 눈길

| 정비사업 조합 vs 신탁 절차 비교 |

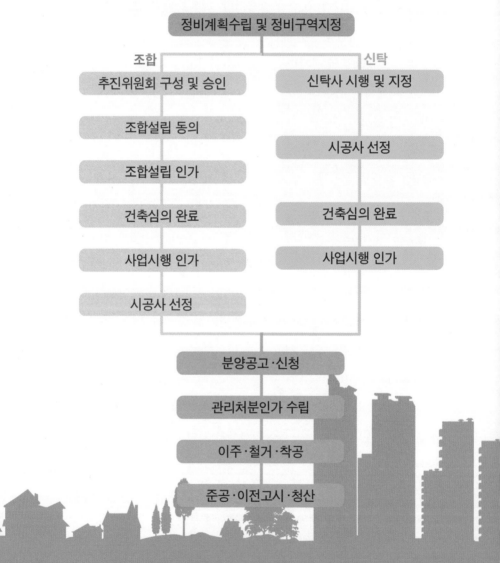

을 끌었던 잠원동 신반포4차도 이런 이유 등으로 주민들이 반발해 신탁 방식이 무산된 바 있지요.

신탁 방식의 장점으로 꼽히는 사업기간 단축, 저렴한 조달 금리 등도 장담할 수 없는 만큼 신중하게 선택해야 한다는 조언이 나옵니다. 앞서 소개한 익명의 전문가는 "최근 신탁사 경쟁으로 수수료가 1%대까지 낮아지는 경우도 있지만 사업 규모에 따라 비싼 곳은 여전히 비싸다"며 "문제는 그 돈을 들인다고 모든 문제가 해결되진 않는다는 것"이라고 꼬집었습니다.

금융 조달의 경우 채권시장에서는 신용등급으로 결정되기 때문에 오히려 신탁사보다 대형 시공사가 더 저렴하게 조달할 수도 있습니다. 신탁사가 독립적으로 의사결정해서 사업 추진을 앞당기는 게 가능할지, 기성불로 수수료를 받기 때문에 오히려 사업 추진 기간을 무리하게 단축하는 건 아닐지도 의심해 봐야 한다는 의견도 나오는데요.

다만, 워낙 조합 방식의 사업이 문제가 많이 드러나서 앞으로 신탁 방식이 늘어날 거란 전망이 우세합니다. 시행착오를 거치고 여러 사례가 나오다 보면 서서히 방향을 잡아갈 것으로 업계는 조심스레 관측합니다.

CHAPTER · 2

믿을 건
'분양' 밖에 없다

청약과 분양에 관한 신박한 지식

청약통장 없이 원베일리 분양받는 방법

── 틈새 투자처로 각광받는 '보류지' ──

주택 청약에도 일종의 '장외거래'가 있는 걸 아시나요? 한동안 집값이 천장 없이 치솟자 서울이나 주요 수도권 지역은 아파트 청약 당첨이 바늘구멍 통과하기 수준이었는데요. 집값이 하락세로 전환한 후에도 입지가 좋거나 분양가가 저렴하게 나온 아파트는 여전히 청약 경쟁이 치열합니다. 청약가점이 낮거나 유주택자 등 청약 경쟁력이 낮은 청약자들은 당첨이 '그림에 떡'이지요.

헌데 청약시장 밖에서도 분양권을 살 수 있는 방법이 있습니다. 분양권 전매 등 불법 거래 말고요. '아파트 보류지' 얘기인데요. 입주시점 전후에 매각하는 물량이라 일반분양가격보다는 훨씬 비싸지만 청약통장도 필요 없고 다주택자도 살 수 있다는 점에서 꾸준히 관심을 받고 있습니다. 주택 수요자라면 솔깃할만한 제도인데요. 과연 보류지를 통해 내 집 마련을 할 수 있을까요.

아파트 보류지? 일종의 분양사업 '보험'

아파트 보류지는 일반분양이나 조합 소유로 나누지 않고 여분으로 남겨놓은 물량을 말합니다. 조합원 수 누락 및 착오가 발생하거나 입주예정자와의 분쟁 등에 대비하기 위해 유보해 놓은 건데요. 서울의 경우 '서울시 도시 및 주거환경정비조례'에 따라 공동주택 총 건립 세대 수의 1% 범위로 보류지를 정할 수 있습니다. 가령 아파트가 3000가구라면 30가구 내로 물량을 남겨놓을 수 있지요.

'주택법 시행령'에 따라 30가구 이상 보류지는 사업계획 승인을 받고 청약 형식으로 공급해야 하기 때문에 보류지는 최대 29가구를 넘지 않는 게 일반적입니다. 실제로는 1%도 안 되는 극소수 물량만 남겨놓는 경우가 더 많지요. 보류지 매각은 입주 전후로 하기 때문에 일반분양가보다는 훨씬 비싸지만 주변 시세보단 저렴하게 이뤄집니다. 최저 입찰가격은 정해져 있고요. 입찰 당일 가장 높은 가격을 부르는 사람이 구매할 수 있는 경쟁 입찰 방식입니다.

서울의 경우 '정비사업 정보몽땅' 사이트에 접속하면 '조합 입찰공고' 메뉴에서 보류지 매각공고를 확인할 수 있는데요. 매각 대상 타입, 동, 호수, 최저 입찰가격 등을 확인할 수 있습니다. 만 19세 이상이면 청약통장이 없거나 다주택자여도 입찰에 참여할 수 있다는 점이 특징입니다. 청약가점이 낮은 사람도, 유주택자여서 청약 자격이 안 되는 사람도 분양을 받을 수 있는 기회가 있는 셈이지요.

조합은 보류지를 일종의 보험장치로 활용합니다. 보류지 성격 자체가 '만약'을 대비한 물량이기도 하지요. 무엇보다 사업비 충당에 이용할 수 있다는 점이 두드러집니다.

서초구 래미안원베일리(신반포3차 · 경남아파트 재건축)의 경우 2018년 최초 관리처분인가 때만 해도 보류지 물량이 전혀 없었는데요. 2019년 분양가 규제를 피하고자 시도했던 일반분양분 통매각이 불발되자 일부 물량을 보류지로 돌렸습니다. 보류지 매각을 통해 사업비를 충당하기 위해서지요.

보류지 물량을 특별분양으로 이용하는 경우도 있습니다. 단지 홍보효과를 높이기 위해 연예인이나 유명 인사 등에 보류지 일부 물량을 일반분양가로 제공하는 식입니다.

| 래미안원베일리 보류지 |

전용면적	가구 수	최저 입찰가격
59m²	9	29억~30억4000만원
74m²	5	36억5000만~38억원
84m²	6	39억5000만~41억원
133m²	3	60억5000만~66억5000만원
168m²	2	85억~90억원
185m²	2	126억원

반포동 대장아파트로 거론되는 '래미안원베일리'(조감도)는 입주 시작과 함께 보류지 27가구를 내놨는데, 해당 단지 입주권 실거래가를 웃돈다. 실제로 전용면적 84㎡형 입주권은 8월경 37억원에 매매 거래됐다. 같은 평형 보류지가 이보다 2억5000만~4억원 비싼 셈이다. 전용면적 59㎡형 입주권도 같은 달 28억9000만원에 거래됐는데, 해당 평형 보류지는 이보다 1000만~1억5000만원가량 높게 책정됐다.

청약 대신 보류지? 결국 '현금부자'만 ……

특히 서울에선 새 아파트가 귀해지면서 아파트 보류지에 대한 관심이 꾸준히 나오고 있습니다. 부동산 상승기 때는 분양가 규제로 인해 '로또 분양'이 기대되면서 청약 경쟁이 심화해 청약 당첨이 어려웠고요. 부동산 하락기 때는 주택 사업자들이 분양 리스크 탓에 공급 시점을 미루면서 신규분양 물량이 부족해졌거든요.

보류지 아파트가 수요자들의 틈새 투자처로 인기를 끌고 있는 이유인데요. 그렇다고 보류지를 품에 안는 게 쉽진 않습니다. 보류지는 보통 입주시점에 나오기 때문에 자금 납부기간이 통상 1~2개월로 짧거든요. 당연히 중도금 대출도 안 되고요. 최저 입찰가가 시세보다 저렴하다고 해도 일반분양가의 두 배를 넘기도 합니다. 입찰 경쟁인 탓에 최저 입찰가보다도 높은 금액을 제시해야 하기 때문에 자금여력이 있는 '현금 부자'만이 입찰 받을 수 있는 셈이지요.

실제로 2023년 보류지 매각 공고를 낸 서울 주요 아파트의 최저 입찰가를 보면 최초 일반분양가의 두 배 수준인데요. 강남구 개포자이프레지던스 전용면적 59㎡는 2019년 11억2020만~11억9900만원에 최초 분양했지만 4년 뒤 보류지는 20억원부터 입찰을 받았고요. 2020년 같은 평형을 10억9500만~12억3000만원에 분양한 서초구 반포르엘2차는 보류지 최저 입찰가가 24억9900만원으로 분양가의 두 배가 넘는 가격입니다.

그래서 입찰가격이 높을 경우 주인을 찾지 못하는 사례도 종종 나옵니다. 한창 부동산 상승기였던 2021년에도 강동구 고덕롯데캐슬베네루체(1월)가 보류지 5가구 매각을 진행했지만 응찰자가 나오지 않아 유찰됐는데요. 전용면적 59㎡의 최소 입찰가격이 12억5000만원으로 당시 실거래

가보다 높았거든요. 2020년 12월 중순 거래된 이 아파트의 전용면적 59㎡
가 11억4000만원~12억2000만원이었습니다.

그럼에도 인기 단지의 경우 보류지 수요가 높습니다. 청약처럼 '로또'
수준은 아니지만 일단 매입해놓으면 향후 집값이 오를 것이란 기대 때문
이지요. 일반분양가가 3.3㎡(1평) 당 5668만원으로 역대 최고였던 원베일
리만 해도 2021년 6월 분양을 앞두고 각종 부동산 커뮤니티에 보류지 문
의 글이 이어졌는데요. 원베일리는 일반분양은 전용면적 46~74㎡의 중소
형 물량만 공급했지만 보류지(26가구)는 59~200㎡로 구성돼 중대형 평형
을 원하는 수요자 중 일부는 보류지를 노리는 분위기였는데요.

2023년 8월 기준 원베일리 전용면적 84㎡ 입주권이 37억원에 거래됐
는데요. 2021년 일반분양한 전용면적 74㎡가 최고 17억6000만원에 공급
한 것과 비교하면 두 배 이상 뛴 셈이지요. 2023년 9월에 나온 전용면적
84㎡ 보류지의 최저 입찰가는 39억5000만원~41억원으로 입주권보다도
높게 책정됐는데요. 그 결과 전체 보류지 27가구 중 단 3가구만 팔렸습니
다. 직전(7월) 최고 거래가인 45억9000만원보다는 낮은 가격이지만, 굳이
무리해서 보류지 물량을 확보할 이유가 없었던 것으로 풀이되는데요. 과
연 현금부자들이 움직일지 궁금합니다.

미분양에도 '급'이 있다

―― 미분양 아파트 옥석가리는 법 ――

2022년 대폭 증가한 미분양 아파트가 2023년에도 유지되었습니다. 금리 인상, 집값 고점 인식 등으로 관망세가 짙어지면서 수도권, 지방할 것 없이 미분양 물량이 크게 늘었는데요. 특히 미분양 아파트가 많은 대구, 충남, 경북 등에는 비상등이 켜졌습니다.

2023년 상반기 이후 금리 인상이 멈추고, 규제가 대폭 완화하면서 부동산 경기가 회복될 조짐입니다. 분양시장 역시 조금씩 활기를 되찾는 분위기인데요. 실제로 일부 지역에서는 미분양 물량도 빠르게 소진하고 있습니다. 마음이 급하다고 아무 미분양 아파트를 덥석 잡을 순 없을 텐데요. 미분양 아파트 옥석, 어떻게 가릴까요.

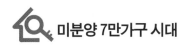 미분양 7만가구 시대

미분양 아파트는 정부로부터 분양 승인을 받아 일반인을 대상으로 분양

을 진행했지만 팔리지 않고 남은 주택을 말합니다. 아파트를 짓기 전 분양하는 '선분양'이 대부분인 우리나라에서는 일반 미분양과 '준공 후 미분양'을 따로 집계합니다. 준공 후 미분양은 아파트를 다 짓고 입주를 완료한 뒤에도 분양이 마무리되지 않은 경우입니다. 분양 후 입주까지 통상 2~3년이 걸리는데, 이 기간 내내 팔리지 않았다는 의미에서 '악성 미분양'으로 불리기도 합니다.

국토교통부에서 발표한 전국 미분양 주택(아파트) 현황에 따르면, 2023년 4월 말 기준 전국 미분양 주택은 총 7만1365가구입니다. 같은 기간 준공 후 미분양 주택은 8716가구입니다. 미분양 주택 수는 부동산 경기와 밀접하게 연관되는데요. 2015~2018년 6만가구 남짓했던 미분양 주택 수는 2020년 들어 1만9000가구로 뚝 떨어졌습니다. 집값이 급격히 상승하면서 '오늘이 제일 싸다'는 분위기와 함께 '청약불패'라는 용어가 생겼던 시기였지요.

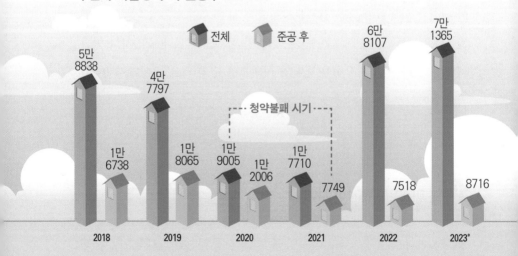

| 전국 미분양 주택 현황 | [단위: 가구]

전체   준공 후

청약불패 시기

	2018	2019	2020	2021	2022	2023*
전체	5만8838	4만7797	1만9005	1만7710	6만8107	7만1365
준공 후	1만6738	1만8065	1만2006	7749	7518	8716

*2023년은 4월말 기준, 자료: 국토교통부

이후 2021년까지 쭉 1만가구 대를 유지하다가 2022년에는 6만8000여 가구로 급상승했습니다. 당시 금리 인상, 경기 침체 등의 영향으로 집값이 하락세에 접어들고, 새 주택에 대한 수요가 급격히 감소하면서 분양을 해도 미달하는 단지가 크게 늘었습니다.

미분양 주택이 급증하면서 시장 경착륙에 대한 우려가 커지자, 정부는 각종 규제를 완화하며 부동산시장 살리기에 나섰습니다. 2023년 초 서울 강남·서초·송파·용산을 제외한 전국이 규제 지역에서 해제됐고, 각종 청약·대출 규제에서 벗어났지요.

이 기간 기준금리 인상도 멈추면서 얼어붙었던 청약 수요가 꿈틀거리기 시작했는데요. 2023년 2월 7만5438가구로 정점을 찍었던 미분양 주택 수도 2023년 3월 7만2104가구, 4월 7만1365가구로 소폭 감소했습니다.

새 아파트 고를 땐 '악성 미분양'과 '초기분양률' 살펴야

미분양 주택 수가 부동산 경기의 영향을 받긴 하지만, 경기가 나아졌다고 해서 모든 단지가 잘 팔리는 건 아닙니다. 반짝 미분양 가구가 증가했던 서울은 2023년 상반기 들어 청약경쟁률이 대폭 올랐지만, 지방에선 여전히 미달이 속출합니다.

신규 주택을 구매하고 싶다면 어느 지역을 위주로 봐야 할지가 고민일 텐데요. 특히 주의할 게 '준공 후 미분양'입니다. 미분양 가구 수가 1만가구에서 7만가구로 요동치는 동안 준공 후 미분양 가구 수는 7000~8000대로 꾸준한 흐름을 보입니다. 안 팔리는 집은 끝까지 안 팔리는 겁니다. 2023년 4월 기준, 부산 816가구, 대구 1017가구 등이 악성 미분양으로 남아있습니다. 이런 주택은 경기가 나빠 일시적으로 안 팔린 주택과는 조금 다르게 봐야 합니다.

하나 더 눈여겨볼 만한 지표는 '초기분양률'입니다. 총 분양 가구 수 대비 분양 개시 후 6개월 이내 계약까지 완료한 가구의 비율을 초기분양률이라고 합니다. 통상 건설사 · 시행사 등 공급 주체들은 3 · 6 · 12개월 단위로 분양실적을 가늠합니다. 3개월 이내 '완판(완전 판매)'했다는 건 청약 당첨자들이 대부분 계약까지 완료했다는 의미입니다. 무순위 청약 등을 통해 분양을 마무리하면 보통 6개월의 시간이 걸리지요.

주택도시보증공사(HUG)에 따르면, 2023년 1분기 전국 민간아파트 초기분양률은 49.5%입니다. 58.7%였던 2022년 4분기보다 약 10% 포인트 하락했습니다. 분양에 고전하고 있는 단지가 더 늘어난 셈입니다. 2023년 4월 말 기준 미분양 주택이 1만3000가구에 달하는 대구의 경우 2023년 1분기 초기분양률이 1.4%입니다. 2022년 4분기에도 26.4%로 저조한 편이었는데, 시장 상황이 점점 악화하는 중입니다. 분양 물량 대부분이 소화되

| 민간아파트 평균 초기분양률 | [단위 : %]

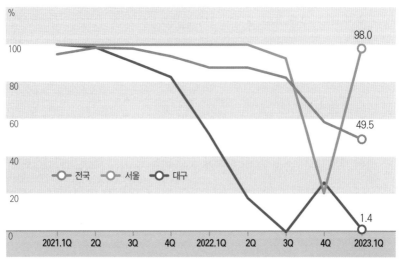

자료: 주택도시보증공사

지 않는 상황입니다.

반면 서울 초기분양률은 같은 기간 20.8%에서 98%로 급상승했습니다. 2023년 1분기 분양한 단지 대부분이 초반에 '완판'했다는 건데요. 실제로 2023년 5월 서울 청약경쟁률은 82.2대1에 이릅니다. 청약미달률은 0%로 미달된 단지는 단한 곳도 없었습니다.

서초 반포자이와 래미안퍼스티지, 강동 고덕아이파크, 성동 갤러리아포레 등도 미분양이었

성동 갤러리아포레(사진)의 내부 디자인은 건축계의 노벨상으로 꼽히는 프리츠커상을 수상한 프랑스의 건축가 장 누벨이 맡아 화제를 모았지만, 금융위기가 터진 십여 년 전만 해도 미분양이었다.

던 사실을 아시나요? 이들은 금융위기 여파로 시장이 위축했던 2008~2009년 분양한 단지들입니다. 당시 미분양으로 건설사들의 고민거리였지만, 지금은 수십억원의 몸값을 자랑하지요.

재고 주택 매매가격이 하락세일 때 신규 주택의 매력이 떨어지는 것은 당연합니다. 청약 수요가 적고 미분양으로 남은 데는 이유가 있지요. 다만, 서울 강남 등 핵심 입지 및 분양가 등에 따라 경기 회복과 함께 미분양이 빠르게 소진되는 단지도 있습니다. 신규 아파트로 내집 마련의 방향을 정했다면 지역 별로 초기분양률과 경기 흐름을 잘 살펴야 합니다.

'줍줍'만 된다면,
반지하·옥탑방도 OK?

'무순위 청약' 꼼꼼히 체크하기

지난 2021년경 경기도 과천에서 반지하, 옥탑방, 고시원 할 것 없이 월세 매물이 싹 사라진 적이 있었습니다. 서류상 거주지를 옮겨놓으려는 시도였는데요. '줍줍'(무순위 청약)에 대비하기 위한 움직임입니다. 이 영향으로 과천 인구가 6년 만에 다시 7만명을 넘어서는 등 그야말로 난리였는데요. 대체 줍줍이 뭐길래 이렇게 뜨거웠던 걸까요.

청약시장 '로또 중의 로또' = 줍줍?

줍줍은 '떨어진 청약을 줍는다'는 뜻으로 무순위 청약을 말하는데요. 무순위 청약은 아파트 정당계약 이후 미분양·미계약 물량이나 당첨 취소 물량이 생기면 추첨으로 당첨자를 뽑는 제도입니다. 특히 요즘처럼 청약 문턱이 높은 때에 '마지막 희망'으로 줍줍을 노리는 이들이 많지요.

현재 규제 지역의 분양 아파트는 주택도시보증공사(HUG)의 고분양가 관리와 분양가 상한제 등으로 시세보다 저렴하게 분양가가 책정되는데요. 2019년부터 집값이 천정부지로 오르자 그나마 저렴한 분양아파트로 수요자들이 몰리기 시작하면서 청약경쟁률이 한껏 높아졌지요.

그러나 청약제도가 가점제 위주라 상대적으로 점수가 낮을 수밖에 없는 젊은 층은 청약 당첨 가능성이 낮은데요. 중·장년층도 웬만한 가점으로는 서울 등 주요 지역 단지를 분양받기 어려워졌습니다. 그렇다고 무턱대고 추첨제에 도전하기에는 전용면적 85㎡ 초과 물량만 대상으로 하는 만큼 분양가 부담이 컸습니다.

이런 상황에 무순위 청약은 한 줄기 빛으로 작용했습니다. 추첨제라 만 19세 이상이면 청약통장이나 가점 관계없이 신청할 수 있지요. 최초 분양가로 공급하기 때문에 현 시세에 비해 현저히 저렴합니다. 이에 청약가점이 낮은 2030세대들도 노려볼 만 했는데요.

실제로 2021년 8월 강남구 일원동 디에이치자이개포(개포주공8단지 재건축)는 무순위 청약 5가구를 공급했는데 그중 1가구는 20대가 당첨됐습니다. 분양가가 3년 전과 같아서 전용 84㎡가 14억원 초반대였는데요. 무순위 청약 당시 같은 평형의 시세는 30억원대에 형성돼 최소 15억원 이상의 시세차익이 기대됐습니다. 거의 로또 1등 당첨금(세금 제외) 수준이지요.

다만 줍줍은 분양대금을 납부하는 기간이 짧기 때문에 현금여력이 있어야 합니다. 디에이치자이개포의 경우 무순위 청약 당첨자는 3개월 내로 분양대금을 전액 납부해야 했는데 분양가가 9억원이 넘어 중도금 대출이 안 됐는데요. 그나마 실거주의무가 없어서 전세보증금으로 잔금을 납부할 수 있었지만 계약금(20%)만 3억~4억원에 달했습니다.

그땐 과천열풍 지금은 전국열풍?

너도나도 과천으로 거주지를 이전했던 이유도 바로 이 줍줍 때문입니다. 부동산업계에 따르면 2022년 상반기까지 과천시 아파트 총 7개 단지에서 200여 가구의 줍줍 물량이 나왔는데요. 웬만한 단지의 일반 분양 물량과 맞먹는 규모입니다. 과천은 당시 몇 년 새 가격이 크게 오른 지역이라 분양아파트 수요가 높았습니다. 더군다나 무순위 청약은 과거 분양가로 공급되기 때문에 더 큰 시세차익을 기대할 수 있었지요.

당시 나온 물량은 2021년 3~5월 경기도 공정특별사법경찰단이 과천 지식정보타운 분양 당첨자를 대상으로 수사를 벌인 결과 부정청약 의심 사례로 적발된 건들인데요. △과천제이드자이, △과천푸르지오벨라르테, △과천푸르지오어울림라비엔오, △과천푸르지오오르투스, △과천르센토데시앙, △과천위버필드, △과천자이 등 인기 단지에서 무순위 청약이 줄줄이 나왔습니다.

이들 중 지식정보타운 내 신규 아파트의 분양가는 전용면적 59㎡가 5억원대, 전용면적 84㎡가 7억~8억원대였는데요. 당시 시세 대비 3분의 1 가격입니다. 인근 '과천푸르지오써밋'(2020년)은 2021년 12월 전용면적 59㎡가 17억4000만원에, 같은 해 8월 전용면적 84㎡가 22억원에 거래됐습니다.

이에 '과천 줍줍 = 로또'로 여기고 거주지를 옮기는 움직임이 화제가 됐는데요. 과천시의 경우 의무거주기간이 따로 없어 모집공고일 기준 과천에 거주하면 청약 자격이 주어지기 때문이지요.

실제로 청약을 준비하며 이사를 하는 가구도 있지만 서류상 거주지만 이전하기 위해 반지하, 옥탑방 등에 월세로 계약하는 등의 각종 위장전입이 판을 쳤다고 하는데요. 계약 후에는 일부 짐을 가져다 놓은 뒤 가끔 방문해 전기를 사용하고 인근 식당에서 카드를 사용해 일종의 알리바이(?)를 만들어 놓는 등의 사례들이 각종 커뮤니티에서 공유되기도 했습니다.

이러한 영향으로 당시 과천 일대 빌라 월세가격이 올라가고 통계상 인구 규모도 크게 늘었는데요. 통계청에 따르면 2021년 11월 과천 인구 수는 7만1234명으로 2015년 4월(7만16명) 이후 6년 7개월 만에 7만명을 재돌

| 실수요자가 본 무순위 청약의 3대 메리트 |

① **청약통장 불필요** : 무순위 청약에서 당첨돼도 기존 청약통장은 계속해서 유효함.

② **비교적 저렴한 분양가** : 취소 후 재공급에서 분양한 아파트들이 무순위 청약에 나서는 경우, 현 분양시세보다 저렴함.

③ **100% 추첨제** : 청약 점수가 낮은 이도 동등한 자격으로 청약에 참여 가능.

| 무순위 청약은 무조건 로또? |

① **옥석가리기** : 청약 흥행에 실패해 악성 미분양이 쌓여있는 단지인지 확인 필수.

② **시세차익 메리트** : 해당 단지의 현재 거래가격과 반드시 비교한 뒤 결정. 예를 들어 과천지역에서 무순위 청약으로 나온 전용면적 84m²의 분양가는 7억~8억원대로, 당시 시세 대비 3분의 1 가격. '과천푸르지오써밋'(2020년)은 2021년 8월 전용면적 84m²가 22억원에 거래됨.

| 무순위 청약 공고 확인 유의사항 |

한국부동산원 '청약홈' 홈페이지에서 무순위 청약 공고 확인 및 신청. 다만, 규제지역에 위치한 단지는 무순위 청약을 진행할 때 청약홈에 반드시 올려야 하나, 2023년 1월부로 강남구와 서초구, 송파구, 용산구를 제외한 서울 모든 지역이 규제지역에서 해제됨에 따라 무순위 청약을 원하는 단지가 있다면 각 단지 분양 홈페이지를 수시로 주시해야 함.

파했습니다. 2021년 11월 중순 과천자이(과천6단지)가 입주를 시작하기도 했지만 일대 빌라 매물이 씨가 마른 것을 보면 줍줍이 적지 않은 영향을 미쳤다는 분석이 일리 있습니다.

2022년부터 부동산 상승세가 멈추고 청약시장도 비교적 여유로워졌는데요. 그럼에도 줍줍 열기는 이어지고 있습니다. 여전히 시세보다 저렴한 공급가격이 책정되기 때문이지요. 2023년 2월 입주를 시작한 서울 동작구 흑석리버파크자이의 경우 전용면적 59㎡가 6억4650만원, 84㎡가 9억6790만원에 각각 무순위 청약을 받았는데요. 시세의 반값 수준인 데다 59㎡의 경우 전국에서 청약이 가능('주택법' 위반 계약 취소 물량인 84㎡는 서울 거주자만 가능)해 2가구 모집에 93만명이 몰리는 어마어마한 결과를 낳기도 했습니다.

아무리 청약통장이 필요 없는 무순위 청약이라도 옥석가리기는 필수다. 특히 확실한 시세차익이 중요하다. 서울 동작구 흑석리버파크자이(이미지)의 경우 무순위 청약으로 나온 전용면적 84㎡ 분양가는 9억원대인데, 2023년 8월 기준 매물 호가는 16억원대로 확인됐다. 무엇보다 실거주의무 및 전매제한이 없어 명의이전 후 곧바로 팔아 차익실현이 가능하다.

'후분양 시대' 과연 올까?

— 선분양 vs 후분양, 이해득실 따져보기 —

신축 아파트 분양이 점점 귀해지고 있습니다. 부동산 상승기 때는 분양가 상한제, 주택도시보증공사(HUG)의 고분양가 관리 등 분양가 규제 탓에 '일단 미루고 보자'는 분위기가 있었고요. 2022년 들어 주택 매수 심리가 꺾이기 시작하자 미분양 등을 우려하며 또다시 분양 시점을 조율하는 움직임들이 포착되고 있는데요.

이런 이유들로 일부 지역에선 아예 '후분양'으로 노선을 바꾸는 단지들이 속속 눈에 띕니다. 더군다나 신축 아파트 하자 문제가 이어지자 주거 안전 측면에서도 후분양이 관심을 받고 있는데요. 하지만 가뜩이나 자잿값이 급등한 상황에서 분양시점까지 미뤄지면 분양가 상승이 불가피해 수요자들의 부담이 더 커질 수 있습니다. 과연 아파트 후분양 시대가 올 수 있을까요.

잊을만하면 후분양 열풍!

아파트 분양 방식은 선분양과 후분양 크게 두 가지인데요. 국내에선 주택 착공 전후로 분양하는 선분양 방식이 주를 이룹니다. 일반적으로 분양에서부터 입주까지 3년 정도 걸리는데 수분양자는 그 사이 분양대금을 나눠서 낼 수 있고, 주택 사업자도 분양대금을 미리 받아서 사업을 할 수 있기 때문에 자금 조달 측면에서 유리한 방식이지요.

후분양은 공정률 60~80% 수준의 아파트를 분양하는 방식인데요. 거의 다 지어진 아파트를 구매하는 거라 실물을 볼 수 있고 입주가 빠르다는 게 장점입니다. 후분양은 상승한 땅값, 원자잿값 등도 분양가에 반영할 수 있어 선분양에 비해 분양가가 높은 편인데요. 해외에선 대부분 후분양 방식으로 주택을 공급하고 있습니다.

국내에서도 잊을만하면 후분양 활성화에 나섰지만 좀처럼 확산되진 못했습니다. 2004년 참여정부 때부터 부실시공 등의 문제를 해소하고 분양권 투기 등을 차단하기 위해 후분양 활성화 정책을 폈는데요. 정권 교체

| 선분양 vs.후분양 장·단점 비교 |

선분양		후분양
주택 수요 분산, 건설사 자금 조달 수월, 수요자 분양대금 마련 수월.	장점	부실시공 부작용 감소, 분양권 투기 어려움, 건설사 부도 위험 적음.
품질 검증 불가, 분양권 투기, 건설사 부도 위험 감수.	단점	건설사 비용 부담에 분양가 상승, 수분양자 분양대금 마련 시기 촉박, 건설사 자금난에 따른 주택공급 감소.

등으로 폐지되다가 문재인정부 들어 아파트를 확인하고 분양받게 하자며 후분양을 권장(2018년 후분양 활성화 방안) 했습니다.

당시 분양가 규제가 심화되자 민간에서도 후분양을 통해 규제를 피하려는 움직임이 있었는데요. 그러자 정부는 이를 '꼼수 분양'으로 보고 HUG의 분양보증 없이 후분양이 가능한 공정률을 기존 60%에서 80%로 올리고, 그럼에도 후분양 열기가 지속되자 분양가 상한제를 도입해 모든 퇴로를 막아버렸습니다.

결국 분양을 미뤄도 금융비용 등을 버틸 수 있는 단지들만 후분양을 검토하게 됐는데요. 특히 강남권에서 후분양 바람이 불었습니다. 서초구 래미안원펜타스(신반포15차 재건축), 영등포구 브라이튼여의도 등이 대표적인데요. 이들은 애초 2020년 일반분양을 하려고 했으나 원하는 분양가를 책정하기 위해 후분양으로 노선을 바꿨습니다. 서초구 반포1단지3주구는 같은 이유로 시공사 선정 때부터 후분양을 선택했습니다.

🏠🔍 분양가 더 올라? ······ 애타는 수요자들

부동산 하락기에 들어서는 미분양 등을 우려하며 분양 시점을 미루다가 후분양으로 가닥을 잡는 단지들도 생겼습니다. 2021~2022년 철근, 시멘트 등 자재비가 급등해 분양가 인상이 불가피한 상황에서 금리까지 올라 주택 매수심리가 꺾이면서 청약 환경이 예전 같지 않아졌거든요.

서울 마포구 아현동 마포더클래시는 2022년 12월 1순위 청약에서 평균 19.4대1의 양호한 경쟁률을 기록했는데요. 하지만 53가구 중 27가구가 계약을 포기하면서 미분양 사태가 발생했지요. 경기 안양 평촌센텀퍼스트도 2023년 1월 청약 결과 1150가구 모집에 350명이 지원해 평균 경쟁률 0.3대1이라는 처참한 성적표를 받았습니다.

이런 상황에 다수의 건설사가 분양 일정을 미루면서 후분양 가능성이 높아지고 있습니다. 2023년 1~4월 시공능력평가 상위 10대 건설사의 민영아파트 분양실적은 계획 물량의 30% 수준에 그쳤습니다. 직방에 따르면 4월 말에 5월 분양 예정 물량이 3만102가구로 집계됐지만 실제 분양 실적은 6765가구(22%)에 불과했습니다.

더군다나 인천 검단자이 주차장 붕괴 사고 등 부실시공 문제가 좀처럼 해소되지 않자 후분양이 확산돼야 한다는 목소리가 점점 커지고 있습니다. 소비자가 시공 현장에서 실물에 가까운 아파트를 직접 확인하고 매입

| 2021~2023년 전국 민간분양 아파트 3.3m²당 분양가 추이 | [단위 : 만원]

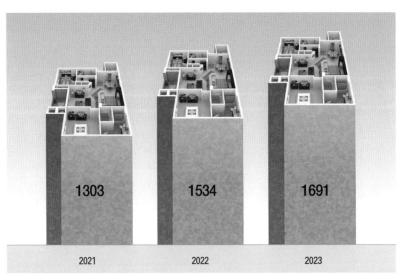

전국 아파트 분양가는 2014~2023년(4월 기준) 연평균 8.1% 뛰었다. 서울 강남권은 아파트 공사비가 평당 900만원대에 달할 정도다. 이런 상황에서 후분양 단지가 더 높은 분양가를 책정해 시장에 나온다면 전체 분양가 수준을 끌어올릴 수 있다는 우려가 제기된다.

자료 : 부동산R114

을 결정하게 되면 주택 사업자들이 시공에 더 신경을 쓸 수밖에 없다는 겁니다.

여러모로 후분양 확산 조짐이 보이는데요. 문제는 가격입니다. 선분양하는 아파트의 분양가도 비싼데, 후분양은 가격 부담이 훨씬 크거든요. 부동산 R114에 따르면 전국 아파트 분양가는 2014~2023년(4월 기준) 연평균 8.1% 증가해왔습니다. 서울 강남권은 아파트 공사비가 평당 900만원대에 달할 정도입니다. 이런 상황에서 후분양 단지가 더 높은 분양가를 책정해 시장에 나온다면 전체 분양가 수준을 끌어올릴 수 있다는 우려가 나오고 있습니다.

후분양 단지에서 미분양이 나올 경우 곧바로 '악성 미분양'으로 분류되기 때문에 시장침체기에 기름을 붓는 격이 될 수 있다는 걱정도 있습니다. 매수심리가 위축되고 경기를 예측하기 힘든 상황인 만큼 후분양이 '대세'가 되긴 어려울 것이란 전망이 제기되는 이유입니다.

송승현 도시와경제 대표는 "지금 당장 경제 상황, 시장 환경도 대응하기 어려운데 후분양을 하면 수년 뒤 상황을 예측해야 되고 자금 조달도 쉽지 않다"며 "최근 미분양 발생 지역을 보면 대부분 고분양가 논란이 있었고 가격이 조정되는 상황이라 이런 시기에 리스크를 안고 후분양을 결정하기가 쉽지 않을 것 같다"고 진단했습니다.

이유 없는 '무규제'는 없다!

── '선착순 분양' 물량 급증? 침체 시그널! ──

아파트 '줍줍'이라고 하면 어떤 제도를 떠올리나요? 흔히 1·2순위 청약에 비해 청약 조건이 느슨한 '무순위 청약'을 줍줍이라고 부릅니다(116쪽 참조). 청약 가점, 주택 소유 여부와 상관없이 신청할 수 있으니 원하기만 하면 줍고 또 주울 수 있다는 거지요.

다만 이건 청약 열기가 뜨거웠던 2021년까지의 얘기이고, 이젠 줍줍 하면 '선착순 분양'을 떠올려야 할 것 같습니다. 청약경쟁률이 1대1 밑으로 떨어지면 공급자 마음대로 분양할 수 있는데, 보통 선착순 방식으로 진행합니다. 분양의 최종 단계로, 더 이상은 물러날 곳이 없습니다.

🔍 무순위 청약 vs 선착순 분양

아파트의 일반 분양 방식은 크게 일반 공급, 무순위 청약, 선착순 분양의 3

단계로 나뉩니다. 뒤의 단계로 갈수록 청약 조건이 완화됩니다. 부동산시장에서는 보통 무순위 청약 이후를 '줍줍(줍고 또 줍는다)'이라고 부릅니다.

1·2순위 당첨자의 계약기간이 끝나고 부적격, 계약 취소 등의 사유로 미계약분이 발생했을 때 줍줍이 시작됩니다. 무순위 청약과 선착순 분양의 차이점은 청약경쟁률입니다.

1·2순위 청약경쟁률이 1대1을 넘었다면 '무순위 청약'을 진행합니다. 공급자가 청약홈이나 분양 홈페이지에 모집공고를 게시하고, 수요자는 안내된 청약기간 동안 신청합니다. 경쟁이 발생하면 추첨제를 적용합니다.

선착순 분양은 1·2순위 청약 혹은 무순위 청약에서 1대1 미만의 경쟁률, 즉 미달이 발생했을 때 진행합니다. 청약기간이 따로 없고, 선착순 안에만 들면 누구나 계약할 수 있습니다.

무순위 청약과 선착순 분양 모두 무주택, 거주지 제한이 없어 누구나 신청할 수 있습니다. 다만 무순위 청약은 청약 절차를 밟아야 하고, 동·호수가 무작위로 지정된다는 점만 다릅니다. 선착순 분양에서 수요자가 직접 동·호수를 지정할 수 있다는 건 분명 장점이지만, 분양의 '최종 단계'인 만큼 선

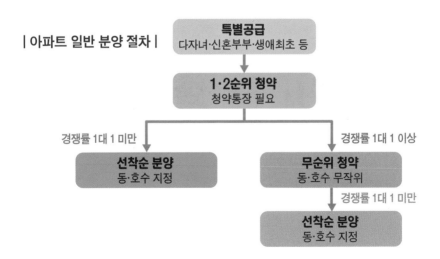

| 아파트 일반 분양 절차 |

127

호도가 높은 물량이 남아있을 확률은 아무래도 낮겠지요.

특히 정비사업장의 경우 조합원 분양 때 고층·남향, 혹은 조망이 좋은 물량이 대부분 소진됩니다. 일반 분양에서도 동·호수 추첨 결과에 따라 저층 등에 배정된 당첨자가 계약을 포기하는 경우가 많습니다.

선착순 분양이 등장한 이유

청약 수요가 풍부했던 2021년께는 선착순 분양까지 넘어가는 사례가 많지 않았습니다. 1순위 청약에서 마감하는 게 보통이었고, 미계약분이 발

| 전국 분기별 평균 청약경쟁률 |

자료: 부동산R114, 단위: N:1

	2020				2021				2022				2023	
	1Q	2Q	3Q	4Q	1Q	2Q	3Q	4Q	1Q	2Q	3Q	4Q	1Q	2Q
	35.5	23.8	21.2	36.3	20.0	17.7	24.4	17.8	12.2	12.4	4.2	4.0	5.1	11.0

2023년 2분기 들어 청약경쟁률이 상승한 배경에는 인건비, 자재값 인상 등으로 분양가 상승 기조가 한동안 이어질 것이란 전망이 제기되자 서둘러 청약 기회를 선점하려는 인식이 주택시장에 확산되었기 때문이다. 드디어 아파트 분양시장에 온기가 깃든 걸까? 미분양 화약고인 지방을 주목해야 한다. 직방에 따르면, 2023년 5월 기준 경남의 청약미달률은 100%로 분양한 모든 주택이 미달됐고, 대구(91.2%), 제주(89.7%) 등도 일반 분양 물량이 고스란히 미분양으로 남았다.

생해도 1~2가구에 그쳐 무순위 청약에서 폭발적인 관심을 받곤 했습니다. 그래서 '줍줍'이라는 용어도 생겼지요.

그런데 2022년 들어 매수심리가 급격히 침체하며 분위기가 바뀌었습니다. 가격이 하락한 재고 주택의 거래도 없는 마당에 비싼 신축 아파트를 사겠다는 사람이 없었지요. 직방에 따르면, 2022년 1월 0.8%에 불과했던 1순위 청약미달률이 2023년 1월 73.8%까지 1년 사이 73%포인트 상승했습니다. '서울 대단지' 불패도 멈췄습니다. 2022년 하반기 분양한 성북구 장위자이레디언트나 강동구 더샵파크솔레이유, 중랑구 리버센SK뷰롯데캐슬, 강북구 한화포레나미아 등이 줄줄이 선착순 분양에 나섰습니다(2023년 10월 기준 이들 아파트는 모두 완판되었다).

박지민 월용청약연구소 대표는 "서울에서 자체 분양, 선착순 분양이 나온 건 근 4년 만인 것 같다"며 "그간 미계약 물량이 있어도 무순위 청약에서 소진되는 게 대부분이었는데, 매수심리가 그만큼 위축된 것"이라고 말했습니다.

다만 2023년 상반기를 지나면서 얼어붙은 청약시장이 조금씩 녹아가는 분위기입니다. 올림픽파크포레온(둔촌주공 재건축) 분양이 성공적으로 마무리되면서 서울 등 수도권에는 조금씩 수요가 붙기 시작했습니다. 특히 2023년 2월부터 전국에서 무순위 청약이 가능해지면서 서울에선 선착순 분양이 자취를 감췄습니다.

문제는 지방입니다. 직방에 따르면, 2023년 5월 기준 경남의 청약미달률은 100%로 분양한 모든 주택이 미달됐고, 대구(91.2%), 제주(89.7%) 등도 일반 분양 물량이 고스란히 미분양으로 남았습니다. 경기 침체 우려가 지속되는 탓에 청약 양극화는 더욱 심해질 전망인데요. 지방에서는 선착순 분양이 당분간 이어질 것으로 보입니다.

먼저 사면 '임자' 아니라 '손해'

불공정한 '할인분양' 해소법 찾기

'입주지원금 7000만원 지원! 이런 분양가 더 이상 없다!'

지난 2022년 12월경 분양한 대구의 한 아파트 웹사이트에는 이런 홍보 문구가 걸려있었습니다. 입주지원금 명목으로 분양가를 할인해주는 건데요. 최근 분양시장 침체가 심각해지면서 이런 '할인분양'을 진행하는 단지가 늘었습니다. 철 지난 상품을 할인하는 '이월 세일'도 아닌, 아직 입주도 하지 않은 아파트를 더 저렴하게 판매하는 겁니다. 하지만 할인 전에 계약한 입주예정자들은 이런 혜택을 못 받을 수도 있다고 하는데요. 아니, 일찍 마음을 정한 게 잘못인가요.

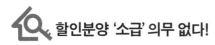 **할인분양 '소급' 의무 없다!**

2022년부터 대구에서는 할인분양에 나선 단지가 속속 나왔습니다. 집값

이 급격히 하락한 데다 미분양 물량이 다량 쏟아져 나왔기 때문인데요. 정당계약률이 너무 저조해 악성 미분양이 우려되자 할인에 나선 겁니다.

2022년 9월 분양한 대구 서구 내당동 두류스타힐스는 분양가의 10%를 할인한다는 광고를 냈습니다. 전 물량이 전용면적 84㎡로 분양가가 6억8000만원이니 약 6800만원을 깎아준다는 셈입니다. 앞선 1·2순위 청약에서는 총 195가구를 모집했는데 64명이 청약하는 데 그쳤습니다.

2022년 3월 분양을 시작한 수성구 신매동 시지라온프라이빗은 가구당 7000만원을 할인했습니다. 이 단지 역시 전 물량 전용면적 84㎡로 최초 분양가는 최고 7억9980만원이었고, 할인율은 약 8.8%였습니다.

공급자들의 절박함은 서울이라고 예외가 아닙니다. 처음 분양 때부터 고분양가 논란이 있었던 강북구 칸타빌수유팰리스가 눈물의 할인 끝에 분양을 마쳤고, 구로구 천왕역모아엘가트레뷰도 1가구당 3000만원을 깎아준 끝에 완판에 성공했습니다.

기존 계약자들은 분통이 터지는 상황입니다. 상품의 가치가 떨어져 할인하는 것도 아니고, 아직 입주도 못 한 아파트를 일찍 샀다는 이유만으로 더 비싸게 사게 된 겁니다. 하지만 건설·시행사가 변경된 계약조건을 소급 적용할 의무는 없어서 공급자의 배려에 기대는 수밖에 없습니다.

이 때문에 과거 할인분양을 진행했던 단지들에선 입주예정자 간 갈등이 심각했습니다. 최초 계약자들이 할인된 가격으로 계약한 사람들의 동·호수를 공개하고, 이삿짐을 들이지 못하게 정문을 막는 등의 무력 다툼까지 벌어지기도 했습니다.

김예림 법무법인 심목 변호사는 "분양가 할인은 집값에도 영향을 줘 민감할 수 있지만, 당사자 간의 합의인 계약조건 변경을 강요하는 건 불가능하다"며 "현실적으로는 공급 주체가 책임감 있게 분쟁을 조정하기를 기대하는 게 최선으로 보인다"고 말했습니다.

🔍 모집공고 취소까지 …… 막막한 건설사

앞으로는 할인분양으로 내몰리는 단지들이 더 많아질 거라는 예측이 나옵니다. 서울 등 일부 지역에선 2023년 들어 청약 수요가 일부 회복된 모습이지만, 지방의 미분양 상황은 여전히 나쁩니다. '청약 양극화'가 심화하는 건데요. 공급자 입장에서는 조금 손해를 보더라도 가격을 내려 파는 게 낫다고 판단할 수 있습니다.

실제 국토교통부에 따르면 2023년 4월 말 기준 전국 미분양 가구 수는 7만1365가구입니다. 통상 미분양 가구 수가 5만가구를 넘으면 본격적인 '부동산 침체기'라고 보는데, 이걸 훌쩍 뛰어넘은 거지요. 이 물량이 모두 소진되려면 꽤 시간이 걸릴 것으로 보이는 데요.

할인분양에 나선 경우, 입주예정자 간 갈등을 최소화하려면 기존 계약자들에도 같은 할인 조건을 제시하는 방법이 최선입니다. 계약 이후 분양시장 상황에 따라 더 좋은 조건이 나오면 계약자 모두에게 보장해 주는 일명 '계약조건 안심보장제'입니다. 계약조건 안심보장제 특약을 받았다면 할인 금액에 대해 환불이 가능하다는 전문가의 견해를 주목할 필요가 있습니다(김예림 법무법인 심목 변호사). 대구 달서롯데캐슬센트럴스카이와 경남 거제한신더휴, 강원 원주롯데캐슬시그니처 등이 이미 안심보장제를 약속했습니다.

아예 모집공고를 취소하고 재분양을 노리는 방법도 있습니다. 시장 상황이 좀 더 나아지길 기다리거나, 분양가 등 기존 조건을 원점에서 재편하는 식입니다. 이 경우 계약자들에게 위약금을 물어야 해 손실이 발생하지만, 악성 미분양 등의 우려는 덜 수 있습니다.

2022년 분양한 인천 서희스타힐스더도화와 전남 광양 더샵광양라크포엠 등이 계약 취소 절차를 밟았습니다. 서희스타힐스더도화의 청약경쟁률은 3.4대1이었지만 미계약분이 104가구에 달했고, 더샵광양라크포엠은 애초 청약 때부터 미달이 발생한 바 있습니다.

공급자인 건설사로부터 '계약조건 안심보장제' 특약을 받았다면 할인 금액에 대해 환불이 가능하다.
이미지는 계약조건 안심보장제 특약을 진행한 대구 달서롯데캐슬센트럴스카이의 조감도.

반값인데도
반갑지 않은 내 집 마련

— '토지임대부주택', 분양일까 임대일까? —

'반값 아파트'
치솟는 집값에 지친 청약 대기자들의 눈길을 사로잡을만해 보이는데요.
그런데 땅을 빼고 건물만 분양하는 '반쪽' 아파트라면 어떨까요. 정부가
공공분양주택으로 공급하는 '토지임대부주택' 얘기입니다. 이 주택은 집
값 안정과 주택 공급 두 마리 토끼를 잡을 수 있을 것으로 기대되는데요.
다만 소유보다는 임대 성격이 강하다는 점에서 한계가 명확해 보입니다.
과연 토지임대부주택이 10년 만에 부활해 활성화될 수 있을까요.

'집값 안정 + 주택 공급' 필살기?

토지임대부주택이란 토지 외 건축물만 분양하는 방식으로 일반 주택보다
분양가를 '반값' 수준으로 낮추는 대신 토지는 임대료를 내고 이용하는 주

택입니다. 낮은 분양가로 40년 이내, 협의에 따라 최장 80년까지 거주할 수 있는데요. 토지 임대료도 비교적 저렴한 데다 보증금 전환 시 임대료를 더 낮출 수도 있습니다. 이에 한창 집값 상승기였던 2021년 대선(2022년 3월 9일)을 앞두고 대선주자들이 주택 공급과 집값 안정을 동시에 이룰 수 있는 '회심의 카드'로 토지임대부주택을 앞 다퉈 내밀기도 했지요.

토지임대부주택은 표면적으로 '분양'의 성격을 띠고 있는 데다 분양가가 낮아 일대 집값을 자극할 우려가 적은데요. 토지를 공공이 쥐고 있기 때문에 재건축 기대감에 따른 집값 상승 가능성도 낮지요. 과거 노무현, 이명박 정부 때 추진됐는데요. 당시 분양된 이후 건물가격이 최고 7배 오르는 등 수분양자들이 큰 시세차익을 챙기게 되자 제도의 취지를 살리지 못했다는 지적을 받은 바 있습니다.

이에 정부는 토지임대부주택을 매각할 때 LH에 환매하는 것을 의무화

| 2011~2012년 서울 강남권에서 분양한 '토지임대부주택' 당시 가격 |

단지명	공급일자	전용면적	보증금 ×		보증금 전환	
			분양가 (만원)	토지임대료 (원)	보증금 (만원)	토지임대료 (원)
서초LH 5단지	2011년 11월	59m²	1억4480	31만9000	2300	16만6000
		84m²	2억460	45만2000	3300	23만2000
LH강남 브리즈힐	2012년 12월	74m²	1억7440 ~1억9610	30만8000 ~31만2000	2300	15만5000 ~15만9000
		84m²	1억9850 ~2억2230	35만1000 ~35만3000	2600	17만8000 ~18만

강남구 자곡동에 위치한 강남브리즈힐의 경우, 2023년 9월 기준 74m² 시세가 11억원대를 형성하는 것으로 조사됐는데, 인근 공인중개업소에 따르면 집값이 한창 상승하던 시기에는 14억원대에 매매가 이뤄지기도 했다. 토지임대부주택이 지역에 따라 분양된 이후 건물가격이 최고 7배까지 오르는 등 수분양자들이 큰 시세차익을 챙기게 되면서 제도의 취지를 살리지 못했다는 지적을 받는 이유다.

하도록 했습니다. 윤석열정부 들어 공공분양주택 '뉴:홈'*의 나눔형 유형 중 하나로 토지임대부주택을 공급하기로 했지요. 나눔형은 시세의 70% 이하 수준으로 분양하고 시세차익의 일부를 LH와 공유하는 방식인데요. 자금여력이 부족한 청년층 등의 관심이 높습니다. 2023년 3월 사전청약을 받은 서울 고덕강일3단지의 경우 전용면적 59㎡의 분양가격이 3억 5500만원, 토지 임대료는 월 40만원으로 추정했는데요. 이는 시세의 절반 수준으로 당시 사전청약 경쟁률이 평균 40대1에 달했습니다.

🔑 '반값'은 좋은데 '반쪽 소유'는 어쩌나

집값이 꺾이면서 토지임대부주택의 인기는 더 높아지는 듯합니다. 수억~ 수십억원대 주택을 사면 높은 수준의 이자를 감당해야 하는데, 가격이 언제 얼마나 떨어질지도 모르기 때문이지요. 2022년 하반기부터 전세사기 이슈가 불거지자 민간임대시장의 신뢰도도 많이 떨어졌거든요. 정부에서 공급하는 저렴한 임대주택에 살면서 일정 기간이 지나 분양 전환 받는 게 더 이득이라고 보는 시각이 있는데요.

하지만 한계도 명확합니다. 정부는 토지임대부주택을 '분양'이라고 봤지만 수분양자는 '임대'로 생각하고 있거든요. 상대적으로 저렴하지만 매달 토지 임대료를 내는 것은 '월세'와 다름없고요. 2011년 서초구에서 토지임대부로 공급한 '서초LH5단지'는 전용면적 84㎡의 분양가가 2억460만원, 토지 임대료가 45만2000원에 달했는데요. 분양가는 당시 시세의

---

* 윤석열정부가 청년, 무주택 서민들의 내 집 마련 기회를 확대하기 위해 공급하는 공공분양주택. 나눔형, 선택형, 일반형 등 세 가지 유형으로 나눠 총 50만가구 공급 예정.

3분의1 정도였지만 매년 내야 하는 임대료는 542만4000원(임대료 상승분 미적용 시) 수준입니다. 토지 임대료를 절반으로 줄이려면 별도로 보증금 3300만원을 납부해야 하지요.

내 집 마련의 주된 목적이 주거 안정과 자산 증식인데 토지임대부주택으로는 자산 증식을 기대할 수 없다는 점도 실수요자 입장에선 아쉬운 부분입니다. 건축물 소유권만 있는 '반쪽' 짜리인 만큼 시간이 지날수록 감가상각이 되지요. 토지가 공공 소유라 향후 재건축이나 리모델링하기도 어렵습니다.

용산구 중산 시범아파트가 대표적인 사례인데요. 이 아파트는 1970년에 지어져 토지임대부로 공급됐는데요. 중산 시범의 건물 부지는 서울시, 건물 사이의 도로 용지는 용산구청 소유라 재건축을 하고 싶어도 서울시와 용산구청으로부터 땅을 매입하는 게 우선이라 준공한지 50년이 지나도 속도를 내지 못하고 있습니다.

주거 환경에 따라 청약 흥행도 갈릴 것으로 보입니다. 과거 서울 서초구에서 공급된 토지임대부주택은 청약에 흥행했지만 경기 군포시에선 청약 경쟁률이 0.1대1까지 떨어졌지요. 다만 최근에는 금리 상승, 전세사기, 월셋값 상승 등에 따라 토지임대부주택으로 눈을 돌리는 수요자들이 증가하는 추세이긴 합니다. 특히 정부가 공급하는 '뉴:홈' 중에선 서울 강동구 고덕강일3단지 등 입지가 좋은 단지들이 다수 포함돼 있어 높은 인기를 끌고 있는데요. 잘만 활용하면 시세보다 저렴한 비용으로 알짜 입지에 거주할 수 있습니다.

윤수민 NH농협은행 부동산전문위원은 "집값 부담이 높은 상황이라 당장 저렴하게 주택 공급을 확대하는 건 맞는 방향"이지만 "향후 재건축 단계가 됐을 때 후세대가 짊어져야 하는 부담이 크고 분쟁의 소지도 많기 때문에 이런 부분들을 제도적으로 보완·개선해 줄 필요가 있다"고 말했습니다.

내 아파트인데 입주 못한다고?

입주율, 매매수급지수, 전세수급지수를
눈여겨봐야 하는 이유

신축 아파트 입주가 점점 어려워지고 있습니다. 청약, 계약, 중도금 납부까지 마치느라 수년이 걸렸는데, 이제 와 입주를 할 수 없다니 무슨 일일까요? 가장 많은 사례는 기존 집에 발이 묶이는 경우입니다. 현재 거주하는 집을 팔아야 새집의 주택담보대출을 유지할 수 있는데, 부동산시장 침체로 집을 사려는 사람이 없습니다. 새집 입주를 포기하고 세를 주려 해도 세입자를 찾기가 어렵습니다.

최근 들어선 시공사가 아파트 입구를 가로막는 일도 발생하고 있습니다. 최근 자잿값이 급격히 상승하면서 공사비 증액을 요구하는 건설사가 많습니다. 입주예정자들이 억울함을 호소해도 법원은 건설사의 손을 들어주는 분위기입니다.

급락한 아파트 입주율

주택산업연구원(이하 '주산연')에 따르면, 2023년 2월 전국 아파트 입주율은 63.3%로 역대 최저치입니다. 입주율이 2개월 연속 60%대를 기록한 것은 이번이 처음입니다. 한때 89%에 육박했던 입주율은 2022년 11월 처음으로 60%대로 주저앉았습니다.

입주율은 해당 월에 입주해야 하는 아파트 가구 수와 실제 잔금을 치르거나 입주한 가구를 비교한 것입니다. 주산연이 매월 한국주택협회와 대한주택건설협회 회원사 등 주택사업자를 대상으로 조사합니다.

처음 조사를 시작한 2017년 6월 이후 입주율은 주로 70%대를 유지했습니다. 이후 부동산시장이 과열되며 집값이 급등했던 2020~2021년에는 입

| 월별 전국 아파트 입주율 추이 |

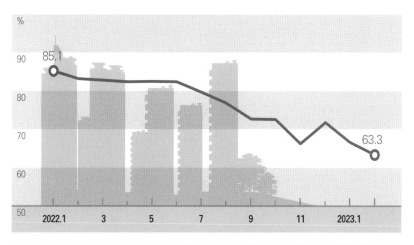

2023년 2월 전국 아파트 입주율이 63.3%로 역대 최저치를 기록했다. 입주율은 해당 월에 입주해야 하는 아파트 가구 수와 실제 잔금을 치르거나 입주한 가구를 비교한 것이다. 입주율이 하락하는 데는 여러 이유가 있지만, 무엇보다 주택시장 침체기의 시그널인 것만은 틀림없다.

자료 : 주택산업연구원

주율이 80%대로 올랐습니다. 역대 최고치는 2021년 2월에 기록한 88.9% 입니다. 2022년 12월(71.7%)에 반짝 반등했을 때를 빼면, 최근 입주율은 쭉 하락세입니다. 금리 인상 등으로 집값 하락이 본격화된 시기입니다.

🔍 기존 집 안 팔려 입주 못 해

입주예정자들이 입주를 포기하는 건 주택시장이 침체한 영향입니다. 주산연에 따르면 2023년 2월 미입주 사유는 '기존 주택 미매각'이 44.4%로 가장 많았습니다. 당시 매수심리가 급격히 하락하면서 집을 사려는 사람을 찾기가 어려웠습니다. 한국부동산원에 따르면 2023년 3월 말 기준 전국 매매수급지수는 77.4입니다. 지수가 100 이하면 집을 팔려는 사람이 더 많다는 뜻입니다.

결국 급매만 간간이 거래됩니다. 가격을 충분히 낮춘다면 매도가 수월할 수도 있겠지만, 사실상 전 재산이나 마찬가지인 집을 손해 보고 팔기란 어려운 일입니다. 2022년 서울 PIR(소득 대비 주택가격 비율)은 18배까지 치솟은 바 있습니다.

물론 일시적 2주택자라면 기존 주택 처분을 조건으로 일단 신규 주택의 주택담보대출을 받을 수 있습니다. 지난 2022년 6월까지는 처분기한도 6개월로 빠듯했는데, 2023년 1월부터 3년으로 확대됐습니다.

그래도 입주를 망설이는 건 침체기가 장기화할 경우 기존 주택 처분기한 안에 처분할 수 있을지 여전히 불안하기 때문입니다. 기한 내 기존 주택을 팔지 못하면 대출금 전액을 일시 상환해야 하고, 3년간 주택 관련 대출 제재를 받습니다. 즉시 상환하지 못하면 연체차주로 등록돼 금융거래가 제한되고 연체이자를 내야 합니다.

새집 입주를 포기하고 세입자를 들이기도 어렵습니다. 위의 주산연 조사에서 '세입자 미확보'를 미입주 사유로 꼽은 응답자가 33.3%에 달합니다. 2023년 3월 말 기준 한국부동산원이 집계한 전세수급지수는 76.6으로 임차 수요보다 임대 수요가 많았습니다.

간신히 세입자를 구해도 전셋값이 하락해 전세보증금으로 충당할 수 있는 금액이 과거보다 줄었습니다. 특히 처음부터 세입자를 들일 목적으로 중도금까지 연체했다면 부랴부랴 부족한 현금을 마련해야 할 수 있습니다.

실제로 2023년 입주를 시작한 강남 개포자이프레지던스 전용면적 59㎡ 전셋값은 2022년 말 13억원대에서 7억원대로 반토막 났습니다. 2022년 말 입주가 몰렸던 검단신도시는 전용면적 84㎡ 전셋값이 1억원대까지 뚝 떨어졌습니다.

조합 - 시공사 공사비 싸움에 '새우등'

입주예정자가 모든 준비를 마쳤더라도 긴장을 늦춰선 안 됩니다. 정비사업장에선 조합과 시공사 간에 갈등이 종종 발생하는데, 최근에는 자잿값이 오르면서 공사비 분쟁이 증가하고 있습니다. 입주가 막히면 조합원이 아닌 일반분양자도 똑같이 피해를 봅니다.

서울 양천구 신목동파라곤(신월4구역 재건축)의 경우 재건축조합과 시공사가 공사비 증액을 두고 갈등을 겪으면서 입주가 50일 가량 지연됐습니다. 2023년 3월 1일 입주가 시작됐어야 하는데, 시공사인 동양건설산업이 아

자잿값이 상승하면서 공사비 증액을 요구하는 시공사가 늘고 있는데, 공사비 변경이 합의에 이르지 못하면 시공사가 유치권 행사에 들어가도 정당하다는 법원의 판결이 나온 이상 입주예정자로서는 부담이 커질 수 밖에 없다.

파트 입구를 컨테이너 등으로 막고 입주를 금지했지요. 시공사가 약 100억원의 공사비 증액을 요구했는데, 조합이 거부하면서 유치권* 행사에 들어간 겁니다. 조합이 시공사에 업무방해금지 가처분 신청을 냈지만, 법원은 이를 기각했습니다.

법원은 "조합은 시공사로부터 지난 2021년 12월부터 2023년 2월까지 수회에 걸쳐 공사비 단가 조정 협의 요구를 받았음에도 관련 회의를 1회만 개최하면서 요구에 제대로 응하지 않았다"고 밝혔습니다.

---

* 타인의 물건(부동산 포함) 등을 점유하고 있는 자가 그 물건에 관하여 생긴 채권을 변제받을 때까지 점유 상태를 풀지 않을 권리. 아파트 시공사가 공사대금을 받을 때까지 입주를 거부하는 경우가 대표적인 유치권 행사임.

법원이 시공사의 손을 들어주면서 입주예정자 299가구 중 절반이 넘는 일반분양자(153가구)의 입주까지 막혔습니다. 결국 양천구와 서울시까지 중재에 나섰고, 조합이 공사비 90억원을 증액하기로 하면서 입주가 시작될 수 있었습니다.

2023년 5월 입주한 대치동 푸르지오써밋 역시 공사비 갈등 끝에 조합원들의 입주 제한을 검토했지만, 다행히 일단락됐습니다.

최근 건설 자잿값이 상승하면서 이처럼 공사비 증액을 요구하는 시공사가 증가하고 있습니다. 공사비 변경이 합의에 이르지 못하면 시공사가 유치권 행사에 들어가도 정당하다는 법원의 판결이 나온 이상, 앞으로 이 같은 입주 중단 사례가 또 발생할 수 있습니다.

앞서 강동구 둔촌주공, 서초구 방배 신성빌라, 마포구 공덕1구역 등도 공사비 분쟁으로 공사 중단을 겪은 바 있습니다. 아직 공사비 검증을 마무리 못 한 둔촌주공을 비롯해 2~3년 내 입주 예정인 단지들은 공사비 분쟁의 불씨가 살아있습니다.

이에 서울시는 2023년 3월 말 '공사계약 종합 관리방안'을 시행하기 시작했습니다. 공사비 증액이 예상되는 사업장은 입주 전 협의할 수 있도록 유도하고, 공사비 증액 사유가 생기면 공공기관 등의 검증을 통해 결과를 반영하도록 합니다. 다만 처벌 규정이 없어 실효성을 확보할 수 있을지는 미지수입니다.

청약통장,
제대로 알아야 집 산다!

— 만능통장의 쓸모 —

청약통장에 처음으로 가입한 것은 아이러니하게도 주택담보대출을 받으면서입니다. 많은 사람들이 은행에서 주택담보대출을 갈아타는 과정에서 주택청약종합저축에 가입하면 대출금리를 깎아준다기에 바로 가입하곤하는데요. '만능통장'이라 불리면서 은행들이 적극적으로 통장 고객을 유치하던 때가 있었습니다. 덕분에 청약통장 하나씩 만든 이들이 적지 않았지요. 물론 이전에도 부모에게 받은 청약통장이 있었지만 수년 전 내집마련을 하면서 '이제 필요없겠지'하면서 과감하게 해지하게 됩니다. 하지만두고두고 아쉬움으로 남습니다. 다음에 나오는 '청약가점 계산하기', '청약통장 증여받기'를 읽는다면 얼마나 어리석은(!) 행동이었는지 깨닫게됩니다.

모르면 내 집 마련 기회 날린다

한때는 청약통장이 청약저축(국민주택), 청약부금(전용면적 85㎡ 이하 민영주택), 청약예금(민영주택)으로 나뉘어 공급받을 수 있는 주택이 달랐는데요. 2015년 9월 1일부터 이들 청약통장의 신규 가입이 중단됐고, 지금은 주택청약종합저축 하나로 통합했습니다.

누구든 은행에서 가입할 수 있고 이 통장 하나만 있으면 국민주택과 민영주택을 공급받을 수 있습니다. 그래서 '만능통장'이라고 부르지요. 매월 2만원에서 50만원까지 자유롭게 납입할 수 있습니다. 일시예치식으로도 납부 가능하고요. 저축을 해지할 때 원금과 이자를 일시에 지급받고, 가입기간 중 일부만 인출할 수는 없습니다.

금리는 2023년 8월 말 기준 최고 연 2.8%(가입기간 24개월 기준)로 다른 상품에 비해 높지는 않습니다. 무주택세대의 세대주로서 총 급여액 7000만원 이하 근로소득이 있는 사람은 무주택확인서를 제출하면 최대 96만원까지 소득공제 혜택도 받을 수 있습니다.

| 민영주택 청약 시 지역·전용면적별 최소 예치금 | [단위 : 만원]

구분	서울·부산	기타 광역시	기타 시·군
85m² 이하	300	250	200
102m² 이하	600	400	300
135m² 이하	1000	700	400
모든 면적	1500	1000	500

※청약부금 가입자는 전용면적 85m² 이하 주택에만 청약신청 가능
자료: 국토교통부, 주택도시기금

민영주택 청약신청 때는 지역별, 전용면적별 최소 예치금액이 있으니 이를 꼭 확인해야 합니다. 입주자 모집공고일 이전에 해당 예치금액이 있어야 청약신청이 가능하니까요. 기본적인 사항이지만 미처 챙기지 못해 오래 기다려온 청약기회를 날려버리는 이들이 꽤 있다는 사실!

서울과 부산의 경우 85㎡ 이하 면적을 공략한다고 하면 300만원을 예치해 놓으면 되고요. 면적이 커질수록 예치금도 커집니다. 이들 지역에선 1500만원을 예치하면 모든 면적에 청약신청을 할 수 있습니다. 기타 광역시는 1000만원이니 여유가 된다면 이만큼씩을 예치해 놓는 것도 방법입니다.

국가, 지자체, LH 및 지방공사가 건설하는 전용면적 85㎡ 이하(수도권, 도시지역이 아닌 읍·면은 100㎡ 이하)의 주택인 '국민주택'에 청약신청하는 경우에는 납입 횟수도 중요합니다. 2년간 꼬박꼬박 연체 없이 납부해야 하고요. 연체해 입금하는 경우 순위 발생이 늦어져 원하는 주택에 청약을 못하거나 우선순위에서 밀릴 수도 있습니다.

청년이라면 꼭 청년우대형을 챙기자

청년이라면 '청년우대형 주택청약종합저축(이하 청년우대 청약통장)'에 가입하는 게 좋습니다. 국토교통부가 청년세대의 내집·전셋집 마련을 위한 자금을 지원하기 위해 2018년 7월에 출시한 상품입니다. 금리가 가장 큰 메리트입니다. 가입기간 2년 이상~10년 이내인 경우 연 4.3%를 적용합니다. 일반 주택청약종합저축은 같은 기간 2.8%임에 비해, 무려 1.5%포인트나 금리를 더 주는 겁니다.

그만큼 아무나 가입할 수는 없는데요. 이 상품을 도입할 당시 첫해엔 만 19세 이상 만 29세 이하만 가입할 수 있었는데, 청년의 범위가 넓어지면서 지금은 만 34세 이하까지 가입이 가능합니다. 또 병역 이행기간이 증명되면 현재 연령에서 병역 이행기간(최대 6년)을 빼고 계산한 연령이 만 34세 이하여도 가입할 수 있습니다. 가령 군복무를 2년 했다면 만 36세까지 가입할 수 있는 셈이지요.

본인이 무주택인 세대주이거나 본인이 무주택이며 가입 후 3년 이내 세대주 예정자, 무주택세대의 세대원이 가입할 수 있습니다. 연소득 3600만 원 이하 신고소득이 있어야 하고요.

주택청약종합저축과 청약기능이나 납입방법은 같습니다. 기존에 주택청약종합저축에 가입했다면 기존 가입기간을 인정받으면서 청년우대형으로 전환도 가능하니 대상이 되는 청년이라면 이 혜택을 누리지 않을 이유가 없겠습니다.

청약 당첨? 자금 마련이 더 중요하다!

— 계약금 · 중도금 · 잔금 마련 프로젝트 —

청약의 마지막 관문이자 사실상 가장 중요한 것은 수억~수십억원에 달하는 아파트값(분양가)을 지불하는 건데요. 금액이 큰 데다 대부분 선분양·후입주인 만큼 입주 전까지 계약금, 중도금, 잔금 등 크게 3단계로 나눠 납부하도록 돼 있습니다. 아파트마다 납부 비율이 다르고 시공사나 시행사가 제공하는 이자 혜택 등도 있기 때문에 청약 전 꼼꼼히 알아보고 자금 계획을 세울 필요가 있습니다. 중도금을 연체하거나 잔금을 치르지 못하면 최악의 경우 '내 집 마련' 꿈을 코앞에서 놓치고 청약 기회만 날아갈 수 있으니 미리 확인해 볼까요.

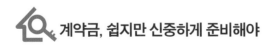 **계약금, 쉽지만 신중하게 준비해야**

청약 당첨 후 계약을 체결할 때 1차로 내는 계약금이 분양가 납부의 시작

입니다. 계약금은 아파트에 따라 분양가의 5~20%로 책정되는데요. 분양이 잘 안 되는 단지 등은 계약금을 1000만~2000만원 정도로 약정해서 분양가에 상관없이 통일된 계약금으로 분양을 하기도 합니다.

보통은 계약금으로 분양가의 10%를 납부하는데요. 2회차로 나눠 내기도 합니다. 계약 시 초기 계약금으로 500만~1000만원 정도 납부하고 계약서에 적혀 있는 시일(통상 계약 후 1개월 이내)까지 기납부한 금액을 뺀 나머지를 내면 됩니다. 계약금은 집단대출이 안 되기 때문에 본인 자금으로 준비해둬야 합니다. 계약금 납부 단계에선 계약금액, 납부일정 등만 파악하면 됩니다. 전체 분양가에서 차지하는 비중이 가장 적기 때문에 이 단계는 무난히 넘어가는 편이지요.

하지만 이때부터 나머지 잔금을 치를 계획을 면밀하게 세워둬야 합니다. 계약금 납부로 계약 의사를 밝힌 후부터는 입주하기까지 3년여 동안 5~7번 정도에 걸쳐 중도금, 잔금을 기일 내 납부해야 하기 때문이지요. 이 비용을 충분히 감당할 수 있는지 살펴보고, 안 될 경우 과감하게 계약금 지불 단계에서 철회하는 편이 손해를 덜 볼 수 있습니다. 이후 단계에서 연체하거나 계약 포기 선언을 할 경우 연체이자를 물거나 지금까지 냈던 돈을 돌려받지 못한 채 계약 해지될 수 있거든요.

🏠 중도금은 대출이 '신의 한 수'

계약금 다음은 분양가에서 가장 큰 비중을 차지하는 중도금 납부입니다. 중도금은 계약금을 제외한 매매대금의 일부를 중간에 나눠 내는 돈으로, 통상 4개월에 한 번씩 4~6회에 걸쳐 내는데요. 분양가의 40~60%로 구성되며, 대부분은 60%로 책정돼 10%씩 6차례에 걸쳐 납부합니다. 금액이 큰 만큼 은행권의 집단대출을 이용하는데, 이때 대출 신청자의 신용등급과 소득에 따라 한도에 차이가 발생할 수 있습니다. 중도금 무이자, 중도금 유이자, 중도금 후불제 중 어떤 유형이 적용되는지도 알아둬야 합니다.

무이자는 금융권에서 발생한 이자를 시행사나 시공사가 대신 납부해주는 형태로 소비자는 이자가 발생하지 않습니다. 유이자는 60% 중도금 대출을 기준으로 10%씩 6회 발생하는 중도금에 대한 이자를 계약자가 납부하는 방식인데요. 후불제는 마찬가지의 경우 6번 발생하는 중도금에 대한 이자를 입주시기에 납부하면 됩니다.

2016년 8월부터 주택도시보증공사(HUG)가 분양가 9억원 초과 주택에 대해 중도금 집단대출 보증을 제공하지 않기로 했는데요. 2022년 11월부터는 중도금 대출 보증 분양가 상한선을 12억원으로 상향했고 2023년 3월부터는 중도금 대출 분양 상한 기준 규정을 폐지했습니다. 분양가 12억원이 넘는 집을 사도 중도금 대출을 받을 수 있다는 것!

| 분양가 납부 3단계(계약금 · 중도금 · 잔금)란? |

구분	계약금	중도금		잔금
통상비율	10%	60%		30%
집단대출	불가	가능		가능
종류	비율제	중도금 무이자		
	약정제	중도금 유이자		
		중도금 후불제		
체크사항	납부 일정	중도금 대출 가능 여부		대출(개인) 가능 여부
	향후 자금 납부 가능 여부	중도금 연체 이자		전세 가능 여부
		시공사 자사보증 대출의 경우 한도 및 이자		

2022년부터 부동산 경기가 꺾이면서 청약 열기가 시들자 단지별로 중도금 대출 무이자 혜택 등도 속속 나오고 있는데요. 아파트별로 혜택의 유무·종류가 다르니 꼼꼼히 확인해봐야겠습니다.

'마지막 관문' 잔금도 전략적으로

중도금까지 다 치렀다면 큰 고비는 넘긴 셈이지만, 그렇다고 안심할 순 없습니다. 최종 관문인 잔금을 납부하지 못해 계약이 해지되는 경우도 종종 있거든요. 잔금은 통상 분양가의 30%인데요. 잔금 대출도 집단대출로 이용할 수 있지만 단지별, 개인별 상황에 따라 불가할 수도 있는데요. 이럴 땐 전세를 주는 방법이 있습니다.

일반 시중은행 담보대출은 잔금 완납 후 등기가 나와야 이용할 수 있는데, 잔금 무렵에 중도금을 다 상환했다면 담보대출로 전환 가능합니다. 분양권의 담보가치만 평가해서 일종의 신용대출로 진행하는 방식이지요. 이때 대출 한도만큼 청약 가구를 전세 매물로 내놓으면 됩니다. 일단 대출금으로 기일 내 잔금을 납부하고 전세 세입자에게 전세보증금을 받아 대출을 갚는 식으로 비용 부담을 줄일 수 있지요.

하지만 세입자 입장에서는 대출이 껴 있는 아파트인 데다, 잔금 납부 기간에 동일한 수요가 다수 발생하면서 전세가가 떨어질 수 있어 전세계약 체결이 어려울 수 있다는 점을 고려해야 합니다. 이 밖에 후분양 아파트는 판매를 목적으로 계약금, 중도금 비율을 내리고 잔금의 비율을 높여놓은 경우도 있으니 이 점도 유의할 필요가 있습니다.

수능만점보다
어려운 청약만점

— 청약가점 요목조목 따져보기 —

기다리고 기다리던 아파트 청약 당첨, 그런데 만약 경솔한 실수로 당첨이 취소된다면 어떨까요? 정말 피눈물 날 것 같은데요. 중요한 순간에 그런 실수를 하는 사람이 어딨겠냐고요? 생각보다 많습니다.

국회 국토교통위원회 유경준 국민의힘 의원이 한국부동산원으로부터 제출받은 '부적격 당첨자 통보자 지역별 현황'에 따르면 2022년 7~9월 3개월간 전국에서 모두 2935명의 청약 부적격 당첨자가 발생했는데요. 한 달에 1000명꼴로 부적격 당첨자가 나온 셈입니다. 이중에서도 가점 오류 등 청약자의 단순 실수로 인한 부적격이 2007명으로 가장 많아 안타까움을 자아냈지요.

무주택 기간, 중요한 건 나이와 혼인 시점

청약가점은 아파트 분양 여부를 결정짓는 핵심변수이기 때문에 정확한 계산이 필요합니다. 계산 실수로 낮은 점수가 나오면 청약의 기회를 놓칠 수 있고 과하게 계산해서 부적격 처리되면 1~10년간(청약 지역·유형별 상이) 재당첨이 제한될 수 있거든요. 특히 청약가점은 본인이 직접 계산해야 하는 만큼 가점 항목이나 개념을 명확히 알아둘 필요가 있는데요.

먼저 청약하려는 주택형이 가점제인지 추첨제인지부터 확인해야 합니다. 현재 민영주택이나 지자체, LH 등 민간건설 국민주택의 입주자를 선정할 때는 가점제와 추첨제로 청약을 진행하는데요. 가점제는 일정 항목으로 구성된 점수가 높은 순으로 입주자를 선정하는 제도이고, 추첨제는 같은 순위 안에서 경쟁이 있으면 추첨을 통해 입주자를 선발하는 제도입니다.

2017년 8·2대책이 시행되면서 무주택 실수요자의 내 집 마련 기회를 늘리기 위해 투기과열지구 및 청약조정대상주택, 수도권 공공주택지구는 가점제를 대폭 확대했는데요. 투기과열지구에서는 전용면적 85㎡ 미만일 경우 가점제가 100% 였습니다. 그러다 2023년 4월 1일부터 '주택공급에 관한 규칙'이 개정되면서 규제지역에서 분양하는 중소형 아파트에도 추첨(20~60%)제가 도입됐습니다.

| 청약가점 계산하기 |

항목	적용기준		점수 (점)
무주택 기간	미혼인 경우 만 30세부터	1년 미만~15년 이상	2~32
	기혼인 경우 혼인신고일부터		
부양가족	배우자	0명~6명 이상	5~35
	본인의 직계존속(부모, 조부모)		
	배우자의 직계존속(부모, 조부모)		
	직계비속(자녀, 손자녀)		
청약통장 가입기간	연령, 자격 제한 없음	6개월 미만~15년 이상	1~17
총점			84

청약하려는 주택형이 가점제라는 걸 확인했다면 다음으로 본인의 가점을 계산하는 방법을 알아둬야겠습니다. 청약가점은 △무주택 기간(2~32점), △부양가족(5~35점), △청약통장(1~17점) 등 3개 항목으로 구성되며 총 84점 만점입니다.

무주택 기간은 만 30세부터 점수를 매길 수 있는데요. 만 30세가 안 됐지만 결혼을 한 경우에는 혼인신고를 한 시점부터 점수가 부여됩니다. 만 30세 미만의 미혼일 경우엔 가점이 없고요. 기본 점수(1년 미만)는 2점이며 1년이 추가될수록 2점씩 늘어납니다. 무주택 기간이 15년 이상일 경우 32점 만점을 받을 수 있는데요. 여기서 무주택자란 자신 명의의 집이 없는 사람을 말하는데, 청약신청자 본인을 포함해 세대를 이룬 세대원(직계존속·직계비속)까지 주택이 없어야 합니다. 다만 60세 이상 직계존속(부모, 배우자의 부모 등)이 주택을 소유한 경우의 청약신청자는 무주택자로 봅니다.

무주택 기간 산정에서 의외로 실수하는 이들이 많은데요. 알고 봤더니 배우자가 상속이나 증여받은 시골집의 지분을 가진 것을 뒤늦게 인지(이 경우도 1주택자)하는 식으로 잘못 계산하는 경우가 종종 있습니다.

| 무주택 기간에 따른 가점(가점 상한 : 32점) |

무주택기간	청약가점	무주택기간	청약가점
1년 미만	2점	8년 이상~9년 미만	18점
1년 이상~2년 미만	4점	9년 이상~10년 미만	20점
2년 이상~3년 미만	6점	10년 이상~11년 미만	22점
3년 이상~4년 미만	8점	11년 이상~12년 미만	24점
4년 이상~5년 미만	10점	12년 이상~13년 미만	26점
5년 이상~6년 미만	12점	13년 이상~14년 미만	28점
6년 이상~7년 미만	14점	14년 이상~15년 미만	30점
7년 이상~8년 미만	16점	15년 이상	32점

[부양가족 6명 이상이면 만점!] 부양가족은 가점 항목 중 배점이 가장 큰데요. 부양가족이 1명도 없는 단독 세대주인 경우에도 기본 점수 5점이 매겨집니다. 1명이 추가될 때마다 5점씩 늘어나며, 6명 이상일 경우 35점 만점을 받을 수 있는데요. 법적으로 혼인관계인 배우자는 주민등록상 주소가 떨어져 있어도 무조건 부양가족 수에 포함됩니다.

만 30세 미만의 미혼 자녀는 청약자의 주민등록등본에 함께 등재돼 있으면 부양가족으로 봅니다. 주소지가 떨어져 있어도 입주자 모집공고 전까지만 등본에 올리면 되는데요. 만 30세 이상의 자녀는 입주자모집공고일로부터 1년 이상 청약신청자와 함께 주민등록이 돼 있어야만 부양가족으로 점수를 받을 수 있습니다.

| 부양가족 수에 따른 가점(가점 상한 : 35점) |

부양가족 수	청약가점	부양가족 수	청약가점
0명	5점	4명	25점
1명	10점	5명	30점
2명	15점	5명	35점
3명	20점		

[청약통장 빨리 만들수록 이득] 청약통장 가입 점수는 기본 점수(6개월 미만)가 1점부터 시작합니다. 6개월 이상 1년 미만은 2점이고, 1년이 지날 때마다 1점씩 오르고요. 가입일로부터 15년 이상 지나면 만점인 16점을 받습니다.

이처럼 가점제에서는 △무주택 기간, △부양가족 수, △청약통장 가입 기간 등 세 가지 항목을 합산한 점수가 높을수록 청약 당첨 확률도 높아지는데요. 부동산 경기가 좋거나 인기 지역에 공급하는 단지의 경우 청약 경쟁률이 높기 때문에 그만큼 당첨 커트라인이 높은 편입니다.

서울 청약시장에서 마지막 '만점 통장'이 나온 단지는 2021년 6월 분양을 진행한 서초구 래미안원베일리인데요. 이 단지는 당시 3.3㎡(1평)당 평

| 청약통장 가입기간에 따른 가점(가점 상한 : 32점) |

가입기간	청약가점	가입기간	청약가점
6개월 미만	1점	8년 이상~9년 미만	10점
6개월 이상~1년 미만	2점	9년 이상~10년 미만	11점
1년 이상~2년 미만	3점	10년 이상~11년 미만	12점
2년 이상~3년 미만	4점	11년 이상~12년 미만	13점
3년 이상~4년 미만	5점	12년 이상~13년 미만	14점
4년 이상~5년 미만	6점	13년 이상~14년 미만	15점
5년 이상~6년 미만	7점	14년 이상~15년 미만	16점
6년 이상~7년 미만	8점	15년 이상	17점
7년 이상~8년 미만	9점		

균 분양가가 5653만원으로 역대 최고 수준을 기록했음에도 시세 대비 저렴한 '로또 단지'로 주목 받으면서 평균 청약경쟁률 66대1을 기록했지요. 당첨자 평균 가점은 72.9점, 전용면적 74㎡에서는 84점 만점자가 나왔습니다.

이는 어마어마한 점수인데요. 가령 서른살의 미혼 청약자라면 무주택 기간 0점, 부양가족 수 5점(기본 점수)이기 때문에 청약통장 가입기간에서 만점인 16점을 받아도 총점이 21점에 불과합니다. 자녀 2명을 둔 4인 가족 세대주(부양가족 가점 20점)의 경우에도 무주택 기간 8년 이상(18점), 청약통장 가입기간 10년 이상(12점)은 돼야 50점을 겨우 넘지요. 청약만점이 나오려면 적어도 40대 후반에서 50대의 청약자(무주택 기간·청약통장 가입기간 15년 이상 전제)가 배우자 1명, 자녀 3명, 만 60세 이상 부모나 조부모 2명 이상을 부양해야 합니다.

이처럼 청약가점을 채우기가 쉽지 않기 때문에 예비 청약자라면 미리 본인의 점수를 계산해보고 청약 전략을 짤 필요가 있습니다.

아버지, 혹시 청약통장 있으세요?

──── 분양시장 금수저 = 청약통장 수저 ────

20대 A씨는 청약가점이 낮아 번번이 청약에 실패하면서 점점 '내 집 마련' 꿈과 멀어졌습니다. 그러자 A씨의 아버지가 청약통장 하나를 건넸지요. 매달 10만원씩 20년 동안 납입한 2400만원짜리 청약저축통장으로 납입액이 웬만한 공공분양주택에선 '당첨 안정권'입니다. A씨는 아버지에게 증여받은 청약통장을 어느 단지에 쓸 지 행복한 고민에 빠졌습니다.

엄빠 찬스란 바로 이런 것!

최근 집값이 다시 떨어졌다고는 하지만 그래도 여전히 분양가가 '억' 소리 나는데요. 이에 자금여력이 부족한 '2030 젊은 층'이 공공분양에 희망을 품고 있습니다. 벌써 3기 신도시 등 공공택지 청약을 기다리는 수요자들은 미리 이사를 가거나(당해요건) 특별공급 자격을 알아보며 청약 당첨 확률을 높이는 방법을 찾느라 바쁘게 움직이는 모습인데요.

하지만 단기에 해결되지 않는 것도 있습니다. 공공분양의 청약 당락을 가르는 '청약저축액'은 매달 10만원까지만 인정되기 때문에 오래 준비한 사람이 아니고서는 '낙'(落)이지요. 그렇다고 방법이 아주 없는 건 아닙니다.

방법은 부모님의 '잠자는 통장' 찾아보기! 일부 청약통장은 세대 합가 및 세대주 변경 등을 거치면 증여가 가능하기 때문인데요. 2000만원대 통장이 수억원대의 아파트를 안겨주는 상황이 올 수도 있습니다. 금수저도 은수저도 아닌 '청약 수저'를 잡는 셈이지요.

84점 만점의 청약가점은 민영주택 청약 시 적용되는 점수입니다. 공공주택(공공분양) 청약 시에는 무주택 기간, 부양가족 수 등으로 점수를 매기는 민영주택과 달리 '청약저축액'이 많을수록 유리한데요. 1순위 자격은 △투기과열지구는 가입기간 24개월 이상(납입횟수 24회 이상), △수도권은 가입기간 12개월 이상(12회 이상), △지방은 가입기간 6개월 이상(6회 이상) 등의 무주택자여야 합니다.

이들을 대상으로 전용면적 40㎡ 초과 주택은 청약저축 납입 총액, 전용면적 40㎡ 이하 주택은 청약저축 납입 횟수가 많은 사람부터 순차적으로 당첨됩니다. 청약 납입액은 아무리 많이 넣어도 한 달에 10만원까지만 인정되기 때문에 오래 저축한 사람일수록 당첨 확률이 높아집니다.

결국 공공분양도 민영주택과 마찬가지로 나이가 많은 사람에게 유리한 셈이지요. 2020년 3월 분양한 '과천제이드자이'(공공분양)는 최저 14년 6개월, 최고 22년(1700만~2600만원대) 납입한 이들이 청약에 당첨됐습니다. 59㎡ A의 경우 당첨자의 저축총액이 2170만~2646만원에 달했고요. 이처럼 공공분양은 청약저축액이 2200만원은 돼야 '당첨 안정권'이라고 보는데 매년 10만원씩 20년 가까이 저축해야 되는 금액입니다.

| 청약통장 종류 및 증여 가능 여부 |

종류	청약 대상	증여 여부
청약저축	국민주택(공공주택)	가능
청약예금	민영주택	가능
청약부금	전용 85m² 이하 민영주택	(2000년 3월 27일 이전 가입만)
주택청약종합저축	국민주택 · 민영주택	불가

※ 청약저축, 청약예금, 청약부금은 2015년 9월 1일부터 신규 가입 중단.
　현재 주택청약종합저축만 신규 가입 가능.
※ 청약통장 증여는 증여받은 세대원이 새롭게 세대주가 되는 조건.

하지만 청약통장도 '증여'가 된다는 점에서 희망을 가져볼만 한데요. 현재 청약통장의 종류는 △청약저축, △청약예금, △청약부금, △주택청약종합저축 등 4개입니다. 청약저축은 국민주택(공공주택)에 청약할 수 있고 청약예금은 민영주택에 청약할 수 있는데요. 청약부금은 전용면적 85m² 이하의 민영주택에 청약할 수 있는 통장입니다. 주택청약종합저축은 국민주택과 민영주택에 모두 사용 가능하고요.

이중 청약저축과 2000년 3월 27일 이전에 가입한 청약예금, 청약부금은 증여가 됩니다. 주택청약종합저축 통장은 가입자가 사망한 뒤 상속만 가능하고요. 이때 조건은 증여받은 세대원이 새롭게 세대주가 돼야 합니다. 가령 세대주인 아버지가 갖고 있던 청약저축을 자녀에게 증여하려면 세대를 합친 뒤 자녀를 세대주로 바꿔야 하지요. 다만 배우자의 경우 세대를 분리해도 증여할 수 있습니다.

증여세도 없다고요?

이런 방식으로 부모님이 오래 저축해 놓은 청약통장을 증여받으면 '청약 문'이 확 넓어지는데요. 게임으로 치면 '치트키'(게임의 어려움을 빠르게 극복하기 위해 만든 것)를 쓰는 셈이지요.

가점제에서도 유리하게 적용됩니다. 만약 B씨가 무주택 기간 6년(14점), 부양가족 수 3명(20점), 청약통장 가입기간 10년(12점)의 상황이라면 청약 가점은 총 46점인데요. 여기에 20년 된 아버지의 청약통장(납입액 2400만 원)을 증여받고 세대를 합친다면 무주택 기간 6년(14점), 부양가족 수 4명(25점), 통장 가입기간 20년 이상(17점 만점)으로 총 56점이 됩니다. 가점이 10점이나 추가되는 것! 5000만원 미만의 증여이기 때문에 증여세가 없다는 점도 이득입니다.

| 어떻게 B씨는 청약가점이 10점이나 추가되었나? |

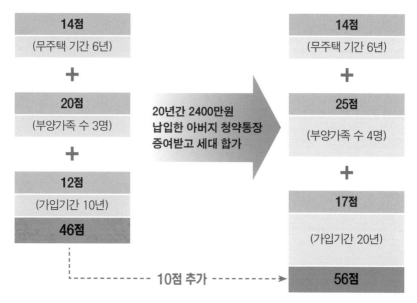

| 공공분양 청약통장 1순위 조건 및 평가기준 |

1순위 조건	투기과열지구	가입기간 24개월 이상, 납입횟수 24회 이상
	수도권	가입기간 12개월 이상, 납입횟수 12회 이상
	지방	가입기간 6개월 이상, 납입횟수 6회 이상
1순위 평가기준	전용 40m² 초과	저축 납입 금액이 많은 순
	전용 40m² 이하	저축 납입 횟수가 많은 순

※ 청약저축 납입 인정액은 1개월에 최대 10만원.

김인만 부동산경제연구소 소장은 "MB정부 때 나왔던 보금자리주택도 청약통장 증여를 이용해 당첨된 사례가 꽤 있었다"며 "청약통장이 2000만 원 수준이라고 해도 당첨만 되면 사실상 그 가치가 수억원에 달하는 셈"이라고 말했습니다. 이어 "다만 민영주택 청약의 경우 가점을 위해 미리 세대합가를 해두는 경우가 많아서 청약통장 증여로 가점이 크게 올라가진 않을 것"이라며 "3기 신도시 청약 등 공공분양을 노린다면 청약통장 증여가 크게 유리할 수 있으니 부모님께 연락해 청약저축이 있는지 확인해볼 필요가 있다"고 덧붙였습니다.

모델하우스에 속지 않으려면?

— 견본주택 100% 활용법 —

새 아파트를 분양받아 입주를 손꼽아 기다리던 A씨는 3년 만에 사전 점검을 위해 아파트 내부를 둘러봤습니다. 하지만 예상 외로 방이 좁고 어두워 당혹스러움을 감추지 못했는데요. 견본주택에서 본 모습과는 영 딴판이었지요. 알고 보니 견본주택에선 꼬마 침대(기성사이즈보다 작은 견본주택용 가구)를 전시해 방을 넓어 보이게 했고 일상적으로 쓰는 조명보다 더 밝은 조명과 화려한 전시품을 이용했던 것! 견본주택에 현혹돼 청약을 결정했던 A씨는 좀 더 꼼꼼하게 따져보지 못한 것을 후회했습니다.

아파트 청약에 앞서 거쳐야 할 관문 중 하나가 견본주택 방문인데요. 단지 모형도와 내부 유니트 관람이 가능하고 청약 상담도 받을 수 있어 청약 여부를 가르는 결정적 단계이기도 합니다.

하지만 견본주택을 곧이곧대로 믿다가 낭패를 보는 청약자들도 있는데요. 견본주택은 말 그대로 '전시용'으로, 좋은 점만 부각해 실상이 가려질 때가 종종 있기 때문이지요. 좀 더 효과적으로 견본주택을 활용할 수 있는 방법을 정리해봤습니다.

STEP1. 견본주택 가기 전 준비할 것은?

우선 관심 있는 아파트의 견본주택 개관일을 확인해둡니다. 시행사들은 보통 일주일 전에 분양 홈페이지, 뉴스 기사 등을 통해 확정된 일정을 공고하는데요. 통상 견본주택 개관일 1~2일 전이나 당일엔 입주자 모집공고가 나옵니다. 입주자 모집공고는 청약 정보가 밀집돼 있는 대표적인 정보이기 때문에 충분히, 꼼꼼하게 숙지하는 게 좋겠습니다.

공고에 나온 분양가, 공급 물량, 주택 타입, 청약 특이사항, 유상옵션 품목 등을 확인해 보고 본인의 청약 자격 및 분양을 원하는 주택 타입 등을 살펴봐야 합니다. 이때 분양가가 다른 아파트에 비해 높게 책정되진 않았는지, 옵션을 시공하는 주체가 시공사인지 조합인지 등도 따져봐야 하지요. 여기서 궁금한 사항이나 더 자세히 알고 싶은 부분이 있다면 기억해뒀다가 견본주택에 가서 현장 상담을 받도록 합니다.

사이버 모델하우스도 미리 봐두는 게 좋습니다. 현장 모델하우스에 전시된 유니트를 360도로 촬영해 방이나 거실뿐만 아니라 천장·바닥·복도 등도 자세히 들여다볼 수 있거든요. 견본주택 현장은 인파가 몰려 정신이 없으니 사전에 방의 구조, 옵션 등을 미리 숙지해두면 불필요한 동선을 줄일 수 있습니다.

STEP2. 견본주택, 하나도 놓치지 말자!

견본주택에 입장해서는 로비 중앙에 위치한 단지 모형도부터 살펴보면 됩니다. 모형도는 아파트 생김새부터 방위, 주변 환경, 단지 배치도, 도로

견본주택에 비치된 침대와 책상 등의 가구는 작게 제작해 공간활용도가 넓어 보이도록 착시효과를 유발한다는 점에 유념할 필요가 있다.

등의 실제 모습을 일정한 비율로 축소해 놨기 때문에 단지의 큰 틀을 확인할 수 있습니다. 분양받으려는 동·층수, 동 배치, 동 간격, 출입구, 주차시설, 진입 여건, 커뮤니티 시설 등을 꼼꼼히 확인하고 안내 직원에게도 자세한 설명을 듣는 게 좋습니다.

단지 외부 파악이 끝났다면 내부 유니트를 확인합니다. 현관은 바닥 마감상태와 신발장의 수납공간이 충분한지를, 방은 면적, 환기, 창문 크기, 붙박이장 등을 살펴봐야 합니다. 거실은 환기와 채광, 아트월과 벽지·마감재, 시스템 에어컨 등을 주의 깊게 보고, 욕실은 바닥 마감재, 세면대와 욕조 크기, 환기 시설 등을 확인해야 합니다.

특히 견본주택은 모든 타입이 확장형으로 전시되기 때문에 바닥에 점선으로 확장 면적 표시를 해 놓는데, 확장하지 않았을 경우의 크기도 눈여겨봐야 합니다. 아울러 침대와 책상 등의 가구는 견본주택용으로 작게 제작해 공간활용도가 넓어 보이도록 착시효과를 유발하기 때문에 공간파악에도 신경써야 하지요.

단지 내·외부를 꼼꼼히 살폈다면 청약 상담석으로 갑니다. 대출 가능 여부, 무주택 여부, 희망 평형 등을 명확하게 확인하고 맞춤 상담을 받도록 합니다. 상담 순서를 기다리면서 현장에 온 예비 청약자들과 대화를 나눠보는 것도 좋습니다. 내가 놓친 부분은 없는지 청약 분위기는 어떤지 감이 옵니다.

STEP3. 실제 현장 답사 ⋯⋯ '발품'도 필수

견본주택만 봤다고 안심해선 안 됩니다. 실제로 아파트가 들어서는 곳을 가봐야 입지 환경을 제대로 파악할 수 있거든요. 대개 견본주택은 집객효과를 위해 교통 접근성이 좋고 쾌적한 곳에 들어서기 때문에 실제 현장과는 분위기가 다를 수 있습니다. 특히 견본주택이 분양현장과 가깝지 않다면 직접 현장에 가서 철탑, 전봇대, 구릉지, 경사도 유무 등을 확인해야 합니다.

역세권이라면 단지에서 도보로 얼마나 걸리는지 걸어보는 것도 좋습니다. 시행사들은 보통 '역에서 걸어서 5분 거리' 등으로 표현하지만 일부는 과장해서 광고를 하기도 하거든요. 단지 규모가 클 경우 단지 내에서도 동에 따라 역과의 거리가 다를 수 있으니 직접 거리를 파악하는 것을 추천합니다. 단지 가는 길에 유해시설은 없는지, 치안은 괜찮은지 등도 함께 확인할 수 있습니다.

실제 경기도 수원의 A아파트 견본주택을 방문할 당시의 일입니다. 견본주택에 전시된 주택은 그야말로 '살고 싶은 집'이었는데요. 단지 모형도나 위치도를 봐도 교통, 학군, 생활 인프라 등을 모두 갖췄고 유니트도 확장형으로 전시돼 평형에 비해 넓어 보였지요.

하지만 실제로 가서 확인한 사업부지는 견본주택에서 안내된 모습과는 영 딴판이었습니다. 단지 인근에 유흥업소를 비롯한 각종 유해업소가 즐비했고, 도로 정비도 안 돼 있었지요. 자녀가 있는 집이라면 큰 변수가 될 만한 요소들입니다.

　현장 탐방이 끝났다면 인근 부동산 중개업소에 방문해 보는 것도 괜찮습니다. 동네와 단지를 누구보다 잘 아는 '재야의 고수'들도 꽤 있으니 이들의 조언도 참고할 만합니다. 재건축 · 재개발 아파트라면 조합원 급매물 등을 확인해보고 분양가와 비교해볼 수 있습니다. 인근 아파트의 시세나 동향 등도 파악해볼 수 있지요.

　이 밖에도 미처 확인하지 못한 사항이 있다면 분양 홈페이지나 전화문의를 통해 질문하고 관련 기사나 임장 후기 등도 확인해 현명하게 내 집 마련을 준비해 봅시다!

견본주택을 곧이곧대로 믿다가 낭패를 보는 청약자들이 적지 않다. 견본주택은 말 그대로 '전시용'으로, 좋은 점만 부각해 실상이 가려질 때가 종종 있기 때문이다. 특히 견본주택은 모든 타입이 확장형으로 전시되기 때문에 거실이나 주방 바닥에 점선으로 확장 면적 표시를 해 놓는데, 확장하지 않았을 경우의 크기도 눈여겨봐야 한다.

끝날 때까지 끝난 게 아니다

── 새 아파트 '하자보수' 어디까지 받을 수 있나? ──

'콘센트에서 물 새고, 벽지에 곰팡이 피고……'

어렵사리 마련한 새 아파트에서 이런 상황을 마주한다면 속이 시커멓게 타들어 갈 듯 한데요. 안타깝게도 새 아파트 하자 논란은 전국 곳곳에서 끊임없이 발생하고 있습니다. 참 이상합니다. 입주자 사전점검 제도나 하자보수 신청기간도 따로 있는데 말입니다. 2021년부터는 법으로 하자보수에 대한 '강제성'까지 부여했지만 문제가 좀처럼 해소되지 않고 있지요. 일각에선 하자를 미리 발견해 조치를 취하려면 준공 후 분양하는 방법밖에 없다는 의견이 나오는데요. 과연 그럴까요.

 하자보수 안 해주면? 가구당 과태료 500만원!

새 아파트 하자 논란은 잊을만하면 터지곤 합니다. 분리 발주, 무리한 공사기간 단축 등으로 이른바 '날림공사'를 한 게 문제로 지적됐는데요. 이렇게 발생한 하자를 보상하는 과정도 순탄치 않았습니다. 과거에는 하자보수 절차만 있고 법적 강제성이 없었거든요. 단지마다 입주자 사전방문 기간, 하자보수 무료신청 기간 등도 다르고요. 이런 절차를 잘 지키는 시공사가 있는가 하면 하자를 지적받아도 무상보수 기간이 지날 때까지 보수를 차일피일 미루는 사례도 많았는데요.

이에 국토교통부는 2021년 1월 24일부터 '주택법' 개정을 통한 '공동주택 입주예정자 사전방문 및 품질점검단 제도'를 운영키로 했습니다. 시공사는 입주시작 45일 전까지 입주예정자 사전방문을 2차례 이상 실시해야 하는데요. 이로써 입주예정자가 지적한 사항에 대한 조치계획을 세워 시장 · 군수 · 구청장 등 사용검사권자에게 제출해야 합니다.

지적된 하자는 입주 전까지 보수공사를 해야 합니다. 다만 철근콘크리트 균열, 철근 노출, 침하, 누수 및 누적, 승강기 작동 불량 등 중대한 하자에 대해서는 사용검사를 받기 전까지 조치하면 됩니다. 만약 사용검사 전 중대하자가 해결되지 않을 경우 사용검사권자는 사용승인을 내주지 않을 수 있습니다. 건설사가 불가피한 사유로 기한을 넘겨 보수해야 한다면 사용검사권자가 인정하는 사유가 있어야 합니다.

입주 전에 보수가 완료된다는 점에서 입주예정자들의 평가가 좋았는데요. 그동안은 사전방문 때 하자를 발견해도 수리 날짜를 협의해서 입주 후에 진행하는 경우가 많았거든요. 준공 후 일정기간 단지에 상주하는 수리 서비스를 이용할 때도 선착순이라 예약해서 수리받기까지 시간이 꽤 걸렸습니다.

무엇보다 하자점검 체크리스트를 찾아 헤매지 않아도 돼 성가신 일도 덜었습니다. 아파트 입주 전 문제가 없는지 점검해 봐야 할 부분들을 나열해

놓은 목록인데요. 과거에는 입주자 협회에서 제공한 체크리스트를 참고하거나 개인이 인터넷에서 찾아보곤 했지만, 지금은 사업주체가 '표준 사전방문 체크리스트'를 참조해 입주예정자에게 리스트를 제공합니다.

사업주체가 조치계획에 따라 조치를 하지 않은 경우에는 500만원의 과태료가 부과됩니다. 이때 과태료는 '가구당' 부과되기 때문에 시공사 입장에선 부담스러울 수 있습니다. 공동주택 공용공간은 각 시·도지사가 공동주택 품질점검단을 구성해 운영하는데요. 시공사가 하자가 아니라고 주장할 경우 품질점검단에 자문해 하자 여부를 판단할 수도 있습니다.

철근 빼먹고, 전면 재시공까지

앞으로는 공동주택의 내부공사가 모두 완료돼야만 입주자 사전점검이 가능해질 전망입니다. 사전방문 기간 중에도 세대 내부공사가 완료되지 않아 입주자가 하자 여부를 제대로 점검할 수 없다는 민원이 있었거든요.

2021년부터 코로나19, 러시아-우크라이나 전쟁 등에 따라 자재난이 심화하자 일정대로 공사기간을 못 맞춘 단지들이 늘어난 탓으로 풀이됩니다. 국토교통부는 2023년 3월 국토교통 분야 규제 개선 건의 과제 중 하나로 내부공사 완료 시에만 사전점검이 가능토록 추진키로 했습니다.

다만 사업주체 및 시공사는 최근 건설자재 수급 불안과 파업 등 외부요인으로 공사가 지연됨에 따라 이 같은 부담을 낮출 수 있도록 사전방문 일정을 최대 15일까지 조정할 수 있게 했습니다. 보수 기한도 6개월로 명확히 했습니다. 아울러 부실시공을 막기 위해 지자체 품질점검단이 하자 조치 결과를 검토하도록 개선했지요. 지자체별로 운영 중인 품질점검단

| 공동주택 하자분쟁 조정 신청 건수 | [단위 : 건]

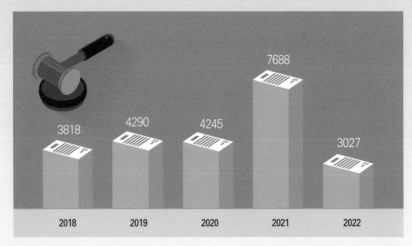

- 2018 : 3818
- 2019 : 4290
- 2020 : 4245
- 2021 : 7688
- 2022 : 3027

자료 : 하자심사 · 분쟁조정위원회

| 대형 건설사 공동주택 국토교통부 하자판정 순위 | [단위 : 건]

[2019~2023년 기준, ( ) 안은 2023년 시공능력평가 순위]

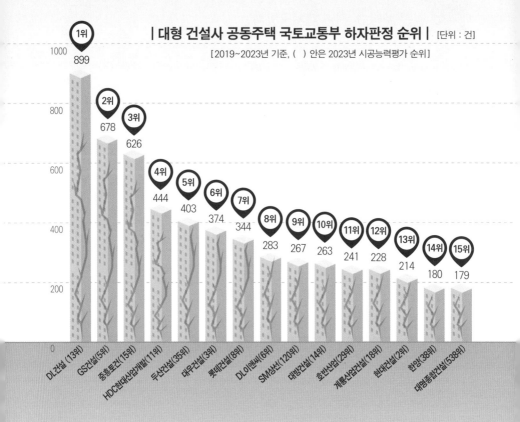

- 1위 : 899 — DL건설 (13위)
- 2위 : 678 — GS건설(5위)
- 3위 : 626 — 중흥토건(15위)
- 4위 : 444 — HDC현대산업개발(11위)
- 5위 : 403 — 두산건설(35위)
- 6위 : 374 — 대우건설(3위)
- 7위 : 344 — 롯데건설(8위)
- 8위 : 283 — DL이앤씨(6위)
- 9위 : 267 — SM상선(120위)
- 10위 : 263 — 대방건설(14위)
- 11위 : 241 — 호반산업(29위)
- 12위 : 228 — 계룡산업건설(18위)
- 13위 : 214 — 현대건설(2위)
- 14위 : 180 — 한양(38위)
- 15위 : 179 — 대명종합건설(538위)

의 활동 범위를 토목, 골조공사 등으로 확대해 중대 하자 여부도 점검할 수 있도록 했습니다.

갈수록 하자보수에 대한 제도가 개선되는 듯한데요. 그럼에도 하자분쟁은 끊이질 않습니다. 국토교통부 하자분쟁위원회 하자접수 건수를 보면 2010년만 해도 69건에 불과했던 것이 2015년 4000건을 돌파(4246건)했지요. 지난 2019년에는 4290건으로 역대 최대치를 기록하더니 2년 만인 2021년 7688건으로 사상 최대치를 갈아치웠습니다. 그러다 2022년엔 3027건, 2023년 상반기 1290건 등 감소세로 돌아서는 모습인데요.

하지만 중대 하자에 따른 아찔한 사고들이 잇달아 나타나면서 하자 우려가 점점 '하자 공포'로 커지고 있습니다. 2022년 1월 11일 광주시 서구에서 신축 공사 중이던 화정아이파크 아파트 2동 건물이 붕괴돼 총 6명의 사망자가 발생했고요. 2023년 3월 서울역 센트럴자이 아파트 하부 필로티 벽체의 대리석 일부가 파손됐습니다. 이어 같은 해 5월에는 인천 검단 신도시에서 '검단 AA13-2 블록' 단지 내 주차장이 무너져 내렸지요. 화정아이파크는 붕괴 원인이 단순 하자 시공으로 보기만은 어렵고 서울역 센트럴자이도 시공사 측에서 하자가 아니라고 부인했는데요. 검단의 경우는 공사 중 철근이 누락됐음을 시공사인 GS건설이 인정하면서 전면 재시공 결정을 하기도 했습니다.

가장 마음 편해야 할 '집'에서 이러한 하자문제가 나오니 입주예정자들의 우려도 깊어집니다. 어렵게 새 아파트를 장만했다고 해도 '끝날 때까지 끝난 게 아니다'라는 불안감을 지울 수 없습니다.

'내 거인 듯 내 거 아닌' 아파트 '등기' 전쟁

—— 등기, 아파트 출생신고에 관하여 ——

'아직 등기가 안 된 아파트를 매수해도 괜찮을까요?'

재건축 · 재개발 아파트 매매시장에서 종종 나오는 질문입니다. 정비사업은 각종 변수로 등기가 지연되는 경우가 더러 있는데, 등기를 완료해야만 매매나 대출을 안정적으로 실행할 수 있습니다. 등기가 안 나면 여러모로 불편해지는데요. 입주가 완료됐는데도 등기가 미뤄진 단지의 수분양자들이 조합을 상대로 집단소송에 나서는 사례가 종종 나타나는 이유이지요. 입주자들이 왜 이렇게까지 '등기!'를 외치는 걸까요.

내 것이라는 법적 확인서

정비사업의 경우 입주 완료 후 이전고시 신청, 조합청산 순으로 사업이 마무리되는데요. 여기서 등기는 '이전고시'가 확정됐을 경우를 말합니다.

입주가 끝나면 조합이 관리처분총회를 거쳐 해당 구청에 이전고시 신청을 하고, 구청이 토지 측량 등 각종 검토를 해서 이전고시를 확정하면 조합의 '소유권 보존등기'가 완료됩니다. 이 다음날부터 개인이 '개별등기'를 할 수 있지요.

입주자 입장에선 등기가 빠를수록 좋습니다. 그래야만 이 집이 '내 것'이라는 법적인 권리가 생기는 겁니다. 이때부터 실질적인 재산권 행사가 가능하고요. 한때 인기 있었던 노래 가사에 '내 거인 듯 내 거 아닌 내 거 같은 너~'라는 표현이 있는데요. '등기 이전의 내 집'이 딱 여기에 해당합니다.

'도시 및 주거환경정비법'(이하 '도시정비법')에 따르면 이전고시는 '공사의 완료 고시로 사업시행이 완료된 이후에 관리처분계획에서 정한 바에 따라 정비사업으로 조성된 대지 및 건축물 등의 소유권을 분양받을 자에게 이전하는 행정처분'입니다. 이전고시가 돼야 소유권 취득, 대지 및 취득물에 대한 권리 확정이 되는 겁니다.

물론 미등기 상태라고 해도 보유기간이나 거주기간 등은 인정이 됩니다. 하지만 불안하고 불편한 일들이 한두 가지가 아닙니다. 우선 미등기 아파트는 공시가격을 확인할 수 없습니다. 공동주택 공시가격은 세금 부과의 바로미터 격이라 소유주라면 관심이 높은 부분인데요. 등기를 친 다음 해부터 공시가격을 열람할 수 있습니다.

매매도 어렵습니다. 등기가 안 나면 소유자 확인이 번거롭지요. 매수인 입장에서는 바로 재산권 행사가 어려우니 꺼려질 수밖에요. 규제 지역의 경우 소유권 등기 시까지 분양권 전매가 안 되는데요. 암암리에 거래가 되는 경우가 있긴 합니다. 최초 계약자(수분양자) 명의로 등기를 했다가 다시 매수인 명의로 소유권을 이전하는 방식으로요. 불법인데다 거래 과정이 번거로워서 시세보다 저렴하게 매도하는 편인데요. 하지만 매수인 입장에서 리스크가 높고 등기 전이라 근저당 설정이 안 돼서 담보대출까지 불가능하니 거래가 잘 안되겠지요.

세금 부담으로 이어질 수도 있습니다. 다주택자의 경우 과세기준일 전에 팔아야 세금 부담을 줄일 수 있는데, 미등기 아파트는 처분이 안 되기 때문에 자칫 '세금 폭탄'을 맞을 수 있거든요. 또 공시가격이 없으면 지자체별로 공시가격에 준하는 기준을 마련해 세금을 부과하는데요. 이후에 등기가 완료돼서 그 다음 해부터 가격이 공시될 경우 그동안의 시세 상승분이 한꺼번에 반영되는 경향이 있어서 체감 세 부담이 커질 수 있습니다.

🔍 등기 못 쳐 손해 …… 물어내!

이런 불편에도 재건축·재개발 아파트 중에는 조합 내부 갈등이나 분담금 산정 지연 등의 이유로 등기가 미뤄지는 경우가 많은데요. 대표적인 곳이 서울 성동구 행당4구역을 재개발한 행당두산위브입니다. 이 아파트는 땅주인들과의 갈등이 지속되면서 입주 8년 만에 등기를 완료했습니다.

마포구 아현4구역 재개발 공덕자이(2015년 입주)는 무려 6년 동안이나 등기가 나지 않았습니다. 은평구 불광동 불광4구역을 재개발한 불광롯데캐슬이 입주 후 등기를 치기까지 5년, 중구 만리동2가 서울역센트럴자이(2017년 입주)는 4년, 동대문구 전농동 래미안크레시티는 3년이나 걸렸습니다.

그러자 수분양자를 중심으로 조합 측에 손해배상을 요구하는 집단소송이 줄을 잇고 있습니다. 일반분양자 입장에선 뿔이 날 수밖에 없지요. 특히나 매매를 염두에 두고 있는 분양자라면 더욱 마음이 급할 테고요.

9510가구에 달하는 대규모 단지인 송파구 헬리오시티(가락시영 재건축)도 과거 등기가 늦어지면서 수분양자들을 중심으로 조합 측에 "제때 아파트를 팔지 못해 손해를 봤다"며 소송을 제기했습니다. 마포자이3차도 입주 2년이 넘도록 등기가 이뤄지지 않으면서 등기 지연 단체소송이 제기된 바 있습니다. 래미안장위포레카운티는 2022년 수분양자 194명이 조합을 상대로 등기 지연에 대한 책임을 묻는 소송을 걸어 승소하기도 했지요.

하지만 승소해도 입주자들의 불편이나 손해에 비해 배상금은 미미한 수준입니다. 래미안장위포레카운티 일반분양자가 승소해 판결이 확정되면 받을 수 있는 금액은 총 4억여원으로 1인당 100만~300만원 수준에 불과했지요. 분양권 매수를 계획하고 있다면 내 집을 마련하고도 재산권을 행사하지 못하는 상황에 처하지 않도록 등기 여부를 잘 살펴야겠습니다.

아이 낳으면
내 집 마련 문턱 낮아져요

── 신생아 특공 신설, 2명도 다자녀 ──

'2022년 합계출산율 0.78명, 신생아 수 24만 9000명.'

저출산의 흐름이 갈수록 심각해지고 있습니다. 지난 2022년은 출산율과 신생아 수 모두 역대 최저 수준을 기록했는데요. 비혼과 만혼이 심화하는 와중에 결혼을 하더라도 출산은 하지 않는 경향까지 강해지고 있다고 하네요.

정부는 저출산을 타개하기 위한 방안 중 하나로 주거 지원 대책을 마련했습니다. 지난 수년간 집값이 크게 오르면서 주택 마련 부담이 커졌는데요. 이는 결국 결혼을 주저하는 요인으로 작용하고 있다는 판단에 따른 겁니다.

그간 출산 장려 주택 정책이 기혼 가구에 혜택을 줘서 간접적으로 출산을 장려했다면 이번에는 혼인 여부와 관계없이 출산에 대해 직접적으로 혜택을 부여했다는 점이 가장 큰 특징입니다. 집 때문에 출산을 망설이는 부부들에게 도움을 주겠다는 겁니다.

아이가 2세 이하면 '신생아' ...... 6세 이하면 '신혼'

대책은 크게 세 가지 분야로 나뉩니다. '주택 공급'과 '금융 지원', '청약
제도 개선'입니다. 먼저 정부는 2024년 3월부터 출산가구에 연 7만가구를
공급하겠다는 계획을 내놨습니다. 특히 신생아 특별(우선)공급을 신설했다
는 점이 눈에 띄는데요.

공공분양 '뉴:홈'(윤석열정부의 공공분양주택 브랜드)에 신생아 특별공급으로
연 3만가구를 공급할 계획입니다. 혼인 여부와 무관하게 자녀 출산 시 특
별공급을 신청할 수 있다는 점이 눈에 띕니다. 민간분양의 경우 기존 생
애최초·신혼부부 특별공급 물량에서 20% 가량을 출산가구에 우선 공
급합니다. 연 1만가구 규모입니다. 공공·민간 분양 모두 입주자 모집 공
고일로부터 2년 이내 임신·출산을 증명할 수 있으면 됩니다. 2세 이하의
자녀가 있다면 신청할 수 있다는 의미입니다.

신생아 특공은 기존 생애최초·신혼부부 특공 물량을 일부 빼내서 만
드는 건데요. 특공 물량 자체를 늘리는 게 아니라는 의미입니다. 민간분
양의 신생아 특공도 생애최초·신혼부부 물량에서 배정하는 방식이지요.
결국 자녀가 있다면 청약 선택지가 더 넓어지는 거로 이해하면 되는데요. 6세
이하의 자녀가 있다면 '신혼 특공'을, 2세 이하라면 '신생아 특공'을 선택하는 식

| 저출산 극복 위한 주거지원 방안 |

출산가구 주택 공급	공공·민간분양 및 공공임대 신생아 특별(우선)공급 신설.
출산가구 금융 지원	신생아 특례 주택 구입·전세자금 대출 도입.
청약제도 개선	• 다자녀 기준 완화 및 부부 개별 신청 허용 등 청약 기회 확대. • 공공분양 소득기준 완화. • 청년 특공(공공지원민간임대) 혼인 규제 개선.

입니다. 자녀가 나이가 많은데 주택을 보유한 적이 없다면 '생애 최초'를 선택할 수 있겠습니다.

민간분양의 경우 기존 생애최초·신혼부부 특별공급 물량에서 20% 가량을 출산가구에 우선 공급합니다(연 1만가구 규모). 공공·민간 분양 모두 입주자 모집 공고일로부터 2년 이내 임신·출산을 증명할 수 있으면 되는데요. 2세 이하의 자녀가 있다면 신청할 수 있다는 의미이지요.

공공임대 방식으로도 3만가구를 공급하는데요. 자녀 출산 시 신규 공공임대를 우선 공급하고 기존 공공임대 재공급 물량에 대해서도 출산가구를 우선 지원한다고 합니다.

2024년 1월부터는 주택 구입이나 임대에 필요한 자금을 '신생아 특례 대출'을 통해 최대 5억원까지 저리로 받을 수도 있습니다. 소득이 1억 3000만원 이하인 가구면 이용할 수 있습니다. 주택가격 기준은 9억원 이하, 대출 한도는 5억원입니다. 소득에 따라 연 1.6~3.3%의 특례 금리를 5년간 적용합니다.

신생아 특례 전세자금 대출도 있습니다. 소득기준은 신생아 특례 대출과 같은데요. 보증금 기준은 수도권 5억원, 지방 4억원 이하입니다. 대출 한도는 3억원입니다. 소득에 따라 특례 금리 연 1.1~3.0%를 4년간 적용합니다.

🏠 2명도 다자녀 특공 ······ 소득·자산 요건도 완화

청약 제도도 바뀝니다. 특히 다자녀 기준이 완화되는 게 눈에 띄는데요. 이제는 자녀가 2명이라도 다자녀로 인정해줍니다.

2023년 11월부터 기존 3자녀 이상인 공공분양 다자녀 특별공급 대상을

2자녀 가구로 확대해 적용합니다. 자녀가 있으면 소득 · 자산 요건을 완화해주기도 합니다. 그만큼 지원 기회가 확대되는 건데요. 공공임대나 분양 모집 때 자녀 1인당 10%포인트씩 완화됩니다. 2자녀 이상은 최대 20%포인트까지고요. 2024년 3월부터는 민간분양 청약 때도 2명을 다자녀로 인정해줍니다.

이 밖에 기존 제도에서는 2인 가구의 소득 기준이 1인 가구 소득 기준의 2배보다 낮아 맞벌이 신혼부부는 미혼일 때에 비해 청약 시 불리하다는 지적이 많았는데요. 앞으로는 공공주택 특별공급(신혼 · 생애최초 등) 시 추첨제를 신설해 맞벌이가구는 월평균 소득 200% 기준을 적용하겠다는 방침입니다. 2023년 기준 도시근로자 가구당 월평균 소득이 651만원이라는 점을 고려하면 1032만원 이하면 신청할 수 있는 셈입니다.

아울러 지금까지는 같은 날 발표하는 청약에 남편과 아내가 각각 신청해 중복 당첨될 경우 둘 다 무효 처리가 됐는데요. 앞으로는 중복 당첨 시 먼저 신청한 건은 유효 처리해 주기로 했습니다.

배우자의 이력을 적용하지 않는 방안도 내놨습니다. 그간 청약 신청자가 주택 소유 이력이 없어도 배우자가 주택 소유 혹은 청약 당첨 이력이 있으면 특공 신청을 하지 못했는데요. 앞으로는 배우자의 결혼 전 주택 소유나 청약 당첨 이력은 배제합니다. 다만 청약 시점 때는 부부 모두 무주택이어야 합니다.

공공지원 민간임대주택 청년 특공 당첨 시 입주기간 동안 미혼을 유지하도록 해 혼인을 막는다는 지적이 많았는데, 앞으로는 입주 계약 후 혼인해도 입주와 재계약이 가능하도록 개선합니다.

CHAPTER · 3

믿을 건
'투자안목' 밖에 없다

아파트 투자안목을 키우는 핵심 포인트

은마아파트를 6억원에
살 수 있었던 이유

—— 강남3구 아파트 경매 타이밍 분석 ——

"3000만원 최고 응찰, 3000만원, 3000만원, 낙찰입니다. 땅!"

'경매'하면 미술 작품 등을 놓고 경쟁하듯 가격을 높게 불러 구매하는 장면이 떠오를 듯합니다. 창작물이나 소비재뿐 아니라 아파트 같은 부동산 또한 경매 거래가 활발히 이뤄지고 있는데요. 아파트 경매는 가격이나 규제 등에서 상대적으로 문턱이 낮아 꾸준히 수요가 있습니다. 하지만 주택 매수심리가 꺾인 부동산 하락기 때는 경매시장도 찬바람이 불기 마련이지요. 투자자들 사이에선 '이때 사야 된다!'고 판단하기도 하는데요. 아파트 경매, 지금 들어가도 괜찮을까요.

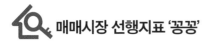 **매매시장 선행지표 '꿈꿈'**

경매는 구매 희망자(입찰자)가 원하는 가격을 적어내면 그중 최고가를 적

은 입찰자에게 판매(낙찰)하는 방식인데요. 아파트 경매의 경우 주로 법원에서 압류한 채무자의 부동산이 물건으로 나옵니다. 최고가를 제시한 사람에게 해당 부동산을 판매하고 그 대금으로 채권자의 금전채권을 충당하는 식인데요. 입찰기일이 되면 법원이 매각 절차를 진행하는데, 이때 최고액을 적은 매수 신고인이 낙찰을 받은 뒤 잔금을 납부하고 소유권이전등기를 마치면 최종 취득이 완료됩니다.

경매로 취득한 물건은 전매 제한이 없고 경우에 따라선 유찰 등으로 인해 낙찰가가 시세 대비 저렴해 꾸준히 수요가 있습니다. 특히 부동산 상승기에 인기가 많지요. 경매시장은 감정이 보통 입찰 8~12개월 전에 진행돼 부동산시장의 '선행 지표'로 인식되기도 합니다. 입찰 시점에 부동산시장이 상승기면 향후 시세차익 기대감으로 경매에 경쟁이 붙으면서 낙찰가율(감정가 대비 낙찰가 비율)이 100%를 넘기곤 하지요.

반대로 부동산 하락기에선 감정가가 비싸다는 인식과 매수심리 하락

| 서울 아파트 낙찰률 추이 |

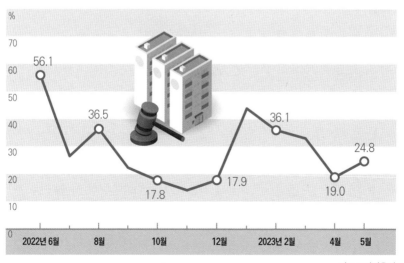

자료 : 지지옥션

등으로 낙찰가율, 낙착률(입찰물건 중 낙찰자가 결정된 물건 수의 비율)이 모두 떨어집니다. 낙찰률 하락은 유찰에 따른 가격 하락을 기대하고 응찰하지 않는 이들이 많아진다는 의미이기도 한데요. 2022년부터 이런 분위기가 이어지고 있습니다. 치솟는 금리에 집값 고점 인식, 대출 규제 등으로 주택 매수심리가 꺾인 탓입니다.

법원경매 전문업체 지지옥션에 따르면 2022년 6월만 해도 서울 아파트 경매낙찰률이 56.1%에 달했는데요. 7월엔 26.6%로 반 토막 났습니다. 이는 경매 4건 중 한 건만 주인을 찾았다는 뜻으로, 글로벌 금융위기 직후인 2008년 12월(22.5%)과 비슷한 수준인데요. 부동산 한파가 지속되자 같은 해 11월엔 낙찰률이 14.2%까지 곤두박질쳤습니다. 2023년 들어선 1월 44.0%까지 올랐지만 차츰 떨어져 4월엔 다시 19.0%까지 떨어졌고요. 여전히 경매시장의 한파가 풀리질 않는 분위기입니다.

경매도 '옥석 가리기' …… 투자 괜찮을까

그런데 이 찬바람 속에서도 훈풍이 부는 곳이 있습니다. 바로 강남권인데요. 강남권은 낙찰률이 꺾이기 시작한 2022년에도 뜨거웠습니다. 2022년 7월 강남구 삼성동 롯데캐슬프리미어, 송파구 잠실동 아시아선수촌아파트 등은 응찰자 수가 각각 10명이 넘었습니다. 같은 해 6월 기준 서울 아파트 평균 응찰자 수가 3명(지지옥션 통계)이었던 점을 감안하면 경쟁이 높은 수준인데요. 롯데캐슬프리미어 전용면적 213㎡는 당시 시세와 비슷한 가격인 40억2899만9000원에 낙찰돼 낙찰가율 139%을 기록했습니다.

2023년에도 경매로 나온 강남3구(강남·서초·송파) 아파트에 수십 명의

응찰자가 몰려들었습니다. 5월 경매에 나온 강남구 대치동 은마아파트 전용면적 84㎡엔 45명이 입찰했는데요. 심지어 시세보다 2억원 높은 25억 5300만원에 주인을 찾았습니다.

이들 물건은 토지거래허가구역에 위치한다는 점에서 경쟁에 불을 지핀 것으로 분석됩니다. 삼성동과 잠실동은 토지거래허가구역으로 묶여 있어 일정 면적 이상의 부동산을 살 때 지자체에 허가를 받아야 하고 주택은 실거주용으로만 살 수 있는데요. 그러나 법원 경매 물건은 토지거래허가 규제를 적용받지 않아 주택을 낙찰받아 전·월세로 놓을 수 있습니다.

시장에서는 '옥석 가리기'가 심화하는 모습인데요. 일각에선 부동산 하락기에 경매가가 떨어질 때 잡아야 한다는 의견이 나오기도 합니다. 과거 금융위기 이후 2013년 은마아파트 전용면적 76㎡(감정가 8억5000만원)가 7년 만에 처음으로 6억원대에 낙찰됐는데, 불과 2년만에 시세가 10억원대로 올랐고 5년 뒤엔 20억원대에 육박했거든요.

다만, 저렴한 경매 물건일수록 유찰 이유 등을 정확히 파악하고 신중히 투자할 필요가 있다는 '신중론'도 있습니다. **윤수민 NH농협은행 부동산전문위원**은 "경매는 저렴한 주택 구매가 가능해 내 집 마련 목적으로도 시도를 많이 한다"면서도 "하지만 저점 매수에만 집중하다가 권리분석에 소홀해지는 경우가 있는데, 유찰된 물건이라면 왜 유찰이 됐는지 등을 따져보고 입지 분석, 지역 부동산시장 흐름 등을 잘 살펴보고 신중히 투자해야 한다"고 권고했습니다.

규제가 심할수록
토지 투자에 나선다고?!

——— 다주택자가 땅을 좋아하는 이유 ———

'아파트, 단독주택, 다가구주택, 상가주택, 주택 부속 토지, 무허가건축물, 공장, 도로부지, 임야, 나대지……'

재개발구역에서 볼 수 있는 물건들인데요. 이중 부동산 규제가 심해질수록 투자자들의 관심을 받는 물건이 있습니다. 바로 주택 부속 토지, 도로부지, 임야, 나대지 등의 '토지' 물건인데요. 주택 수에 포함이 안 되기 때문에 규제를 피하는 '대안 투자처'로 여겨지거든요. 그럼 입주권이 안 나오는 것 아니냐고요?

이 부분이 좀 까다로운데요. 같은 토지여도 필지나 분할 시기 등에 따라 '물딱지'(입주권이 나오지 않는 매물)가 될 수도 있기 때문에 토지 투자를 고려하고 있다면 꼼꼼히 확인할 필요가 있습니다.

부동산 규제 피해 간 곳은 '토지'

'도시 및 주거환경정비법'(이하 '도시정비법')에는 재개발 입주권을 받을 수 있는 분양 대상자가 '토지 등 소유자'라고 명시돼 있는데요. 이는 토지 및 주택(무허가건축물 포함)을 소유한 자를 말합니다. 통상 주택은 '주택＋토지'로 거래되고요. 땅 위에 주택이나 건축물이 없는 부지도 토지라고 보는데요. 토지 매물로는 주택 부속 토지, 도로부지, 나대지, 임야 등이 대표적입니다.

주택 부속 토지는 주택에 딸린 토지를 쪼개 나눈 것이고요. 도로부지는 공용 도로 또는 사도가 있습니다. 나대지는 건물이 철거된 부지나 주차장 부지가 대표적이고, 임야는 숲이나 들을 말하지요. 아무래도 건물과 토지를 동시에 소유할 수 있는 주택의 가치가 높은데요.

특히 부동산 규제가 심해질수록 토지 투자가 주목을 끕니다. 토지는 주택 수에 포함이 안 되기 때문이지요. 통상 집값이 급등하는 시기에는 다주택자에 대한 규제를 강화하면서 청약, 세금 등에 부담이 가중되기 마련인데요. 문재인정부 때는 다주택자의 경우 취득세 최고 12%, 종부세 최고 6%, 양도세 최고 72%의 세율이 적용됐습니다. 이후 윤석열정부 들어

2022년 취득세 최고 6%, 종부세 최고 5%로 완화됐지요.

반면 재개발 토지는 입주권이 나오더라도 해당 구역이 관리처분인가가 나기 전까지는 주택 수에 포함되지 않기 때문에 종부세 부담이 없습니다. 취득세 세율도 주택 수와 관계없이 4.6%고, 자금조달계획서 작성의무도 없습니다.

토지라고 다 같은 토지가 아냐

그렇다고 토지 매물 모두 입주권이 나오는 건 아닙니다. 지역마다 조례에 따라 입주권 기준이 다른데요. 서울의 경우 재개발 구역 내 90m² 이상의 토지를 소유하면 입주권을 받을 수 있습니다. 다수의 필지를 합쳐서 90m² 이상이 돼도 가능하고요. 이 점을 이용해 작은 면적의 토지가 비싸게 거래되

| 입주권이 나오는 재개발 토지 매물 |

입주권 대상	종전토지의 총면적이 90m² 이상일 경우(다수의 필지를 합쳐서 90m² 이상이 되어도 가능, 도로부지의 경우 현황·지목 둘 다 도로여도 가능). 종전토지의 총면적이 30~90m² 미만일 경우 - 2003년 12월 30일 이전에 분할된 1필지의 토지여야 함. - 도로부지의 경우 현황과 지목 둘 중 하나는 대지(둘 다 도로일 경우 현금청산)여야 함. - 세대 전원이 사업시행인가일부터 공사완료까지 무주택이어야 함.
장점	주택 수 미포함, 자금조달계획서 작성 의무 없음, 일반주택 매물 대비 낮은 매매가격.
단점	임대수익 없음, 감정평가 시 주택에 비해 면적 대비 낮은 평가, 90m² 이하 토지는 무주택자만 분양자격 있음.

는 경우도 있습니다. 80㎡의 토지를 갖고 있는 사람이라면 10㎡만 더 매수하면 입주권을 받을 수 있는 셈이니까요.

90㎡ 미만의 토지도 요건에 따라 입주권이 나오기도 합니다. 30~90㎡ 이하(30㎡ 미만은 현금청산)의 토지는 2003년 12월 30일 이전에 분할된 1필지의 토지여야 하고요. '사업시행인가 고시일에서 공사완료 고시일'까지 세대원 전원이 무주택을 유지해야 합니다. 또 도로부지의 경우 현황과 지목 둘 중 하나는 대지여야 합니다. 말 그대로 현황은 현재 사용하고 있는 용도, 지목은 등기부에 기재된 땅의 목적을 말하는데요. 둘 다 도로일 경우 현금청산됩니다.

토지라고 다 같은 토지가 아닌 거지요. 입주권 기준에 충족한다고 해도 구역 내 뚜껑(무허가건축물) 등 다른 부동산이 있는지 조합에 반드시 확인해야 합니다. 입주권이 나온다고 해도 임대수익을 낼 수 없고 감정평가 시 주택에 비해 면적 대비 낮은 평가가 나오는 점 등은 단점으로 꼽히기 때문에 잘 따져봐야 합니다.

윤수민 NH농협은행 부동산전문위원은 "주택 수가 늘어날수록 세금 등의 부담이 생기기 때문에 유주택자들이 투자 대안으로 토지 물건을 찾는 경우가 많다"며 "다만 지역별로 다른 조례 내용이나 주택 부속 토지 등은 정비구역 지정 전에 분할된 물건만 입주권이 나오는 점 등을 꼼꼼히 확인해야 한다"고 말했습니다. 이어 "토지 부지는 정비구역 지정 전부터 장기투자 목적으로도 많이 거래되기 때문에 토지 물건이 많다는 건 정비사업 속도가 빠르지 않다는 방증이기도 하다"며 "입주시기, 투자 목적, 세금 부담 등을 종합적으로 살펴보고 전략적으로 접근해야 한다"고 덧붙였습니다.

연예인 산다는 비싼 아파트는 왜 '29가구' 일까?

— 가구 수 다이어트로 분양가 살찌우는 법 —

'29가구!'

분양시장에서 종종 보이는 모집 물량입니다. 30가구도 아니고 애매하게 29가구만 일반분양하는 단지들이 있는데요. 이는 규제를 피하기 위한 대표적인 수법 중 하나입니다. **30가구 미만으로 분양하면 분양가나 전매 등의 규제를 적용받지 않거든요.** 사업자 입장에서 겨우 29가구만으로 이익이 날까 싶은데요. 오히려 '고급화'에 주력해 분양가를 확 높이니까 훨씬 이득인 셈이지요.

 일반분양, 많이 할수록 좋은 거 아니었어?

'29가구 분양'은 주로 초고급 단지에서 쓰는 전략 중 하나입니다. 가구 수를 줄이는 대신 분양가와 희소성을 함께 높이면서 그야말로 '주택계의 명품'으로 마케팅 전략을 세운 건데요. 현행 '주택법'에 따르면 투기과열지구 민간택지에서 30가구 이상을 분양하면 분양가 상한제나 고분양가 심사를 받아야 합니다. 이에 30가구 미만으로 가구 수를 줄이되 평형을 키우고 고급화해서 분양가를 높이는 방식이 종종 주목을 끕니다.

유명 연예인들이 샀다고 알려진 고급 아파트나 고급 빌라가 그렇습니다. 가수 아이유가 2021년 130억원에 분양받아 화제가 된 강남구 청담동 에테르노청담은 한강변에 위치하지만 딱 한 동짜리 건물, 29가구로만 조성했습니다. 대신 전용면적 243~488㎡의 대형 평형으로만 구성하며 고급화해 평당 분양가가 약 2억원에 달했지요.

공동주택 공시가격이 전국에서 가장 비싼 단지인 강남구 청담동 PH129도 1개 동 29가구로 조성됐는데요. 배우 장동건 · 고소영 부부가 분양받았다고 알려진 아파트로, 모든 가구가 복층식이고 가구별 엘리베이터가 제공되는 고급 아파트입니다. 배우 전지현이 거주한다고 알려진 강남구 청담동 상지리츠빌카일룸도 15가구로 조성됐고요. 이 밖에 강남구 청담115는 28가구, 용산구 어반메시남산 29가구, 용산구 아페르한강 26가구, 경기 분당 한샘바흐하우스 29가구 등 주요 초고가 단지들 모두 30가구 미만으로 조성됐습니다.

이들 모두 비싼 땅에 위치하는 만큼 가구 수를 더 채워서 일반분양을 더 많이 할 수도 있었겠지만 '30가구 룰'을 지켰는데요. 분양가 규제를 받게 되면 분양가를

| '30가구 미만'으로 조성된 초고가 아파트 및 빌라 |

위치		단지명	가구 수	전용면적(㎡)
서울	강남	에테르노청담	29	243~488
		PH129	29	273~396
		청담115	28	271
		상지리츠빌카일룸	15	244
	용산	어반메시남산	29	51~114
		아페르한강	26	205~273
경기	분당	한샘바흐하우스	29	128

정하는 과정이 까다로워 사업에 변수가 될 수도 있거든요. 또 요구하는 가격에 맞추다 보면 고급화하는데도 한계가 있을 수 있고요. 가구 수가 적을수록 희소성도 높아지고 사생활 보호를 중요시하는 유명인들도 유치할 수 있으니 규제를 피할 수 있으면 피하자는 움직임이 나온 것으로 풀이됩니다.

리모델링도 '분양 다이어트' …… 분양가는 '뚱뚱'

'29가구 룰'은 리모델링시장까지 뻗쳤습니다. 현행법상 아파트 리모델링 시 기존 가구 수보다 15%까지 주택 수를 늘릴 수 있음에도 29가구만 분양하는 단지들이 늘고 있는데요. 마찬가지로 분양가 규제를 피할 수 있기 때문이지요.

나홀로아파트인 송파구 오금동 아남아파트를 리모델링한 송파더플래티넘은 2022년 29가구만 분양해 분양가 규제를 피했는데요. 그 결과 5200만원으로 평당 분양가를 책정했습니다. 2022년 1월 기준으로 송파구에서 분양된 아파트 중 최고 분양가는 2018년 11월에 나온 마천동 송파건

가수 아이유가 2021년 130억원에 분양받아 화제가 된 강남구 청담동 에테르노청담은 한강변에 위치하지만 딱 한 동짜리 건물, 29가구로만 조성한 대신 전용 243~488m²의 대형 평형으로만 구성하며 고급화해 평당 분양가가 약 2억원에 달했다.

원연미지로 평당 3071만원이었던 점을 감안하면 분양가를 거의 두 배 가까이 올린 셈이지요.

그럼에도 경쟁은 치열했는데요. 29가구 모집에 7만5382건의 청약이 접수돼 평균 경쟁률 '2599대1'을 기록했습니다. 분양가는 비싸지만 청약통장이나 주택 소유 유무에 상관없이 청약이 가능한 데다 전매 제한도 없었거든요. 게다가 실거주 의무가 없어 계약금 10%와 중도금 20%만 있으면 입주까지 잔금 처리를 미룰 수 있으니 당첨만 되면 전세보증금으로 잔금을 치를 수 있지요. 분양가 14억원으로 가정하면 4억2000만원만 현금으로 마련하면 나머지는 전세보증금으로 해결할 수 있는 셈입니다.

사업자 입장에선 이 같은 분양 방식이 '돌파구'로 작용하면서 하나의 트렌드로 자리 잡는 듯 했는데요. 부동산시장이 급변하면서 상황이 완전히 달라졌습니다. 송파더플래티넘은 2023년 수억원의 '마피'(마이너스 프리미엄)가 붙었고요. 뒤이어 분양한 송파구 잠실더샵루벤(성지아파트 리모델링)은 2021년 4월 분양 당시엔 평균 '252대1'의 경쟁률을 기록했지만 29가구 중 15가구가 계약을 포기하며 미분양 됐습니다. 시장에선 이를 '꼼수 분양의 최후'라고 보기도 하는데요. 다시 부동산 광풍이 불어오지 않는 이상 29가구 분양을 보기 힘들지 않을까 싶네요.

투기 억제수단? 집값 상승지표!

── '토지거래허가구역' 뜯어보기 ──

'내돈내산'(내 돈 주고 내가 산 제품이라는 뜻의 신조어)이 안 되는 부동산을 아시나요? 아무리 돈이 많아도 국가의 허락 없이는 토지나 주택 등 부동산 매매가 안 되는 곳이 있는데요. 바로 '토지거래허가구역'입니다. 부동산 투기를 막기 위해 거래를 제한하는 제도로 부동산 규제 중에서도 '초강력 규제'로 꼽히는데요. 과연 얼마나 효과를 발휘하고 있을까요.

집값 올라? 그럼 거래하지 마!

토지거래허가제는 신도시 개발이나 도로 건설 등을 할 때 인근 땅 투기를 막기 위해 1979년 만들어진 제도인데요. 현재 국토교통부 장관 또는 지자체장이 토지의 투기적 거래가 성행하거나 가격이 급등하는 지역을 토지거래허가구역으로 지정해 거래를 제한하고 있습니다.

토지거래허가구역으로 지정되면 일정 규모 이상의 주택 · 상가 · 토지 등을 거래할 때는 매수 목적을 밝히고 해당 지자체장의 허가를 받아야 합니다. 주거용 토지의 경우 실거주용으로만 이용할 수 있어 2년간 매매나 임대가 금지됩니다. 개발 차익을 노리고 들어온 갭투자 등을 막겠다는 취지입니다. 매수자는 3개월 안에 잔금을 치르고 6개월 이내에 입주해야 되고요. 허가구역 지정기간은 5년 이내입니다.

물론 허락받지 않아도 되는 땅도 있습니다. 허가면적 미만의 토지를 비롯해 대가성 없는 상속 · 증여, 공익사업에 의한 토지수용, 민간집행에 의한 경매 등이 여기에 해당되는데요. 허가면적의 경우 2022년 3월 27일 정부가 시행령을 개정해 한층 더 강화한 상태입니다. 종전까지 180㎡ 초과였던 주거지는 60㎡ 초과, 상업지역은 200㎡ 초과에서 150㎡ 초과, 공업지역은 660㎡ 초과에서 150㎡ 초과로 각각 변경됐습니다.

토지거래허가대상 토지 넓이는 법정면적의 10~300% 범위에서 지자체가 정할 수 있는데요. 2022년 2월부터 토지거래허가구역으로 지정된 주거지역에서 6㎡(수도권)를 넘으면 토지거래허가대상이 됩니다. 이런 '예외' 경우가 아닌데도 허가를 받지 않고 거래하면 2년 이하의 징역이나 이행강제금 등이 부과됩니다. 현재 서울에서는 총 58.52km²(2023년 8월 기준)가 토지거래허가구역으로 지정돼 있는데요. 이는 서울시 전체 면적(605.24km²)의

| 용도지역별 토지거래허가 기준면적 |

주거	상업	공업	녹지	기타
60m²	150m²	150m²	200m²	60m²

자료: 국토교통부

9.7%에 달합니다.

토지거래허가구역이 대거 지정되기 시작한 때는 2021년 정부가 공공재개발을 추진하면서부터입니다. 정부의 요청에 따라 서울시는 같은 해 공공재개발 후보지 1차 8곳과 2차 16곳을 토지거래허가구역으로 지정했습니다.

2021년 4월 오세훈 서울시장 당선 이후 대표적인 주택공급 정책인 '신속통합기획' 후보지인 종로, 용산, 성동, 동대문 등도 허가구역으로 지정했습니다. 이 밖에 △강남구 개포·세곡·수서·대치동, 서초구 내곡·서초·양재 등 강남·서초 자연녹지지역, △강남구 삼성·청담·대치동, 송파구 잠실동 등 국제교류복합지구 및 인근 지역, △양천, 영등포, 성동, 강남 등 주요 재건축 단지 등도 지정돼 있습니다.

| 서울 주요 토지거래허가구역 현황 |

자료: 국토교통부, 서울시

🏠 이제 풀 때도 된 것 같은데 ……

토지거래허가제는 그야말로 '강력 규제'로 보이는데요. 문재인정부에 이어 윤석열정부에서도 토지거래허가제는 살아남았습니다. 윤석열정부는 이전 정부와는 다르게 '규제 완화'에 방점을 두고 재개발·재건축 활성화를 추진하고 있는데요. 2022년부터 부동산 하락기에 접어들자 정비사업에 걸림돌로 작용하던 굵직한 규제들을 속속 풀면서도 토지거래허가구역만큼은 건드리지 않고 있습니다.

특히 강남권은 여전히 집값 상승 잠재력을 지니고 있다고 보고 계속해서 규제를 이어가고 있습니다. 강남구와 송파구의 삼성·청담·대치·잠실동은 2020년 6월 23일부터 토지거래허가구역으로 묶인 뒤 1년 단위로 지정 기한이 두 차례 연장돼 2023년 6월 22일 만료 예정이었는데요. 또다시 규제를 유지하기로 하면서 지정 효력이 2024년 6월 22일까지 연장됐습니다. 이곳 지역들은 국제교류복합지구* 관련 대규모 개발과 영동대로 복합개발사업 추진에 따라 가격 안정이 필요하다는 이유로 토지거래허가구역으로 묶였습니다.

2022년부터 집값 상승세가 꺾이긴 했지만 2023년 5월께부터 강남권을 중심으로 다시 상승 전환 조짐을 보이자, 부동산시장을 자극할까 봐 '신중 모드'를 유지한 것으로 풀이됩니다. 이 밖에도 2023년 4월 △강남구 압구정 아파트지구 24개 단지, △여의도 아파트지구 및 인근 16개 단지, △목동 택지개발 사업지구 아파트 14개 단지, △성수전략정비구역 1~4구역

---

* 코엑스에서 현대차GBC(옛 한전부지)를 거쳐 잠실종합운동장으로 이어지는 166만㎡에 4가지 핵심산업시설(국제업무, 스포츠, 엔터테인먼트, 전시·컨벤션)과 수변공간을 연계한 마이스(MICE) 거점을 조성하는 사업.

4개 주요 재건축단지 등에서 토지거래허가구역 지정이 연장됐고요. 같은 해 5월에는 용산정비창 부지와 인근 한강로동·이촌2동 일대 재건축·재개발 사업구역 13개 등도 1년 더 토지거래허가구역으로 묶기로 했습니다.

　그러자 시장에서는 불만이 점점 커지고 있습니다. 토지거래허가제가 집값 안정에 기여한 바가 적은 데다, 대부분의 규제를 푼 상태에서 일부 지역만 규제를 유지하는 게 형평성에 어긋난다는 지적인데요. 실제로 그동안 토지거래허가구역으로 지정된 지역의 집값은 오히려 상승 추세를 보여왔습니다. KB부동산에 따르면, 2021년 4월 토지거래허가구역으로 지정된 서울 강남구 압구정동의 아파트 평균 시세는 지정 이후 1년 동안 21.3%(2021년 3월 34억9748만원 → 2022년 3월 42억4341만원)나 올랐습니다.

　이런 상황에 토지거래허가구역 지정을 '집값 상승 지표'로 보기도 합니다. 토지거래허가구역으로 지정되면 곧 재개발·재건축이 된다는 뜻으로 받아들이면서 오히려 기대감이 높아지기도 하지요. 이런 이유에서 토지거래허가제에 대한 '무용론'이 꾸준히 제기되고 있는데요. 더군다나 '부촌'으로 알려진 서초구 반포동이나 용산구 한남동 등은 토지거래허가구역에서 빠져 있어 형평성에 맞지 않다는 불만도 계속해서 나오고 있습니다.

아파텔, 지산, 생숙, 도생······ 현자타임

— 수익형 부동산 투자가치 분석 —

"수익형 부동산은 가격 떨어질 때 사두셔야 돼요. 그래야 임대료라도 벌지요."(한 부동산 중개업자)

이른바 '수익형 부동산' 매물이 줄줄이 시장에 나오고 있습니다. 2022년부터 금리가 빠르게 치솟고 주택 매수심리가 꺾이면서 '아파트 대체재'라는 강점이 사라진 탓인데요. 수도권 외곽 지역을 비롯해 높은 청약경쟁률을 기록했던 일부 단지들도 '무피'(프리미엄 붙지 않은 분양권)·'마피'(분양가보다 떨어진 가격) 매물이 쌓이는 추세입니다. 전문가들은 '폭탄 돌리기'를 우려하며 신중한 투자를 당부하고 있습니다.

🏠 수익형 부동산, '불장'에서 '불황'으로

한때 아파트 대체재로 풍선효과를 톡톡히 누렸던 수익형 부동산시장이 급속도로 냉각되고 있습니다. 통상 수익형 부동산은 대출·세금 등 강한 규제를 받는 아파트와 달리 상대적으로 규제에서 자유로운 오피스텔, 지식산업센터(지산), 생활형숙박시설(생숙), 도시형생활주택(도생) 등 비주택 상품을 칭하는데요.

한동안 투자자들이 아파트 규제를 피해 수익형 부동산으로 몰리면서 몸값이 치솟고 청약 경쟁이 치열해졌으나, 최근 금리 인상 등으로 부동산시장 전반이 침체하자 수익형 부동산시장도 차갑게 식어가고 있습니다.

| 오피스텔 vs 생숙 vs 도생 비교 |

구분	오피스텔	생활형숙박시설	도시형생활주택
용도	주거 / 업무	숙박시설	공동주택
관계법	건축법	건축법	주택법
주택 수 포함	△	×	△
전매 제한	△	×	×
청약통장	×	×	×
주거 가능	○	×	○

대표적인 상품이 아파텔(아파트+오피스텔)입니다. 이는 전용면적 60~85㎡의 주거용 오피스텔로, 한동안 높은 아파트가격에 지친 수요자들이 대안으로 찾으며 몸값이 크게 올랐는데요. 부동산 하락기를 맞으며 찬바람이 불기 시작한 가운데, 아파트 규제는 풀리는 반면 주거용 오피스텔에 대한 규제가 심해지며 수요자들에게 외면당하고 있습니다.

아파텔은 대출에선 '비주택'으로, 세금에선 '주택'으로 분류돼 여전히 규제 강도가 높습니다. 금융위원회의 '가계부채 관리 강화 방안'에 따라 2023년 1월부터 오피스텔, 상가, 빌딩, 토지 등 비주택 담보대출에도 차주별 '총부채 원리금 상환 비율(DSR)'이 40%로 제한돼 대출한도가 줄어들었고요. 비주택이라 같은 해 출시된 특례 보금자리론 대상에서도 빠졌습니다.

반면, 전입신고를 한 주거용 오피스텔은 보유세와 양도세를 계산할 때 주택 수에 포함되는데요. 한국부동산원에 따르면 전국 오피스텔 매매가격지수는 2022년 7월 102.86까지 올랐다가 꾸준히 내리막길을 타기 시작해, 2023년 5월 99.94까지 떨어졌습니다.

지산, 생숙, 도생 등은 '무피', '마피' 매물이 속속 눈에 띄고 있는데요. 지산은 제조업, 지식산업, 정보통신업을 영위하는 기업과 그 지원시설이 복합적으로 입주할 수 있는 3층 이상의 건축물로 '아파트형 공장'이 전신입니다. 생숙은 2012년 등장한 상품으로 취사시설 등을 갖춰 장기 투숙이 가능한 숙박시설이고요. 도시형생활주택은 전용면적 50㎡ 이하의 '원룸형 아파트'에서 2021년 60㎡ 이하 '소형 아파트'로 규제가 완화돼 수요자들의 관심을 받은 바 있습니다.

이들 모두 청약 규제, 전매 제한 등에서 자유로워 눈길을 끌었는데요. 한국산업단지공단의 자료에 따르면 2010년 전국 481곳에 불과했던 지산이 2022년 6월 기준 1369곳으로 크게 늘어날 정도였지요.

그러나 매매가격 대비 대출액 비중이 높은 상품 특성상 금리가 오르자 수익성이 빠르게 악화, 투자자들이 잇따라 '손절'하는 분위기입니다. 특히 수도권 외곽 지역을 중심으로 분양권을 던지는 이들이 늘고 있는데요.

각종 부동산 커뮤니티에는 "지식산업센터 마피 급매합니다", "생숙 분양권 무피 전매 있어요" 등의 글이 다수 포착됩니다. 신한옥션SA에 따르면 2021년 경매에 나온 지산 개별 호실은 총 307건으로 최근 5년(2017~2021년) 중 가장 많았습니다. 경기 과천지식정보타운에서 2022년 7월 분양한 생숙 과천중앙하이츠렉서는 교통 호재 등이 있음에도 평균 청약경쟁률이 2.5대1에 그쳤지요.

월세 수익 이득? 금리는 어쩌고 ……

이처럼 수익형 부동산들이 빠르게 식고 있지만 일부 기대심리를 자극하는 분위기도 포착됩니다. 실제로 부동산중개업소 등에선 "집값이 떨어질 때일수록 아파트보다 수익형 부동산으로 임대수익을 올리는 게 유리하다"며 투자를 권유하고 있는데요. 주택 매수심리가 떨어져 집값 상승으로 인한 시세차익을 기대하기 어렵기 때문에 임대수익을 내는 게 더 유리하다는 뜻에서입니다.

아울러 최근 금리 인상, 전세사기 여파 등으로 전세보다 월세 수요가 높아지는 시장의 분위기를 활용해야 한다고 분석하기도 합니다. 그러나 전문가들은 수익형 부동산이야말로 금리 인상 여파를 직격탄으로 받는 시장이라고 보고 신중히 접근해야 한다고 조언했습니다.

김인만 부동산경제연구소 소장은 "수익형 부동산 투자는 저금리 시대가 끝나면서 유행이 끝났다"며 "한창 유행할 때 준공 승인을 받아 점점 입주 물량, 공급 물량이 많아지고 있어 수익률은 갈수록 떨어질 것"이라고 진단했습니다. 이어 "부동산 상승기에 분양한 것들은 분양가도 높기 때문에 수익률을 더 기대하기 힘들고 실

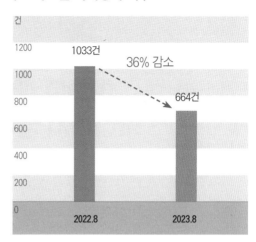

| 오피스텔 거래량 추이 |

자료 : 서울부동산정보광장

거주가 안 되는 생숙의 경우 임대수익률을 뻥튀기해서 분양했던 단지도 많다"며 "무피, 마피를 줘서라도 빨리 탈출하려는 '폭탄 돌리기' 분위기라 신중히 접근해야 한다"고 분석했습니다.

윤수민 NH농협은행 부동산전문위원도 "현 시장 상황을 봤을 때 자본차익뿐만 아니라 임대수익을 올리기도 어려워 보인다"며 "대출 금리 5%로 투자했으면 월세로 5% 이상의 수익을 올려야 하는데 입지가 좋은 일부 단지가 아닌 이상 생각보다 월세 수요가 높지 않아 충분히 수익을 내기 어렵다"고 말했습니다.

아파트 매매예약금,
어디까지 알아보셨나요?

— 집을 예약 걸고 사는 법 —

최신형 스마트폰도 아니고 수억원의 아파트를 사는데 '매매예약'을 거는 제도가 있습니다. '장기일반 민간임대아파트' 얘기인데요. 이 아파트는 통상 10년의 의무 임대기간이 지나면 분양전환되는데, 이때 분양권을 사겠다고 임차인이 미리 예약을 거는 겁니다. 수억원의 예약금을 내고요. 문제는 이 예약금의 산정 방식이나 보장 등에 대한 법적 근거가 없어 '부르는 게 값'이라는 건데요. 이렇게 위험한 아파트를 분양받는 이유가 뭘까요.

🔍 10년 후 분양이지만 '매매예약금' 먼저 ……

민간임대주택은 크게 '공공지원 민간임대'와 '장기일반 민간임대'로 나뉩니다. 공공지원 민간임대는 임대사업자가 주택도시기금 출자, 용적률 완화 등의 공공지원을 받아 건설·매입한 뒤 임대하는 주택이고요. 장기일반 민간임대는 그 외 주택을 10년 이상 임대할 목적으로 취득해 임대하는 주택입니다.

공공지원 민간임대의 경우 '민간임대주택에 관한 특별법'(이하 '민특법') 제42조에 근거해 주거지원 대상자 등의 주거안정을 위해 국토교통부령으로 정하는 기준에 따라 공급해야 합니다. 청약지원 자격이 까다로운 편이지요. 무주택자면서 청약통장 가입자여야 하고 소득이나 자산 등 제한도 있습니다. 최초 임대료도 '민특법'에 따라 정하게 돼 있는데 통상 시세보다 저렴하게 책정되지요.

반면 장기일반 민간임대는 문턱이 낮습니다. '민특법'상 임대사업자가 정한 기준에 따라 공급하게 돼 있어 대부분의 장기일반 민간임대는 주택 소유 여부나 소득 등과 관계없이 청약할 수 있거든요. 그러나 임대료 등

| 민간임대주택 종류 |

* 단지별 상이함

구분	공공지원 민간임대	장기일반 민간임대
개념	임대사업자가 주택도시기금의 출자, 용적률 완화 등 공공지원을 받아 건설·매입하는 민간임대주택을 10년 이상 임대할 목적으로 취득해 임대하는 민간임대주택.	임대사업자가 공공지원 민간임대주택이 아닌 주택을 10년 이상 임대할 목적으로 취득해 임대하는 민간임대주택.
신청 자격	무주택 및 청약통장 가입자 대상. 소득 및 자산 등 제한 있음.	제한 없음.*
임대료	'민특법'에 따라 표준임대료 이하로 정함. 통상 시세보다 낮음.	임대사업자가 정함.
분양전환	임차인 우선 공급.	매매예약자 우선 공급.*
분양가	분양전환 시 산정.	분양전환 시 산정 또는 분양 시점에 확정(확정분양형).

도 임대사업자가 정하게 돼 있어서 시세보다 저렴하지 않은 단지도 많은 데요. 그럼에도 일부 장기일반 민간임대 아파트는 세 자릿수 청약경쟁률을 기록할 정도로 인기를 끌고 있습니다.

인기를 끄는 데는 다 이유가 있습니다. 바로 '확정 분양가'인데요. 공공지원 민간임대의 경우 임대의무기간이 종료돼 분양전환을 할 때 분양가 심사를 받아 분양가를 책정합니다. 분양시점의 집값 시세와 비슷하게 분양가가 책정되겠지요. 반면 장기일반 민간임대는 처음 임대를 시작하는 계약시점에 분양가를 확정(확정형 분양)하기도 하는데요. 10년 뒤 분양가인 만큼 향후 부동산 상승세를 타면 높은 시세차익을 얻을 수 있다는 점에서 기대감이 높습니다.

현대건설이 2022년 11월에 분양한 장기일반 민간임대아파트 '힐스테이트DMC역'의 조감도. 현대건설은 장기간 임차기간이 보장돼 주거안정성이 높고, 임대보증금 상승률이 연간 5% 이내로 제한돼 있어 장기간 주거비용에 대한 부담을 덜 수 있으며, 임대보증금에 대한 보증 또한 개인이 아닌 HUG가 하는 만큼 퇴거 시 안전한 임대보증금 반환이 가능해 가격 변동에도 안정적이라고 홍보했다.

임차인이 향후 분양권을 얻기 위해선 '매매예약'을 해야 하는데요. 사업시행자는 매매예약자에게 분양권을 준다는 명목으로 '우선 양도 확인서'를 주고 '매매예약금'을 받습니다. 결국 임차인은 소유권 이전도 되지 않은 주택에 임차보증금과 월 임대료 외에도 추가로 매매예약금을 내야만 10년 뒤 나올 분양권을 얻을 수 있는 셈이지요.

통상 임차보증금과 매매예약금이 각각 수억원에 달하기 때문에 임차인 입장에선 부담이 큰데요. 다만 분양전환 전까지는 주택으로 보지 않기 때문에 취득세와 보유세 등 세금을 내지 않아도 되지요. 아울러 무주택자라면 무주택 기간이 유지되기 때문에 다른 청약 기회를 노려볼 수도 있다는 장점이 있습니다.

🏠 인기가 확 식은 이유

장기일반 민간임대는 2020~2021년 부동산 상승기 때 활발하게 공급됐습니다. 집값 폭등으로 정부의 분양가 규제가 강화되자 사업시행자들이 '꼼수 분양'에 나선 건데요. 분양 대신 임대로 돌릴 경우 보증금 등은 가격 규제가 없기 때문에 자유롭게 책정할 수 있고 별도의 매매예약금까지 받을 수 있으니 시행자가 원하는 수준의 값을 매길 수 있습니다.

가뜩이나 문턱이 높은 주택 청약시장에 지친 청약자들도 문턱이 낮은 장기일반 민간임대에 눈을 돌렸습니다. 부동산 상승 기류를 타면서 일단 청약을 받은 뒤 웃돈을 붙여 분양권을 전매하는 식으로 투기를 하기도 했는데요. 이에 일부 아파트는 높은 청약경쟁률을 기록하기도 했습니다.

하지만 집값 하락기에 접어들자 분위기가 싸늘하게 식기 시작했습니다. 특히 '매매예약'의 위험성이 드러나면서 계약자들의 불안감이 점점 커졌는데요. 매매예약금은 법적 제도가 아닌 일종의 관행이기 때문에 법정비율 등 산정 근거가 없습니다. 그러다 보니 '부르는 게 값'이나 다름없지요.

보호장치도 없습니다. 소유권 이전이 10년 뒤에야 이뤄지는데 그때 시행사 부도 등 변수가 생겨도 법적으로 매매예약에 대한 제재나 임차인 보호 규정이 없어 분양권은커녕 매매예약금도 보장받기 어렵습니다. 다수의 매매예약이 비공식적으로 진행되는 것도 문제입니다.

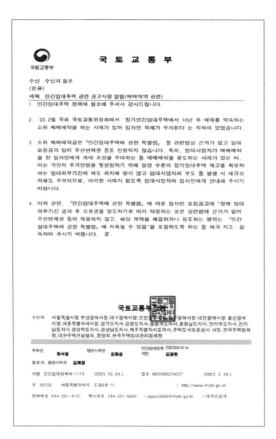

국토교통부는 민간임대주택 관련 권고사항 알림 공문에서 "장기일반 민간임대주택의 매매예약금은 관련법상 근거가 없고 보증금과 달리 우선변제권 등도 인정되지 않는다"며 "임대사업자의 부도 발생 시 대규모 피해가 우려되므로 이런 사례가 없도록 임대사업자와 임차인에 안내해달라"고 지자체 등에 요청한 바 있다.

실제로 서울 도봉구 롯데캐슬골든파크(282가구)의 임차인 모집공고를 보면 '당해 주택은 임대의무기간 종료 후 임차인에게 분양전환 우선권을 부여하지 않음'이라고 표기돼 있습니다. 그러나 계약자들에게 따로 확정분양가를 알리며 우선 분양권을 약속했다가 계약 이후 매매예약금 약 3억 원을 납부할 것을 통보했다고 알려져 갈등으로 번진 상태입니다. 이 같은 피해가 이어지자 국토교통부에서도 뒤늦게 나섰지만 아직까진 움직임이 소극적입니다.

국토교통부는 2023년 2월 전국 17개 지자체 및 주택도시보증공사(HUG), 한국주택협회, 대한주택건설협회, 한국주택임대관리협회 등에 민간임대주택 매매예약과 관련한 권고사항을 담은 공문을 보냈습니다.

임차인 모집공고에 "장래 임대의무기간 경과 후 소유권을 양도하기로 미리 약정하는 건 관련 법에 근거가 없어 우선변제권 등이 적용되지 않고, 해당 계약을 체결하거나 유도하는 행위는 '민특법'에 저촉될 수 있음"을 포함하도록 권고한 건데요.

국토교통부 관계자는 "임대의무기간이 끝나면 자유롭게 당사자가 합의해서 매매할 수 있기 때문에 불법이라고 보기에 애매한 부분이 있어 (추가 조치는) 좀 더 상황을 살펴보고 결정할 것"이라며 "우선 임대사업자가 강권을 하는 상황을 막으려면 업계의 자정과 승인권자인 지자체의 주의가 필요해 이번 권고 조치를 했다"고 말했습니다.

2023년 2월 국회 국토교통위원회 회의에서 관련 지적이 나오자 당시 국토교통부 장관이 '안전장치'를 찾겠다고 발언한 바 있는데요. 과연 어떤 조치를 할지 좀 더 지켜봐야겠습니다.

'반값 아파트'가 가져다 준 참사

—— 지옥주택조합이 된 지역주택조합 ——

'인생이 지나치게 무료하다면 지주택(지역주택조합사업)에 투자하라.'
지주택 투자 시 한 번쯤 들어볼 법한 조언입니다. 지주택 투자 실패 및 사기 사례들이 판을 치는 탓인데요. 각종 사례들이 축적되면서 지주택 투자 위험성이 충분히 알려진 듯하지만 여전히 투자 시도는 끊이질 않습니다.

과대광고에 현혹되는 것은 물론 부동산 상승기 땐 높아진 집값이나 청약 문턱에 조급해진 무주택자들이 상대적으로 저렴한 지주택에 접근하는 경우도 종종 눈에 띄는데요. 지주택 투자, 마냥 지옥문을 여는 걸까요.

무주택자 위한 '반값 아파트'라 ······

지역주택조합은 1970년대 후반에 무주택 서민 및 소형 주택 소유자들이 모여 내 집을 마련할 수 있도록 나온 제도입니다. 청약통장 가입자들에게 공급하는 일반분양 제도에 대한 예외적 제도로 무주택이거나 주거전용면적 85㎡ 이하 1채 소유인 세대주를 대상으로 하는데요.

재개발과 재건축이 '건축물 + 토지' 소유자들이 조합을 꾸린 뒤 건물을 허물고 새 건물을 짓는 사업이라면, 지주택은 조합원들이 공동으로 토지를 매입하고 건축비를 부담해 직접 개발하는 방식입니다. 최소 20명 이상이 조합추진위원회를 구성한 뒤 주택 건설 예정 가구 수 50% 이상의 조합원을 모집하고 건설 대지 80% 이상의 토지사용승낙을 받으면 조합설립이 인가되지요. 이후 사업 대상 토지의 95% 이상을 매입하면 주택건설 사업계획이 승인되고, 건설 대지 100% 소유권을 확보하면 착공 및 일반분양을 진행할 수 있습니다. 이후 입주, 조합청산, 해산 등 순으로 진행됩니다.

| 지역주택조합 사업 절차 |

조합 추진위원회 구성
조합원 최소 20명 이상 부동산 등기용 등록번호 등록

▼

조합 규약 작성 및 조합원 모집
시공사 – 대행사 – 추진위 MOU,
주택건설 예정 가구 수 50% 이상 조합원 모집

▼

조합 창립 총회 및 조합 설립 신청·인가
조합비 납부, 주택건설 대지 80% 이상 토지사용승낙

▼

주택건설 사업계획 승인
사업 대상 토지 95% 매입

▼

착공 및 일반분양
건설대지 100% 소유권 확보,
일반분양 20가구 이상 시 일반청약 진행

▼

입주·조합청산·해산

지주택은 조합이 사업 주체가 되는 만큼 비교적 개발 절차가 단순하고 중간 마진을 없앨 수 있다는 점이 특징인데요. 일종의 '공동구매'이기 때문에 순탄하게 진행된다면 조합원들은 일반분양가의 '반값'으로 집을 마련할 수 있다는 것도 강점입니다. 지주택 아파트를 '반값 아파트'라고 홍보하는 이유가 여기에 있지요.

청약 규제에서도 자유롭습니다. 주택 청약이 아니기 때문에 일반분양처럼 청약가점, 1순위, 당첨 제한 등의 조건이 없으며 선착순 계약으로 진행됩니다.

들어가긴 쉽지만 나가긴 어려웠던 조합 탈퇴도 전보다는 수월해졌습니다. 2020년 7월 24일 '주택법' 개정으로 사업 진행 지연 시 강제 해산 및 환불 조건이 생기면서 조합원 모집 신고 수리 날로부터 2년 이내 설립인가가 안 되거나, 설립인가 후 3년 이내 사업계획 미승인 시 총회 의결을 통해 사업 종결 및 해산 여부를 결정할 수 있습니다.

🔍 그래서 땅은 샀고? 입주 하세월 다반사

그럼에도 지주택 투자 실패 사례는 여전한데요. 토지매입이 관건인데 이 과정에서 '세월아 네월아' 하는 경우가 많거든요. 지주택은 남의 땅에 집을 짓는 사업구조인 만큼 얼마나 땅을 확보했느냐에 사업의 성패가 달렸습니다.

지주택이 사업계획 승인을 따내려면 구역 내 토지를 95% 이상 확보해야 하는데, 더 높은 가격을 받기 위해 이른바 '알박기' 하는 지주 문제 등으로 인해 이 수치를 채우기가 쉽지 않습니다. 토지매입에 시간이 소요되면 소요될수록 예상했던 토지 매입비가 대폭 상승할 수 있는데, 이 또한 사업 주체인 조합원이 떠안게 되지요.

과대광고도 문제입니다. 토지 확보가 다 된 것처럼 홍보를 하지만 실상은 '매매계약 체결'만 했거나 그조차도 진행되지 않은 경우가 다반사입니다. 조합원 모집 시 아르바이트를 고용해 계약 건당 수당을 주는 성과제를 적용해 '깜깜이 모집'을 부추기기도 합니다. 일부 업무대행사는 사업승인이 나기 전 '준조합원', '2차 조합원' 등의 이름으로 조합원을 추가 모집하기도 하는데요. 이 경우 법적으로 지위가 인정된 조합원이 아니므로 추후 문제가 발생했을 경우 조합으로부터 돈을 돌려받기가 어렵습니다.

지주택 추진위와 업무대행사가 결탁, 유령회사를 만들어 토지매입비 등을 가로채는 사기도 비일비재한데요. 자금난 등으로 조합이 부도를 맞을 경우 투자비를 회수하지 못하고 조합원 자격을 상실할 수도 있습니다. 우여곡절 끝에 조합이 토지매입을 완료했다고 해도 추가분담금을 무시할 수 없습니다. 사업이 지연됐을 경우 시공사가 일반분양 지연 등에 따른 추가분담금을 통보하기도 하는데, 이렇게 되면 조합원이 일반분양가보다 많은 비용을 지불하게 될 수도 있지요.

전문가들은 이 같은 문제로 지주택 투자 시 입주시기가 불분명한 만큼 신중히 접근해야 한다고 조언합니다. 윤수민 NH농협은행 부동산전문위원은 "지주택 투자의 위험성에 대해 많이 알려졌지만 집값이 오르고 청약 경쟁이 심화하자 마음이 조급해져 지주택으로 눈을 돌리는 사회초년생이나 노인들이 있다"며 "토지매입률이 높으면 안전하다 등의 얘기도 있지만 단지 그것만으로 사업성을 판단하기 쉽지 않다"고 지적했습니다. 이어 "지주택은 상대적으로 가격이 싸다는 장점이 있지만 잘못 투자했다가 내 집 마련 시기가 점점 미뤄질 수 있으니 신중히 접근해야 한다"고 덧붙였습니다.

재건축 · 재개발 보다 빠르다?!

—— 지주택사업, 성공과 실패를 가르는 요인들 ——

'잘 되면 대박이지만 안 되면 쪽박'

지주택 투자라고 무조건 쪽박을 차는 건 아닙니다. 토지 확보 과정에서 사업기간이 차일피일 늘어지는 경우가 대부분이지만 조합설립부터 착공까지 1년이 채 안 걸린 성공사례도 간혹 있거든요. 지주택은 조합원들이 시행해 중간 마진을 아낄 수 있는 아파트인 만큼 사업만 빠르게 진행되면 조합원 입장에선 그야말로 '대박' 사업인데요. 그러나 이런 사례는 대규모 토지주가 있거나 택지 개발 형태로 진행하는 등의 희소한 경우에 그칩니다. 이에 전문가들은 지주택 투자 시 일부 성공사례만 보고 장밋빛 미래를 꿈꾸는 건 위험하다고 경고합니다.

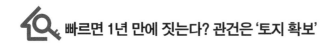 빠르면 1년 만에 짓는다? 관건은 '토지 확보'

서울시가 국회 국토교통위원회 소속 정동만 국민의힘 의원실에 제출한

자료에 따르면 2014~2019년 조합설립을 한 지주택 중 2021년 7월 기준 착공에 들어간 곳은 총 7곳으로, 이들 지주택은 조합설립 인가 후 착공까지 평균 29개월(2.4년)이 소요됐습니다.

△광진구 자양12(단지명 호반써밋자양, 소요기간 54개월), △도봉구 쌍문동 137번지(49개월), △동작구 상도역(상도역롯데캐슬파크엘, 12개월), △동작구 동작트인시아(보라매자이더포레스트, 37개월), △서대문구 홍은(HDX휴팰리스, 26개월), △성동구 벨라듀1차(서울숲아이파크리버포레1차, 14개월), △송파구 마천동 21(송파여미지, 11개월) 등이 여기에 해당합니다.

지주택의 경우 조합설립 인가 ~ 착공 소요 기간이 통상 재개발·재건축 보다 두 배 정도는 빠른 셈입니다. 서울시가 2000~2015년간 서울에서 구역 지정 통과된 545개 재개발·재건축 사업장을 대상으로 분석한 결과에 따르면, 재건축

| 최근 5년간 서울 지역주택조합 설립 현황 |

위치	자치구	조합
설립 (19)	동작(6)	상도역(950가구), 동작하이팰리스(608가구), 사당3동(921가구), 상도스타리움(2033가구), 한강(834가구), 상도현대메트로센터파크(370가구) 지주택 등
	서대문(2)	홍은8(220가구), 홍은8-1(97가구) 지주택 등
	성동(2)	서울숲벨라듀1(825가구), 서울숲벨라듀2(528가구) 지주택 등
	강서(1), 광진(1), 구로(1), 마포(1), 서초(1), 성북(1), 송파(1), 중구(1), 중랑(1)	송정역(422가구), 한강자양(577가구), 림괄(302가구), 창전동319(323가구), 삼성홈스테이(48가구), 돈암동역세권(552가구), 가락2(548가구), 황학동 청계(404가구), 용마산(50가구) 지주택 등
착공 (2)	동작	상도역지주택(950가구, 소요기간 12개월)
	성동	벨라듀1차 지주택(825가구, 소요기간 14개월)

※2016~2021년 7월 기준
자료: 정동만 의원실, 서울시 제공자료

은 조합설립 인가 후 착공까지 평균 4.9년, 재개발은 4.4년 걸렸습니다.

한편, 마천동21 지주택사업은 2015년 12월 조합설립 인가를 받고 11개월 만인 2016년 11월 공사에 들어갔습니다. 상도역 지주택사업도 2017년 5월 조합설립 인가를 받고 꼭 1년 만인 2018년 5월 착공했습니다.

특히 상도역 지주택사업인 상도역롯데캐슬파크엘은 950가구에 달하는 대규모 단지이지만 토지 확보에서 순항하면서 사업 속도를 높였습니다. 사업대상지 토지 대부분을 시행사인 태려건설산업이 확보한 상태에서 사실상 택지 개발 형태로 사업이 추진된 영향이지요.

상도역롯데캐슬파크엘은 2017년 10월 선분양을 실시하려다 주택도시보증공사(HUG)와의 분양가 협의에 난항을 겪으면서 2020년 후분양에 나섰는데요. 선분양 대비 높은 분양가에도 일반분양 474가구 모집에 1만 798명이 신청해 평균 22.8대1의 청약경쟁률로 1순위를 마감했고 2021년 2월 입주했습니다. 지하철 7호선 상도역 역세권 단지로 몸값도 빠르게 올라 일반분양 당시 전용면적 59㎡의 분양가가 9억1300만~9억9790만원에서 1년 뒤 15억원대까지 올랐지요. 이후 부동산 하락기에 접어들어 다시 가격이 떨어지긴 했지만 2023년 6월 11억4500만원(10층)에 거래돼 여전히 분양가보다 2억원 높은 수준입니다.

동작트인시아 지주택사업인 보라매자이더포레스트도 2015년 3월 조합설립 인가를 받고 3년여 만인 2018년 5월 공사에 들어갔는데요. 이곳도 사업부지의 65%가량을 교회 한곳이 소유해 비교적 토지 확보가 수월했습니다. 총 959가구 규모에 7호선 신대방삼거리역 역세권에 위치해 개발 수요도 높았지요. 2018년 일반분양 15가구를 진행했고 2021년 10월부터 입주를 시작했는데요. 당시 전용면적 59㎡의 분양가가 6억8000만원대였는데, 2023년 기준으로 호가가 10억원을 넘은 상태입니다.

추가분담금이 발생하지 않은 지주택 사례도 있습니다. 경기도 의정부 힐스테이트녹양역은 2015년 6월 조합원 모집 개시 이후 1년 만에 착공, 2018년 11월 입주를 완료했는데요. 통상 지주택은 일반분양 주택사업에 비해 토지 확보 지체, 인·허가 기간 장기화 등으로 추가분담금을 냅니다. 그러나 이 조합은 사업 추진과 동시에 토지 확보 및 인·허가를 확정하고 현대건설을 시공사로 선정한 뒤 조합원을 모집해 사업 속도를 높였지요. 그 결과 3년 만에 준공하면서 총 16억원의 사업비를 환급받았습니다.

'트리마제' 화려함 속 눈물 …… 쉽지 않은 지주택

이처럼 지주택사업 성공 사례의 공통점은 대부분 '토지 확보'입니다. 지주택 사업계획 승인을 받기 위해선 토지 소유주 95% 이상의 동의를 받아야 하는데, 이 비율을 맞추기가 쉽지 않지요. 토지주와 협의하는데 시간이 소요되고 의도적으로 이른바 '알박기'를 하는 경우도 다반사이기 때문이지요. 토지 확보가 되지 않아 사업이 장기화될수록 조합원들이 떠안아야 할 리스크는 점점 커집니다.

지금은 일대 대장아파트로 꼽히는 성수동 트리마제(688가구) 사례가 대표적입니다. 2005년 지주택 방식으로 사업이 시작돼 2007년 220가구를 일반분양할 계획이었는데, 당시 분양가 상한제 적용으로 사업 진척에 어려움을 겪자 일반분양분을 조합원 추가 모집으로 돌렸습니다. 하지만 부지 확보가 93%에 머물면서 사업이 늦어졌고, 엎친 데 덮친 격으로 글로벌 금융위기까지 터지면서 주택조합이 부도가 났습니다. 이 과정에서 주택조합원들의 분양 권리는 사라지고 2012년 사실상 두산중공업의 사업으로 재개되면서 그제야 사업계획이 승인되는 우여곡절을 겪어야 했습니다.

사업성도 중요한데요. 역세권 등 입지가 좋고 노후 주택이 밀집돼 있으면 개발 수요가 많기 때문에 사업 추진이 한층 수월합니다. 단독·노후 주택이 밀집해 있는 동작구 상도동이 '지주택의 성지'로 불리는 이유이지요.

하지만 이 같은 성공 조건을 충족하지 못한 곳들 중에선 사업기간이 하염없이 늘어지는 경우도 허다합니다. 노원구 월계동지주택(224가구), 월계역지주택(135가구)은 지난 2003년 조합설립 인가를 받은 이후 10년 넘게 사업이 멈춰선 상태입니다. 자양12지주택(305가구)도 2014년 조합설립 인가를 받았지만 아직 삽을 뜨지 못했습니다.

그럼에도 부동산 상승기엔 치솟는 집값, 높은 청약 문턱에 지주택으로 눈을 돌리는 움직임이 일부 감지됐습니다. 정동만 국민의힘 의원실에 따르면 서울에서 조합설립 인가를 받은 지주택은 2016년 2곳, 2017년 2곳, 2018년 3곳, 2019년 5곳, 2020년 6곳 등으로 점점 늘어나는 추세였는데요. 하지만 최근 5년간 조합을 설립한 사업지 19곳 중 착공에 성공한 곳은 2곳에 불과했습니다.

이에 전문가들은 일부 성공사례만 보고 성급하게 투자해선 안 된다고 경고합니다. **송승현 도시와경제 대표**는 "집값은 오르고 공급은 줄다 보니 젊은 세대들이 상대적으로 저렴한 지주택에 몰리는 경우가 있는데, 지주택은 사업구조상 변수가 많아 사업기간이 길어지고 추가 비용이 발생해 조삼모사가 될 확률이 높다"며 "일부 지주택 성공사례를 일반화해 성급하게 투자하지 말고 신중하게 접근해야 한다"고 당부했습니다.

지주택 투자,
이것 모르면 쪽박

── 추가분담금, 임의가입, 준조합원의 함정 ──

치솟는 집값에 무력감을 느낀 A씨(30대)는 상대적으로 저렴한 지역주택조합(지주택) 투자에 눈을 돌렸습니다. '위험한 사업'이라는 얘기는 들었지만 토지확보율도 높고 사업 진행도 순탄해 내 집 마련 꿈에 닿기만을 기다렸지요. 그런데 사업계획 승인을 앞두고 갑자기 1억원에 가까운 추가분담금 통보를 받고 눈앞이 캄캄해졌습니다.

B씨(60대)는 '준조합원' 자격으로 지주택 투자에 참여했습니다. 조합설립 전까지 조합원 자격을 갖추면 된다는 말을 철석같이 믿었지만 추후에 가입 단계에서 임의가구를 분양할 수 없다는 걸 알게 됐습니다. 결국 B씨는 조합원 자격도 얻지 못하고 계약에 들어간 비용도 전액 환불받지 못했습니다.

눈 뜨고 '추가분담금' 코베이기도

'좋은 지주택'과 '나쁜 지주택'은 어떻게 구별해야 할까요? 순항하는 지주택사업이 있는가 하면 허위 조합원 모집, 추가분담금 부담 등으로 신음하는 사업도 많은데요.

소비자 보호를 위해 관련법을 개정하고 실태조사 등을 실시하고 있으나 아직까지 허점투성이입니다. 전문가들은 지자체 관리감독 강화 등 추가 제도 개선뿐만 아니라 지주택사업의 존폐 여부에 대해서도 검토해볼 필요가 있다고 지적합니다.

무엇보다 지주택사업은 '소유주 알박기', '금융비용 조달 부족' 등으로 사업이 지연되는 경우가 다반사인데요. 조합이 사업의 주체인 만큼 개발 절차가 간단하고 중간마진을 없앨 수 있다는 게 강점이면서도 모든 갈등과 비리의 원인이 되기도 합니다.

총 2908가구의 대단지로 조성돼 눈길을 모았던 경기 김포시 통합사우 스카이타운 지역주택조합은 2022년 고지를 눈앞에 두고 예정에 없던 추가분담금 문제가 터지면서 제동이 걸렸습니다.

이곳은 지난 2009년 재정비촉진구역으로 지정된 이후 도시개발조합+지주택 방식으로 개발이 진행 중이었는데요. 2015년부터 조합원을 모집해 현재 2500여 명의 조합원이 가입돼 있으며 2021년 4월 사업계획 승인을 신청했습니다. 애초 예정했던 '2019년 입주'는 물 건

지주택사업의 성패는 '소유주 알박기' 해결 등 토지 확보가 관건이다. 그런데 알박기는 한국 뿐 아니라 중국에서도 부동산 개발에 발목을 잡는 족쇄로 작용한다. 사진은 2007년 충청의 한 알박기 사례.

너갔지만 6년의 기다림 끝에 내 집 마련 꿈에 다가서게 된 셈이었지요. 그러나 '추가분담금이 없다'던 당초 홍보와는 달리 조합이 분담금을 요구하면서 갈등이 불거졌습니다.

당시 지주택 조합원들은 그동안 사업부지 내 공공주택부지 매입을 위해 약 1900억원을 납부했으나 토지매입비로 4100억원을 추가 납부해야 하는 상황에 처했습니다. 이 과정에서 사업부지 매입이 조합명의가 아닌 업무대행사의 명의로 이뤄진 점 등도 문제가 됐지요. 결국 2022년 조합원들이 비대위를 구성하는 등 진통을 겪으며 2년 여간 사업이 지연됐는데요.

결국 2023년 4월에서야 김포시가 주택조합이 신청한 주택조합의 조합장 명의변경을 골자로 한 주택조합 변경인가 신청을 인가하며 다시 정상화됐는데요. 이에 따라 앞으로 탈퇴 조합원을 대체할 새 조합원 모집부터 2024년 착공을 위한 사업계획서 제출 등 행정절차에 들어갈 수 있게 됐습니다.

계약금까지 냈는데 조합원 자격이 없다니 ……

시작부터 단추를 잘못 꿰는 경우도 있습니다. 지주택 조합원 자격이 되지 않는데도 이른바 '임의세대' 또는 '준조합원'으로 가입한 사례인데요. 조합이나 업무대행사가 조합원 수를 늘리는데 급급해 허위·과장 마케팅을 하는 탓입니다. 특히 조합 가입 시 내는 '업무대행비'의 경우 탈퇴할 때도 공제하기 때문에 업무대행사 입장에선 최대한 많은 조합원을 모집해야 돈을 더 벌 수 있거든요.

조합원 자격이 안 되는데도 조합설립인가 신청 전까지 조건을 갖춘다는 '조건부계약'을 유도하는 이유입니다. 추진위원회 단계에서 조합설립

인가 신청까지 시간이 소요되기 때문에 그 사이에 보유하고 있던 주택을 처분하는 등의 방식으로 자격을 만들면 된다고 설명하고 '준조합원' 등 비공식적인 명칭으로 가입시키는 겁니다.

```
매매 3억 4,266
아파트분양권 · 81.24/59.99㎡, 26/27층, 남서향
준조합매물,조합자격 불필요로알동,층,확장비 포함,중도금대출 승계가능
      공인중개사사무소          제공
P 1억 2,000  2년이내  대단지  방세개  화장실두개
확인매물 22.01.27
```

```
매매 3억 4,049
아파트분양권 · 81.24/59.99㎡, 14/28층, 남동향
1차조합,로알동호수,틱트인전망,양도세매수부담조건
      공인중개사사무소          제공
P 1억 3,000  2년이내  대단지  방세개  화장실두개
```

조합이나 업무대행사가 조합원 수를 늘리는데 급급해 인터넷에 허위·과장으로 모집공고를 한 경우다. 지주택 조합원 자격에 부적합한데도 '임의세대' 또는 '준조합원' 등 비공식적인 명칭에 속아 훗날 조합원 자격은커녕 이미 지급한 계약금을 비롯해 중도금 이자까지 날린 사례가 적지 않다.

하지만 애초에 조합원 모집 단계에서 임의세대 분양은 불가능합니다. 임의분양의 경우 조합원에게 분양하고 남은 가구가 30가구 미만이면 이사회 의결, 총회 결의를 거쳐야 효력이 생기고 30가구 이상이면 공개분양이 원칙이기 때문인데요. 끝내 조합원 자격을 충족하지 못한다고 해도 보상은커녕 '전액 환불'도 어렵습니다. 계약 내용에 따라 차이가 있지만 보통 계약금, 중도금 이자 등을 모두 공제하고 남은 금액만 환불해줍니다.

깜깜이 사업 여전 …… 제도를 근본부터 재검토해야

이처럼 지주택 사업구조상 비슷한 피해 사례가 지속적으로 나오자 정부 차원에서도 움직이고 있습니다. 지난 2020년 7월 24일부터는 해당 건설 대지의 최소 50% 이상 토지사용권을 확보한 경우만 조합원 모집에 나서도록 법이 개정됐습니다. 아울러 해당 지자체에 모집신고가 수리돼야만

조합원 모집을 할 수 있습니다.

조합설립 때까지 정보 공개가 제한된다는 점도 일부 개선됐습니다. 서울시는 2021년 10월부터 정비사업 종합포털인 '정비사업 정보몽땅'에 지주택사업도 포함하기로 했습니다. 재개발·재건축 사업은 '도시 및 주거환경정비법' 등에 따라 정보를 의무 공개하게 돼 있지만 '주택법'에 따르는 지주택사업은 주먹구구식으로 부실하게 공개돼 왔는데요.

정보 공개가 '의무'가 아니라는 점에서도 한계가 드러나고 있습니다. 현재 '정비사업 정보몽땅'에 정보를 공개한 정비사업 조합 총 662개 중 지주택은 51개(7.7%)에 불과합니다. 서울시 관계자는 "아직 지주택 정보 공개가 의무가 아니라 독촉하고 있다"며, "의무화하기 위해 국토교통부에 법률 개정 등을 건의한 상태로 국토교통부에서 용역한 다음에 차후에 실시할 예정"이라는 입장을 밝혔습니다.

전문가들은 지주택사업 과정에서 벌어지는 피해를 막기 위해서는 관리 감독을 강화할 필요가 있다고 제언합니다. **서진형 공정주택포럼 공동대표(경인여대 교수)**은 "지주택사업에 대한 지자체의 관리감독을 강화하고 조합장 및 조합 임원들의 도덕성을 검열할 수 있도록 자격요건을 높이는 식으로 제도를 개선해 나가야 한다"고 강조했습니다.

지주택 제도 자체를 전면 재검토해야 한다는 목소리도 있습니다. **이은형 대한건설정책연구원 책임연구위원**은 "지주택은 사업구조 자체가 개인(조합원)이 땅을 사서 아파트를 짓는 구조인 만큼 성공하기 어렵다"며 "제도가 도입됐던 1970년대에 비해 사회적·환경적 여건이 많이 바뀌었기 때문에 우리 사회에 미치는 득과 실을 점검해보고 제도적 필요성 등을 재고해야 한다"고 조언했습니다.

현실과 먼 '소행주' 주택사업

— '협동조합형 민간임대주택'의 허와 실 —

'가입할 때 주의하세요!'

지자체에서 꾸준히 주의보를 내리는 주택사업이 있습니다. 바로 '협동조합형 민간임대주택'. 벌써 나온 지 10년이 넘은 사업방식이지만 여러 한계들로 큰 관심을 받진 못했는데요. 2022년부터 금리 인상으로 대출 이자 부담이 높아져 민간임대로 수요가 분산된 가운데, 협동조합형 민간임대 투자를 우려하는 목소리가 높습니다. 대체 어떤 사업이길래 이렇게 경계하는 걸까요.

그야말로 이상적인 '공동체 마을'

협동조합형 민간임대주택은 '협동조합기본법'에 따른 협동조합 또는 사회적 협동조합이 조합원을 대상으로 민간임대주택을 공급하는 사업을 말하는데요. 집이 필요한 사람들이 협동조합을 만들어서 직접 아파트를 건설하고, 조합원들이 일정 기간(통상 8~10년) 임차해 거주하다가 분양권을 받는 방식입니다.

임대아파트 건설사업 목적의 협동조합을 설립해 조합원들의 납입금을 초기 자본으로 출자하고요. 이후 주택도시보증공사(HUG) PF 보증으로 은행 대출을 받아 임대아파트를 짓습니다. 조합원으로 가입하면 아파트 최초 공급가의 일부만 내고 상대적으로 저렴한 임대료를 내면서 거주하다가 임대기간이 지나면 분양전환할 수 있다는 점이 장점이지요.

이 같은 사업방식은 박원순 전 서울시장이 2011년 시장 후보 시절 공약으로 발표하면서 등장했는데요. 박 전 시장이 임대주택 콘셉트로 내세웠던 '소행주'(소통이 있어 행복한 주택)의 대표적 모델이기도 했습니다. 입주자는 공동 목적에 맞는 협동조합을 설립하고, 사업 주체가 돼서 설계 등 건설 계획부터 참여하게 했지요.

2012년 강서구 가양동에 처음으로 내놓은 '협동조합형 임대주택'이

| 협동조합형 민간임대 사업절차 |

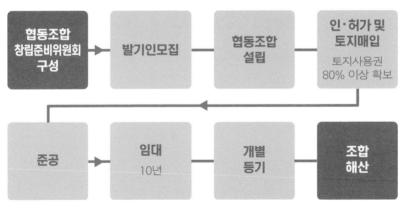

'협동조합형 민간임대주택'은 집이 필요한 사람들이 협동조합을 만들어서 직접 아파트를 건설하고, 조합원들이 일정 기간(통상 8~10년) 임차해 거주하다가 분양권을 받는 방식으로, 취지는 이상적이지만 사업 구조상 난점이 적지 않다.

'육아'라는 동질감을 갖는 예비입주자를 모집해 협동조합을 구성해 만든 거고요. 2014년엔 '서민 주거안정대책'으로 임대주택 8만가구 공급계획을 밝히면서 소규모 토지 소유자 등이 참여하는 '협동조합형 임대주택 모델'을 시범 도입하기도 했습니다.

이 밖에도 인천의 사회적 협동조합형 민간임대주택 '누구나 집' 등 전국 곳곳에서 협동조합형 임대주택이 추진돼 왔는데요. 국내 최초 협동조합형 아파트인 경기도 남양주시 위스테이별내사회적협동조합(비영리 목적의 사회적 협동조합, 491가구)의 경우 단지 내 커뮤니티 시설을 주민이 직접 운영하면서 일자리를 창출하는 등 그야말로 이상적인 '공동체 마을'로 운영되고 있습니다.

또 다른 지주택? …… 조심 또 조심해야

취지만 봤을 땐 참 이상적인 주택인데요. 안타깝게도 성공사례보다는 피해사례가 훨씬 많습니다. 사업구조상 불가피한 허점이 많거든요. 협동조합형 민간임대주택의 사업구조를 보면 '원수에게도 권하지 않는다'는 지역주택조합과 비슷합니다.

지주택 역시 조합원들이 모여 조합을 설립한 뒤 토지를 매입해 아파트를 지은 뒤 싼값에 집을 취득하는 방식인데요. 집을 짓고자 하는 사람이 조합원이 돼서 주택사업의 주체가 된다는 점에서 전문성 부족, 사업 지연 등에 따른 피해를 보기 쉽습니다.

지주택은 그동안 위험성에 대한 경고가 끊임없이 있었던 데다 규제도 생기면서 전보다는 빈틈이 줄었는데요. 협동조합형 민간임대주택은 여전히 토지 소유권 확보와 건축 규모가 확정되지 않은 '깜깜이' 상태에서 조합원 모집에 나서는 등의 문제점이 속속 나타나고 있습니다.

이런 이유로 피해 사례가 끊이질 않자 국토교통부는 2020년 5월 27일부터 협동조합형 민간임대주택을 투명하게 관리하고 조합원의 재산권을 보호할 수 있게 관련 법 개정안을 시행했는데요. 개정안에 따라 30가구 이상의 민간임대주택을 조합원에게 공급할 목적으로 설립된 협동조합이나 협동조합 발기인이 조합원을 모집하려는 경우 관할 시장, 군수, 구청장에게 신고하고 공개모집 방법으로 조합원을 모집하게 했습니다.

하지만 여전히 사업계획도 확정되지 않은 상태에서 분양 홍보를 하거나 건축심의 인가 전에 분양하는 사례가 빈번히 나타나고 있습니다. 또 주택 건설 대지의 80% 이상에 해당하는 토지사용권을 확보해야만 조합원 모집이 가능한데 이 요건을 채우지 못한 상태에서 허위·과장 홍보로 조합원을 모집하기도 하지요.

만약 이런 상태에서 조합원으로 가입했다가 사업이 수포로 돌아갈 경우 가입비, 투자금 등의 반환에 대한 명확한 근거가 없어 조합원들은 주택은 고사하고 돈과 시간만 허비하게 될 수도 있습니다. 이에 협동조합형 민간임대주택에 가입할 때는 좀 더 신중하고 꼼꼼하게 접근할 필요가 있다는 조언이 나옵니다.

윤수민 NH농협은행 부동산전문위원은 "협동조합이 사업 주체가 되는 만큼 전문성이 떨어져 리스크 관리가 안 된다는 게 가장 큰 단점"이라며 "아울러 소유주가 있는 상태에서 사업을 시행하는 일반 개발사업에 비해 사업 주체가 명확하지 않다는 점도 불안 요소"라고 봤습니다. 이어 "분양전환이 된다는 점에서 사업이 잘만 진행되면 이득이지만 지주택처럼 확률 싸움인 만큼 최대한 꼼꼼히 따져보고 가입해야 한다"고 권고했습니다.

CHAPTER · 4

믿을 건
'정보력' 밖에 없다

시세, 금리, 통계 등에 얽힌 오해와 진실

금리와 집값,
커플링 혹은 디커플링?

—— 금리와 경기흐름 및 주택시장의 상관관계 ——

"금리 앞에 장사 없다."

2022년 하반기 급격하게 침체했던 부동산시장을 한마디로 표현하는 문장입니다. 당시 국토교통부 장관도 이 표현을 써가며 부동산시장이 단기간에 반등하기는 어려울 것으로 전망하기도 했습니다. 부동산 정책을 이끄는 수장조차 언급했을 만큼 금리가 국내 주택시장의 '절대 변수'로 작용했던 건데요. 그런데 사실 2022년 초까지만 해도 금리가 오른다고 집값이 무조건 떨어지는 것은 아니라는 목소리도 적지 않았습니다. 실제 과거 금리인상기를 살펴보면 전혀 근거 없는 말도 아닙니다. 그렇다면 왜 이번에는 금리가 이토록 존재감을 뽐었던 걸까요.

 저성장에 전세대출 활성화 …… 존재감 커진 '금리'

기준금리를 급격하게 올렸던 2010년을 살펴볼까요. 한국은행은 2010년

7월 기존 연 2%였던 금리를 2.25%로 올렸습니다. 이를 시작으로 1년 만에 모두 5차례에 걸쳐 3.25%까지 끌어올렸는데요. 그런데 당시에 집값은 되레 올랐습니다.

한국부동산원에 따르면 전국 아파트 매매가격지수는 2010년 7월 74였는데 이후 지속해 집값이 오르며 2011년 6월에는 78.7을 기록했습니다. 그때는 기준금리와 집값이 함께 올랐는데 왜 이번에는 두 지표가 반대로 갔을까요. 전문가들은 지금은 과거와 다르게 금리의 영향이 클 수밖에 없는 환경이라고 설명합니다.

우선 이번에는 전 세계적인 경기가 침체의 흐름을 보이는 데도 금리를 급격하게 인상했다는 점이 가장 큰 특징으로 꼽힙니다. 통상 기준금리는 경기가 활성화한 시기에 올리는 경우가 많습니다. 이 경우 금리를 올려도 수요자들의 소득은 그보다 더 오르니 '체감'이 크지 않습니다. 예를 들어 경제성장률이 5%에 달한다면 기준금리를 3%포인트 올린다고 해서 소비가 곧장 위축되지는 않는다는 설명입니다. 하지만 글로벌 경기침체 우려

| 지난 금리인상기 집값 추이 |

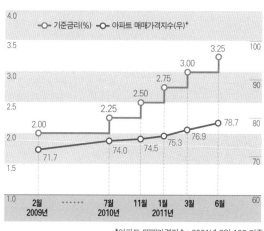

한국은행은 2010년 7월에 기존 연 2%였던 금리를 2.25%로 올린 것을 시작으로 1년 만에 모두 5차례에 걸쳐 3.25%까지 끌어올렸는데 집값은 오히려 올랐다. 2010년 7월 전국 아파트 매매가격지수는 74였는데 이후 지속해 집값이 오르며 2011년 6월 78.7을 기록했다. 그때는 기준금리와 집값이 함께 올랐다.

*아파트 매매가격지수: 2021년 6월 100 기준

자료: 한국부동산원, 한국은행

가 높았던 데다가 우리나라 역시 '저성장 시대'로 접어든 영향으로 금리 인상의 충격이 클 수밖에 없었다는 분석입니다.

송승현 도시와경제 대표는 "만약 금리가 5% 올라도 소득이 10% 오르면 금리인상분을 상쇄하고도 남겠지만 우리나라는 저성장 국면에 돌입했다는 점을 고려해야 한다"며 "소득으로 이자를 감당하기 어려워지니 금리의 변수가 더 강해진 것"이라고 설명했습니다.

오랜 저금리 환경에서 맞닥뜨린 급격한 금리 인상이 수요자들의 심리를 더욱 위축시켰다는 분석도 있습니다. 우리나라는 큰 틀에서 2010년대 초반 이후 약 10년간 기준금리를 인하했다고 볼 수 있는데요. 특히 2015년 이후부터는 기준금리가 1%대 이하로 이어져 왔으니 저금리 시대가 당연한 듯 여겨졌습니다. 그러다가 단기간에 갑작스럽게 금리가 오르니 수요자들이 적응하지 못했다는 겁니다.

서진형 공정주택포럼 공동대표(경인여대 교수)는 "오랜 기간 저금리를 겪어왔는데 갑작스럽게 고금리로 전환이 되니 수요자들의 인식이 금리 변화

| 최근 금리인상기 집값 추이 |

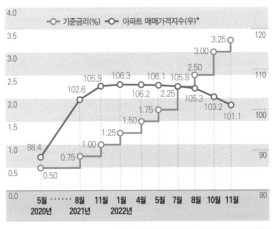

2010년경에는 기준금리와 집값이 함께 올랐는데 반해 2022년에는 두 지표가 반대로 간 이유는, 금리의 영향이 클 수밖에 없는 경기침체 때문이다. 즉, 금리가 5% 올라도 소득이 10% 오르면 금리인상분을 상쇄하고도 남겠지만 저성장 국면에서는 소득으로 (대출) 이자를 감당하기 어려워지니 금리 변수가 더 강해진 것이라는 분석이다.

*아파트 매매가격지수: 2021년 6월 100 기준

자료: 한국부동산원, 한국은행

속도를 따라가지 못하면서 심리가 얼어붙었다"고 분석했습니다.

아울러 그간 전세대출이 활성화된 영향도 지적됩니다. 과거에는 대출 금리 인상으로 집을 사기가 부담스러우면 전세를 선택하는 경우가 많았다고 하는데요. 하지만 이제는 전세를 선택하려 해도 전셋값이 워낙 높으니 대출을 받아야 해 부담스럽기는 마찬가지입니다.

결국 과거에는 집값이 떨어져도 전셋값이 버텨주면서 부동산 경기침체 흐름을 어느 정도 완화해 주기도 했는데요. 이제는 그렇지 않은 환경이라는 겁니다. 매매가격도 전셋값도 동반 하락하면서 국내 주택시장에 더 큰 충격을 줬다는 설명입니다.

금리 내려도 경기가 살아야 시장 반등

그렇다면 앞으로는 어떨까요. 한국은행이 2023년 들어 기준금리를 동결하기 시작했는데요. 금리를 내릴 수 있다는 전망까지 나왔습니다. 일단은 예상치 못했던 급격한 금리 인상의 시기에서는 벗어난 만큼 과하게 위축했던 수요는 살아날 수 있다는 분석이 나옵니다.

여기에 더해 부동산시장에서 금리의 존재감이 줄어들면서 앞으로는 경기흐름이나 정부의 정책 등 다른 요소들이 시장의 주요 변수로 작용할 가능성이 커지고 있습니다. 다만 당분간 '고금리'가 유지되는 것에는 변함이 없을 텐데요. 이런 가운데 저성장이 지속되는 한 주택시장이 크게 반등하기는 어려울 거라는 전망도 많습니다. 혹여 금리가 하락하더라도 국내외 경기가 활성화돼야 분위기가 확 바뀔 수 있을 거라는 분석입니다.

'급매 거래'로 만들어진 집값, 믿어도 될까?

2022년 하반기, 국내 주택시장은 그야말로 급격한 침체에 빠졌습니다. 경착륙에 대한 우려의 목소리가 높았는데요. 12월 마지막 주 주간 아파트 매매가 변동률이 0.76%를 찍으며 역대 최대 낙폭 기록을 세우기도 했습니다. 글로벌 금융위기 이후 우리나라 주택시장이 침체기에 빠졌던 2010년대 초보다 더 빠른 속도로 집값이 빠졌던 겁니다.

그런데 당시 일각에서는 집값 하락이 역대급 거래절벽 속에서 이뤄졌다는 점을 들어 '착시'가 있을 수 있다고 주장하는 목소리도 있었습니다. 무슨 이야기일까요.

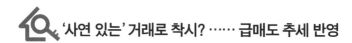

'사연 있는' 거래로 착시? …… 급매도 추세 반영

2022년 부동산시장 침체기는 이전의 글로벌 금융위기 이후의 침체기와는 다른 점이 있었는데요. 10여 년 전 침체기에는 리먼 브라더스 파산으로 전 세계 경제가 크게 휘청거렸던 2008년 말을 제외하고는 거래량이 적지 않았다는 점에서 차이가 있습니다. 반면, 2022년의 경우 1년 내내 거래가 잘 이뤄지지 않았지요.

이는 급격한 금리 인상으로 매수 수요가 크게 위축한데다가 지난 정부에서 강화했던 규제가 여전했던 영향으로 풀이되는데요. 이에 따라 가격을 크게 낮춘 급매 위주의 거래가 대다수를 이뤘다는 겁니다.

일각에서는 이때 나온 주택들이 주로 '사연 있는' 매물이라고 지적하면서 '정상 거래'와는 다르다고 주장한 건데요. 급매 위주의 거래만 나타나다 보니 통계가 왜곡되고 있다는 지적입니다. '현실'보다 가격하락세가 더

| 서울 아파트 매매 거래량 추이 | [단위: 건]

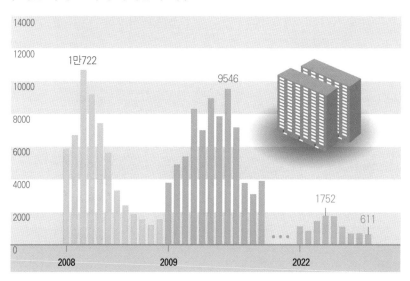

자료 : 서울부동산정보광장

거래절벽으로 통계가 매우 적은 기간 중에는 이른바 '사연 있는' 매물이 과하게 낮은 가격으로 거래될 경우 통계수치가 왜곡되어 나타나기도 한다. 하지만 시장침체기에 급매 거래를 단순히 '착시'로만 판단할 수는 없다. 급매물 역시 추세적인 하락세에 나타나는 현상 중 하나로 봐야 하기 때문이다.

가팔라 보인다는 거지요. 이는 어느 정도 맞는 말이기는 하지만, 이런 해석에 유의할 점도 있습니다.

전문가들은 일부 거래의 경우 과하게 낮은 가격에 이뤄지면 착시를 줄 가능성이 있다는 데 대체로 동의합니다. 거래절벽으로 통계가 매우 적은 가운데 이른바 '사연 있는' 매물이 과하게 낮은 가격으로 거래되니 수치가 왜곡되는 것은 어찌 보면 당연한 일이기도 합니다.

하지만 부동산시장 침체기에 급매 거래를 단순히 '착시'로만 판단할 수는 없다는 견해도 있습니다. 급매물 역시 추세적인 하락세에 나타나는 현상 중 하나로 봐야 한다는 지적입니다.

예를 들어 10억원에 팔리던 아파트가 급매로 6억원에 팔렸다고 가정해볼까요. 이 거래가 정말 '비정상 거래'가 되려면 다음 매물이 다시 10억원 정도에 팔려야 합니다. 하지만 다른 거래가 9억원, 8억원 등 지속해서 낮은 가격에 거래된다면 6억원의 거래가 무조건 비정상적이라고 볼 수만은

| 2022년 4분기 대비 2023년 1분기 서울 아파트 상승거래 비중 |

	■ 5% 이내 상승	■ 5% 초과 상승	■ 상승거래 전체
6억원 이하	26.8%	32.0%	29.6%
6~9억원 이하	29.9%	24.0%	26.7%
9~15억원 이하	29.9%	35.3%	32.9%
15억원 초과	13.4%	8.79%	10.8%

자료 : 국토교통부 실거래가 공개시스템, 부동산R114

2023년 들어 서울 아파트 매매 가격상승률이 반등하는 분위기가 감지되고 있다. 특히 9억원~15억원 사이 아파트 가격상승률이 가장 높은 것으로 나타났다. 전문가들은 2022년에 나온 급매물이 상당수 소진된 결과라고 분석한다.

없다는 설명입니다.

더욱이 당시에는 집주인들이 '급매'를 할 수밖에 없는 환경이 만들어졌다는 분석도 있는데요. 지난 수년간 이른바 갭투자로 집을 산 사람들이 급증했지요. 그런데 매매가격은 물론 전셋값도 떨어지면서 어려움에 처한 집주인이 늘었습니다. 기존 세입자가 나가게 되면 집주인이 돈을 더 마련해야 하기 때문입니다. 이렇게 되면 급하게 집을 내놓는 경우가 생길 수밖에 없지요.

결국 이는 '개인적인 사연'이라기보다는 갭투자가 급증한 데 따른 구조적인 문제라고 볼 수 있습니다. 침체기에는 급매가 나올 수밖에 없는 환경이 만들어질 가능성이 크다는 의미입니다. 아울러 가족 간 특수거래를 포함한 직거래 비중이 늘었다는 점도 통계를 왜곡할 수 있다는 지적도 있었는데요.

하지만 한국부동산원에 따르면 직거래의 경우 조사원이 해당 거래를 가격변동률에 반영할지를 구분해서 판단한다고 합니다. 지인 간에 '반값 거래'를 한 게 무조건 집값에 반영돼 통계를 왜곡하는 게 아니라는 겁니다.

결국 2022년 집값이 급매 위주로 이뤄지면서 하락 폭이 다소 과해 보였다고는 볼 수 있겠지만, 그렇다고 해서 전반적으로 집값이 빠지는 국면이었다는 점을 부인하기는 어려웠던 게 사실입니다.

송승현 도시와경제 대표는 "급매 거래가 가격적인 면에서 100% 신뢰를 준다고 보기는 어렵지만, 급매 외에도 하락 거래가 지속해 이뤄졌던 만큼 집값 흐름의 추세가 완연하게 꺾이는 국면이었다고 볼 수 있다"고 설명했습니다.

땅주인이라고
다 같은 땅주인이 아니다!

— 토지 소유 통계에 얽힌 오해와 진실 —

"우리나라 전체 인구의 35.8%가 땅주인이고, 세대 기준으로는 61.7%가 토지를 소유하고 있다."

이 통계를 처음 접하면 놀랄 수밖에 없는데요. 전 국민의 셋 중 한 명이 땅주인이라니요. 주변에 땅을 산 사람이 이렇게 많았나 싶습니다. 물론 우리가 알게 모르게 땅을 사둔 이들도 있을 겁니다. 엄청난 규모의 땅을 보유한 '땅부자'들도 꽤 있겠고요. 그런데 사실 본인도 평소에 인지하지 못하지만, 알고 보면 '땅주인'인 경우도 적지 않습니다. 아파트 1채, 혹은 연립주택 1채를 보유한 유주택자들이 그렇습니다.

국토교통부는 2007년부터 전국의 토지 소유 현황을 발표하고 있는데요. 개인과 법인의 소유 현황을 비교적 상세하게 살펴볼 수 있습니다. 국토교통부 통계누리(stat.molit.go.kr), 통계청 국가통계포털(kosis.kr)에서 누구나 열람할 수 있습니다.

아파트 혹은 빌라 주인도 '땅주인'

국토교통부에 따르면 2021년 말 기준 국내에서 땅을 보유한 인구는 1851 만명으로, 전체 인구(5146만명)의 35.8%를 차지했습니다. 이 '땅주인들'이 해마다 늘고 있는데요. 2018년 1732만명에서 3년 만에 100만명 이상 증가했습니다. 세대를 기준으로 하면 땅주인의 비율이 더 높아지고 있는데요. 총 2347만세대 가운데 무려 61.7%인 1449만세대가 토지를 소유하고 있습니다.

이처럼 땅주인들이 많아 보이는 데에는 이유가 있습니다. 이 통계에는 우리가 흔히 '땅'이라고 생각하는, 즉 건물이 없는 논·밭 같은 토지 외에도 아파트나 다세대·연립주택 등 '대지권이 설정된 토지' 역시 포함된다는 점입니다.

단독주택을 보유하게 되는 경우 '땅'까지 포함된다는 인식을 어렵지 않게 할 수 있는데요. 아파트를 살 때는 본인이 땅까지 갖게 되는지 잘 모르고

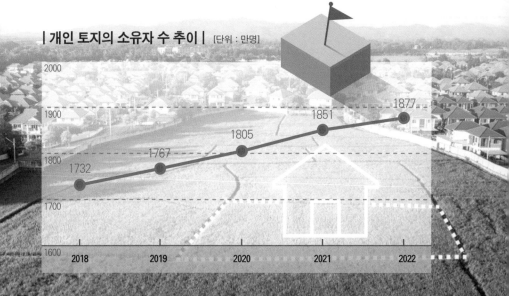

| 개인 토지의 소유자 수 추이 | [단위 : 만명]

- 1732 (2018)
- 1767 (2019)
- 1805 (2020)
- 1851 (2021)
- 1877 (2022)

지나치는 경우가 적지 않을 겁니다. 아파트 전체 단지의 대지면적을 가구 수로 나눠 등기부에 표시되는 면적을 '대지지분'이라고 하는데요. 이게 바로 '토지'입니다. 예를 들어 한 단지의 전체 대지면적이 10만㎡라고 해볼까요. 이

| 면적규모별 토지 소유 세대 수 | [단위 : 세대]

구분	세대 수
10m² 미만	27만4043
10~50m² 미만	400만923
50~100m² 미만	231만1593
⋮	
100,000~500,000m² 미만	3만7746
500,000m² 이상	1665
전체	1469만6012

※2022년 말 기준, 자료: 국토교통부

중 전용면적 84㎡의 대지면적이 40㎡라면, 전체 단지 토지의 2500분의 1을 소유하고 있다는 의미입니다.

이 통계를 구체적으로 들여다보면 더욱 실감이 나는데요. 개인 토지를 면적별로 보면, 50㎡ 미만을 소유한 이들이 상당수라는 걸 알 수 있습니다. 총 1851만명 가운데 653만명으로 전체의 3분의 1이 넘는 규모입니다. 세대를 기준으로 봐도 총 420만세대 가량이 50㎡ 미만의 토지를 갖고 있습니다.

이들 대부분이 아파트 등 공동주택을 보유한 경우로 볼 수 있습니다. 국토교통부 관계자는 "50㎡ 미만의 경우 작은 단위로 토지를 소유하는 경우가 있을 수 있지만, 대부분은 (공동주택의) 대지권이 설정된 토지라고 보고 있다"고 설명했습니다.

토지를 소유한 세대의 비율이 높아 보이는 데에도 이유가 있는데요. 이 '세대'라는 건 우리가 흔히 생각할 수 있는 같은 공간에서 생활하는 '가구'와는 다른 개념입니다.

이 통계에서는 주민등록상의 '세대'로 소유 여부를 구분하고 있습니다.

예를 들어 혼자 독립해 사는 '1인 가구'라도 주민등록상 세대명부에 가족과 함께 기록돼 있다면 '같은 세대'가 됩니다. 부모님이 땅을 가졌다면, 본인도 땅을 소유한 세대에 속하게 되는 셈이지요.

또 토지를 공동소유하는 경우에는 그 수만큼 나눠서 통계에 반영하게 되는데요. 예를 들어 부부가 아파트를 공동명의로 보유한다면, 모두 2명이 땅주인이라고 산정을 하는 겁니다.

이밖에 이 통계에서는 우리나라 토지 소유 현황의 여러 특징들을 확인할 수 있는데요. 일단 우리나라에 땅부자들이 많다는 사실이 눈에 띕니다. 가액 규모, 즉 땅값으로 따져봤을 때 100억원 이상의 땅을 보유한 부자들이 1만명이 넘는 것으로 나타났습니다. 아울러 1억원에서 5억원 미만의 땅을 가진 이들이 630만명 가량으로 가장 큰 비중을 차지하고 있지요.

또 면적 기준으로 토지소유자 상위 3%가 전체 땅의 절반 이상을 보유하고 있다는 점도 눈에 띕니다. 상위 1%만 따져봐도 전체 땅의 32%가량을 차지하고 있는데요. 이들은 평균 10만3600㎡(약 3만1346평)의 땅을 갖고 있다고 합니다. 땅주인도 다 같은 땅주인이 아니네요.

| 토지 소유 세대 상위 3% 현황 |

백분위	98	99	100
세대주 평균 연령(세)	65.2	65.1	65.0
총소유 면적(km²)	3702.4	5444.3	1만5041.3
면적점유율(%)	8.0	11.7	32.4
평균 소유 면적(m²)	2만5193.4	3만7046.3	10만2349.7

※2022년 말, 토지면적 기준, 자료: 국토교통부

집값 통계, 무엇을 봐야하나?

───── 부동산 투자에 필요한 통계를 찾고 해석하는 법 ─────

주간아파트가격동향, 월간주택가격동향, 공동주택실거래가격지수……. 현재 한국부동산원에서 제공 중인 부동산 시세 관련 통계입니다. KB국민은행, 부동산R114 등 민간에서 제공하는 통계까지 고려하면 부동산 시세 관련 통계 종류만 20개가 훌쩍 넘어갑니다.

　같은 기관에서 발표하는 통계라도 종류에 따라 공표 주기와 집계 방식 등 차이를 보입니다. 이를 해석하는 방법도 조금씩 다를 수밖에 없겠지요. 정보의 홍수 속에서 필요한 통계만 콕 집고, 또 정확히 해석하려면 어떻게 해야 할까요.

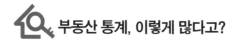 부동산 통계, 이렇게 많다고?

부동산 시세 관련 통계 중 국가 승인 통계는 모두 5개입니다. 국토교통부

산하기관인 한국부동산원이 작성하는 통계로 △전국주택가격동향조사, △공동주택실거래가격지수, △오피스텔가격동향조사, △상업용부동산 임대동향조사, △전국지가변동률조사입니다.

이중 집값과 관련된 건 '전국주택가격동향조사'와 '공동주택실거래가 격지수'인데요. 가격동향조사는 주간과 월간으로 나눠 각각 발표합니다. 주간동향에선 아파트만, 월간동향에선 아파트와 연립, 단독까지 포함해 조사합니다.

월간주택가격동향은 전반적인 주택시장의 흐름을 보기에 편리합니다. 월간동향을 보면 2022년 상반기까지 보합이었던 집값이 같은 해 하반기 부터 하락하기 시작했고, 2023년 1월 들어 조금씩 낙폭을 줄이고 있다는 사실을 알 수 있습니다.

주간동향은 특정 시점 전후 비교에 용이합니다. 예를 들어 2023년 1월 중에서도 하락 폭이 감소하기 시작한 건 1월 9일부터입니다. 2023년 국토 교통부 업무보고, 일명 '1·3 대책'이 발표된 직후입니다. 정부가 전방위 규제 완화를 예고하면서 하락세가 조금씩 완화된 것으로 보입니다.

| 부동산 통계 종류 |

한국부동산원	KB부동산	부동산R114
전국주택가격동향조사, 공동주택실거래가격지수, 오피스텔가격동향조사 등	주택가격동향조사, 소득대비주택가격, 부동산시장심리, 월간선도아파트 등	아파트가격동향, 실거래동향, 오피스텔가격동향, 아파트공급동향 등

민간기관인 부동산R114와 KB부동산도 가격동향을 제공하는데 조사 · 분석 방식이 다릅니다. 한국부동산원은 전문조사자가 직접 가격을 산정하지만, KB부동산과 부동산R114는 중개업소가 입력한 시세, 즉 '호가'를 바탕으로 자체 검증을 거쳐 발표합니다.

분석 방식에서도 △한국부동산원 제본스지수(가격비율 기하평균), △KB부동산 칼리지수(가격비율 산술평균), △부동산R114 듀토지수(표본가격 총합계비) 등으로 차이를 보입니다.

🔍 실거래 · 수급동향이 혼란스러울 때

가격동향은 광범위한 지역의 집값 변화를 신속하게 확인할 수 있다는 장점이 있지만, 실제 거래가 아닌 업계의 분석을 기반으로 한다는 점에서 한계가 있습니다. 이때 참고할 수 있는 통계가 '실거래가격지수'입니다.

실거래가격지수는 실제 거래된 공동주택의 가격정보를 활용한 통계입니다. 한국부동산원의 경우 거래가 2번 이상 신고된 동일 주택의 가격변동률과 거래량을 기반으로 지수를 산출합니다.

주의할 점은 항상 최신 지수를 확인해야 한다는 겁니다. 공표 이후 수치가 고정되는 가격지수와 달리 실거래가격지수는 언제든 조금씩 변할 수 있습니다. 거래가 2번 미만이면 통계에 반영되지 않기 때문인데요. 이후 동일 주택에서 거래가 추가로 발생하면 뒤늦게 통계에 반영되고, 첫 거래 이후 발표된 모든 지수값이 변동하는 것이지요.

부동산 거래 신고기간이 계약 후 30일 이내라는 점도 고려해야 합니다. 해당 월의 거래 신고가 마무리되고 통계를 작성하는 탓에 거래 후 약

90일 이후에 통계가 발표됩니다. 이 때문에 시장 현황을 실시간으로 파악하는 것은 어려울 수 있습니다.

서울시가 이런 단점을 보완해 자체 실거래지수를 만들었다고도 밝혔는데요. 2023년 내 통계청 협의 후 공표 여부를 결정한다고 하니 시장에서 참고할 수 있는 통계가 하나 더 늘 것으로 보입니다.

이밖에 참고할 만한 통계로는 '수급동향'이 있습니다. 집을 팔고 싶은 사람이 많은지, 사고 싶은 사람이 많은지를 비교한 지수인데요. 매수 우위라면 가격 상승을, 매도 우위라면 가격 하락을 점쳐볼 수 있습니다.

다만, 한국부동산원 '수급지수'는 전문조사자가 5점 척도로 입력하는데 반해, KB부동산 '매수우위지수'는 중개업소가 3점 척도로 입력해서 지수 차이가 큽니다. 두 곳 모두 100을 기준으로 숫자가 클수록 매수자가 많음을 의미하는데, 2023년 5월 말 기준, 한국부동산원은 84.8, KB부동산은 25.6입니다.

결국 각각의 통계를 보고 절대적인 수치를 직접 비교하는 건 무리입니다. 특히 상승·하락 등 상이한 방향을 가리키면 혼란스러울 것 같기도 한데요. 각 기관의 표본과 집계·분석 방식이 다르다는 점을 고려해 해석에 유의해야겠습니다.

우리 동네 아파트
시가총액은 얼마일까?

— 아파트 순위 손쉽게 매기는 법 —

'시가총액'

통상 주식시장에서 쓰는 용어인데요. 이는 상장 주식을 시가로 평가한 총
액으로, 개별 기업을 비롯해 전체 주식시장의 큰 흐름을 파악할 수 있는
지표입니다. 주택시장에서도 이와 같은 개념의 '아파트 시가총액'을 활용
할 수 있는데요. 개별 아파트 단지부터 지역 단위 아파트들의 몸값을 한
눈에 볼 수 있습니다. 물론 부동산시장의 큰 흐름을 파악하는 여러 지표
중 하나로도 쓸 수 있지요.

아파트에도 '시가총액'이 있다고요?

주식시장에서 시가총액은 상장 주식의 '발행 주식 수'에 '주당 가격'을 곱
한 값을 말합니다. 한마디로 해당 기업의 '몸값'으로 볼 수 있는데요. 국내
에선 단연 삼성전자가 시가총액 1위로 가장 몸값이 높지요. 상장 기업들

의 시가총액을 전부 합친 액수가 코스피 전체 시가총액이 되고, 이를 지수화한 게 코스피 지수입니다.

이들 수치를 통해 특정 기업의 가치가 오르는지 내리는지 파악하고 나아가 시장 전체 동향을 살필 수 있는데요. 아파트 시가총액도 개념은 같습니다. '가구 수'에 '시세'를 곱한 값을 시가총액으로 보는데요. 단순 식으로 보면 A아파트가 500가구 규모에 시세(평균매매가격)가 5억원이라고 가정할 때 A아파트의 시가총액은 총 2500억원(500가구×5억원)이 되는 식입니다.

KB부동산의 'KB선도아파트 50지수'가 대표적인 지수입니다. 시가총액 상위 50개 단지의 아파트를 선정해 매달 시가총액 변동률을 지수화한 자료인데요. 전국에서 아파트 몸값을 줄 세워서 1등부터 50등까지만 뽑아낸 셈이지요. 전국에서 제일 비싼 50개 아파트인 만큼 시장 전체 흐름을 살펴볼 수 있는 일종의 '집값 풍향계'라 하겠습니다.

실제로 2022년 6월부터 KB선도아파트 50지수가 내리자 본격적인 하락장에 진입했다는 평가가 나왔습니다. 이 지수는 2022년 11월 3.14% 하락하며 지난 2020년 4월(0.91% 하락) 이후 2년 7개월 만에 최대 하락폭을 기

| KB선도아파트 50지수 월별 추이 |

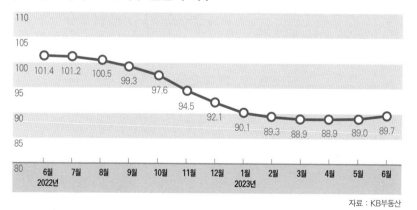

자료 : KB부동산

247

록해, 전국적으로 나타나는 집값 하락세가 랜드마크 아파트에도 반영된 것으로 분석됐는데요. 2023년 2월에는 지수가 89.3까지 주저앉으며 '시장 침체'를 알렸습니다. 다만 차츰 다시 지수가 올라 같은 해 6월엔 89.7까지 상승해, 한파가 조금씩 풀리고 있다고 보는 시각도 나옵니다.

| 전국 시가총액 톱50 아파트 | [단위 : 조원]

순위	지역	단지명	시가총액	순위	지역	단지명	시가총액
1	송파구 가락동	헬리오시티	15.73	26	송파구 잠실동	아시아선수촌	4.77
2	송파구 신천동	파크리오	14.03	27	용산구 서빙고동	신동아	4.71
3	송파구 잠실동	잠실엘스	12.78	28	강동구 고덕동	래미안힐스테이트고덕	4.64
4	서초구 반포동	반포자이	12.68	29	양천구 목동	목동신시가지7단지	4.54
5	송파구 방이동	올림픽선수기자촌	12.61	30	양천구 신정동	목동신시가지14단지	4.52
6	송파구 잠실동	리센츠	11.68	31	강남구 대치동	래미안대치팰리스1단지	4.45
7	강남구 대치동	은마	10.28	32	송파구 신천동	장미(1차)	4.26
8	서초구 반포동	래미안퍼스티지	9.80	33	강동구 암사동	강동롯데캐슬퍼스트	4.13
9	송파구 잠실동	잠실주공5단지	9.75	34	서대문구 남가좌동	DMC파크뷰자이	4.07
10	강남구 압구정동	현대(신현대)	8.74	35	송파구 잠실동	우성1,2,3차	4.00
11	강남구 도곡동	도곡렉슬	8.74	36	양천구 목동	목동신시가지5단지	3.98
12	송파구 문정동	올림픽훼밀리타운	8.52	37	용산구 이촌동	한가람	3.78
13	강남구 대치동	한보미도맨션	8.05	38	양천구 신정동	목동신시가지13단지	3.73
14	송파구 잠실동	트리지움	7.83	39	중구 신당동	남산타운	3.68
15	서초구 서초동	삼풍	6.96	40	강남구 대치동	선경(1,2차)	3.67
16	강남구 압구정동	현대(6,7차)	6.83	41	서초구 잠원동	신반포(한신4차)	3.64
17	강동구 고덕동	고덕그라시움	6.75	42	강남구 대치동	동부센트레빌	3.63
18	서초구 반포동	아크로리버파크	6.24	43	마포구 성산동	성산시영	3.54
19	송파구 잠실동	레이크팰리스	5.95	44	양천구 신정동	목동신시가지9단지	3.46
20	강동구 상일동	고덕아르테온	5.44	45	양천구 신정동	목동신시가지10단지	3.38
21	강남구 압구정동	현대(1,2차)	5.43	46	양천구 목동	목동신시가지1단지	3.35
22	마포구 아현동	마포래미안푸르지오	5.18	47	강서구 화곡동	강서힐스테이트	3.31
23	강남구 도곡동	타워팰리스(1차)	5.02	48	강남구 개포동	디에이치아너힐즈	3.23
24	서초구 잠원동	신반포(한신2차)	5.02	49	양천구 목동	목동신시가지2단지	3.22
25	강남구 개포동	래미안블레스티지	4.96	50	영등포구 여의도동	시범	3.22

(2023년 7월 기준. 50위까지 모두 서울 / 자료 : KB부동산)

헬리오시티(이미지 출처: 건원주택)

주식에 삼성이 있다면 부동산엔 강남이 있다!

그야말로 아파트 시가총액 지수가 '집값 풍향계'로 작용하는 듯한데요. 그렇다고 이 지수가 시장 전반을 대변한다고 보긴 어렵습니다. 워낙 비싼 아파트만 줄 세운 지수인 데다 50개 단지 대부분이 서울에 위치하고 그중에서도 '부촌'으로 꼽히는 강남3구(서초·강남·송파) 위주거든요. 전국 시장의 분위기를 가늠하기에 한계가 있지요.

실제로 2023년 7월 기준 'KB선도아파트 지수'에 속한 50개 단지 중 비서울권은 단 한 곳도 이름을 올리지 못했습니다. 한창 부동산 상승기 때는 경기도나 부산에서도 상위 50위에 랭크되는 아파트가 있었는데, 부동산 하락기 들어서면서 온도차가 극명히 벌어진 영향으로 풀이됩니다.

20위권까지 모두 강남3구 아파트였습니다. 시가총액 1위는 서울 송파구 가락동 헬리오시티(시세총액 15조7300억원)고요. 이어 송파구 신천동 파크리오(14조300억원), 송파구 잠실동 잠실엘스(12조6800억원) 순으로 나타났습니다.

이 밖에는 강남권인 강동구를 비롯해 비강남권 중에서도 핵심 지역으로 꼽히는 마포, 용산, 목동 등에 위치한 아파트들이 이름을 올렸습니다. 강동구 상일동 고덕아르테온(20위), 마포구 아현동 마포래미안푸르지오(22위), 용산구 서빙고동 신동아(27위), 강동구 고덕동 래미안힐스테이트고덕(28위), 양천구 목동 목동신시가지7단지(29위) 등입니다.

개별 단지의 시가총액을 구한 뒤 그 지역에 있는 아파트 시가총액을 모두 더하면 지역 단위의 아파트 시가총액도 확인할 수 있는데요. 지역별 아파트 시가총액을 보면 그 지역의 집값 수준을 가늠할 수 있지요. 시점별 액수의 흐름에 따라 집값 상승세 및 하락세도 판단해 볼 수 있습니다.

불황에도 호황에도 분양가는 오른다?

───── 원자잿값 오르고, 상한제 풀리고 ─────

"미분양 주택은 소비자들이 '그 가격으로는 사지 않겠다'는 주택입니다. 미분양 중에도 분양가를 낮추니 바로 완판된 사례가 있습니다."

국토교통부 장관이 미분양 주택 급증 문제에 대해 자신의 SNS에서 했던 언급입니다. 주택시장 침체로 미분양이 크게 늘자 정부가 대책 마련에 나서야 한다는 목소리가 나왔는데요. 이에 대해 정부가 무작정 도와주지는 않겠다며 건설사 등 사업 주체들이 가격인하 등 자구 노력을 먼저 해야 한다며 선을 그은 겁니다.

실제 2022년 하반기 이후 부동산시장 침체로 집을 사려는 사람이 급격하게 줄었는데도 불구하고 분양가는 좀체 낮아지지 않았습니다. 통상 수요가 줄면 가격을 낮춰서라도 '상품'을 팔려 할 텐데, 주택시장에서는 왜 반대의 현상이 나타난 걸까요.

원자잿값, 금융비용에 분양가 인상 불가피

주택도시보증공사(HUG)가 발표한 2023년 5월 말 기준 민간아파트 분양 가격 동향 자료에 따르면 전국 아파트 3.3㎡당 평균 분양가는 전년 동월 대비 11.8% 상승한 1613만7000원으로 집계됐습니다.

2023년 들어 부동산시장이 회복하는 분위기가 나타나고 있기는 하지만 2022년 하반기부터 2023년 상반기까지는 집값이 분명 하락했는데요. 특히 2022년의 경우 경착륙이 우려될 정도로 급락세가 나타나기도 했지요. 그런 와중에 분양가는 1년 만에 11%나 오른 셈입니다.

분양가는 건설사나 시행사, 정비사업조합 등 사업 주체들이 택지비와 건축비, 가산비 등 분양원가를 바탕으로 정하는데요. 시세와 금리, 시장 상황 등을 고려해 결정합니다.

건설사 등 사업 주체들은 분양가 상승이 불가피하다는 입장을 내놓습니다. 그 원인으로 가장 많이 꼽고 있는 것은 바로 원가상승입니다. 건설 원

| 민간 아파트 평당(3.3m²) 분양가 변화 | [단위 : 만원]

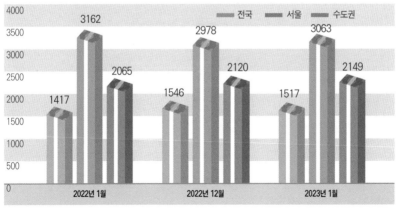

※월말 기준, 자료: 주택도시보증공사

자잿값과 인건비가 오르니 건축비 등 원가상승이 불가피하다는 건데요.

또 고금리에 따른 금융비용 증가도 분양가 인상의 원인으로 꼽습니다. 이처럼 집을 짓는 데 드는 비용이 늘어나니 분양가가 오르는 건 언뜻 당연해 보일 수 있습니다.

다만, 모든 상품이 그렇듯 주택도 원가만으로 가격이 정해지는 건 아니겠지요. 이익을 얻을 수 있어야 산업이 돌아갈 수 있습니다. 그래서 시장 상황이나 시세 등을 반영해 적정 수준의 수익을 고려해 분양가를 책정합니다.

정부가 분양가 상한제 등으로 개입하는 것은 사업 주체들이 과하게 수익을 챙겨가느라 실수요자들의 부담이 지나치게 커지는 것을 막기 위해서입니다. 분양가 상한제는 주택을 분양할 때 택지비와 건축비에 건설업체의 적정 이윤을 보탠 분양가격을 산정해 그 가격 이하로 분양하도록 유도하는 제도를 말합니다.

🔍 고분양가 외면에도 …… 조합분담금 탓, 낮추기 한계

부동산 활황기에는 집값이 쑥쑥 오르니 분양가가 높아도 수요가 많아 높은 수익을 추구할 수 있습니다. 하지만 침체기에는 그렇지 않습니다. 분양가를 너무 올리면 수요자들이 외면할 가능성이 크기 때문입니다. 침체기에는 분양가에 대한 민감도가 더욱 커지기 마련입니다.

미분양이 날 경우 사업 주체들은 수익은커녕 손해를 볼 가능성마저 있습니다. 건설사나 조합도 이것만은 피하고 싶을 텐데요. 수익을 위해 가격을 무작정 올렸다가는 되레 손해를 볼 수 있으니 '적정 수준'의 집값을 정할 필요가 있습니다.

이에 따라 미분양이 너무 많을 경우 일부 단지에서는 처음에 책정했던 가격보다 싸게 파는 '할인 분양'을 하는 사례가 나타나기도 합니다. 할인 분양을 하면 자칫 안 좋은 이미지를 얻을 수도 있는데요. 수요자들이 집이 안 팔리는 데는 이유가 있을 거라며 더욱 기피할 가능성이 있기 때문이지요.

그렇다면 처음부터 수요자들이 움직일 수 있을 만한 수준으로 가격을 정하면 될 텐데, 왜 그렇게 하지 않은 걸까요? 업계에서는 그게 쉬운 일은 아니라고 설명합니다. 특히 재개발·재건축 등 정비사업의 경우 가격을 낮추면 조합원들의 분담금이 늘어납니다. 이에 따라 조합은 차라리 초반 미분양을 감안하더라도 분양가를 다소 높게 책정하는 경향이 있다는 설명입니다.

사업 주체 입장에서만 보자면, 시간이 다소 걸리더라도 결국에는 준공 전 미분양, 즉 악성 미분양이 되기 전에 물량을 소진하면 큰 문제가 되지 않는다는 점도 있습니다. 이른바 '완판'이 되기까지 비용이 더 들기는 하겠지만 큰 타격을 받을 정도는 아니라는 설명입니다.

이런 이유로 과거 글로벌 금융위기 이후 이어진 주택시장 침체기에도

| 최근 서울 주요 분양단지 평(3.3m²)당 분양가 | [단위 : 만원]

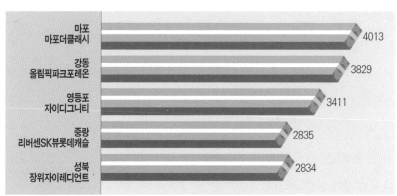

마포	마포더클래시	4013
강동	올림픽파크포레온	3829
영등포	자이디그니티	3411
중랑	리버센SK뷰롯데캐슬	2835
성북	장위자이레디언트	2834

수요자의 움직임에 따라 할인 분양을 하긴 했지만 처음부터 분양가를 낮추는 경우는 많지 않았습니다.

권일 부동산인포 리서치팀장은 "정비사업의 경우 분양가를 낮추면 낮출수록 조합원들의 부담이 늘어나는 구조라는 점에서 가격을 낮추는 데에는 한계가 있을 수밖에 없다"며 "이에 따라 일단은 약간의 비판을 감수하면서도 일정기간 내에 팔릴 수 있을 만한 가격을 선택하려는 것"이라고 설명했습니다.

2023년 들어서는 정부가 규제를 완화한데다가 금리 인상도 잦아들면서 청약시장의 분위기가 다시 살아나는 흐름이 나타납니다. 특히 서울과 수도권을 중심으로 회복하는 분위기인데요.

2023년 초 정부가 내놓은 1·3 부동산 대책으로 강남3구와 용산구를 제외한 모든 지역의 민간택지가 분양가 상한제 적용 지역에서 해제됐습니다. 여기에 더해 원자잿값이 지속해 오르면서 분양가는 더욱 빠르게 상승했습니다. 서울 강북권은 물론 경기도 광명시와 의왕시 등에서 84㎡ 평형 분양가가 10억원을 훌쩍 뛰어넘고 있습니다.

그런데도 시장에서는 '분양가는 오늘이 제일 싸다'는 인식이 확산되면서 수요자들이 몰려들고 있지요. 결국 분양가는 침체기에도, 회복기에도 오르기만 한 셈입니다.

물론 이런 분위기가 앞으로도 계속 이어질지는 지켜봐야 할 겁니다. 과거 글로벌 금융위기 때인 2008년에는 미분양이 16만가구에 달할 정도로 심각했는데요. 이후 침체기가 이어지면서 지방은 물론 서울에서도 이른바 '눈물의 할인 분양'이 유행처럼 번졌습니다. 분양가를 낮추지 않으면 더 큰 손해를 볼 게 뻔하니 분담금을 더 내야 하는 조합들도 할인 분양에 나설 수밖에 없었습니다.

아파트 '원가계산법'이 있다고요?

─ 분양가 적절한지 알아보는 방법 ─

'공사비 증액할게요.'

아파트 공사비 증액을 둘러싼 분쟁이 끊이질 않습니다. 공사비가 오르면 가구분담금 및 분양가도 인상되기 때문에 불만이 커질 수밖에요. 가뜩이나 집값 하락세라 가격에 더 민감합니다. 그러나 시공사 입장에선 인상된 자재비, 인건비 등을 반영하자니 공사비 증액이 불가피해 보이는데요. 그렇다고 확 와 닿진 않습니다. 공사비 등 분양 원가가 비밀이니까요!

시장에선 아파트 원가 대비 분양가 또는 품질 수준이 적정한지 가늠해보기 위해 임의로 원가계산법을 만들어 공유하기도 하는데요. 얼마나 신뢰성 있는 데이터가 나올지는 여전히 의문입니다.

🏠🔍 분양가 책정이 영업비밀?

'억' 소리 나는 분양가를 보면 대체 얼마나 고급 마감재를 쓴 건지, 주택사업자는 마진을 얼마나 남기는지 등이 궁금할 법 한데요. 아쉽게도 분양가는 시공사 등 주택사업자의 '영업비밀'인 만큼 공개되고 있지 않습니다. 공공택지 분양가 상한제 적용 주택의 경우 일부 항목을 공개하도록 돼 있지만 그 외 주택은 대부분 공개의무가 없지요.

그러자 시장에선 임의로 아파트 원가를 계산해 공사비나 분양가가 적정한지를 평가하는 방법이 공유되기도 합니다. 일례로 아파트 원가 항목별로 이미 공개된 수치를 최대한 활용해 단순 계산하는 방법이 있는데요. 아파트 원가는 크게 △토지비, △건축비, △가산비로 구성됩니다.

'토지비'는 평당 땅값에 세대당 대지지분을 곱해서 구하는데요. '건축비'는 전체 연면적에 평당 건축비를 곱해서 구합니다. 이때는 매년 국토교통부에서 발표하는 기본형 건축비를 이용하지요. '가산비'는 토지비와 공사비를 제외한 기타 모든 비용을 말하는데요. 통상 토지비와 건축비를 합한 금액에 약 20% 내외로 추산합니다. 이들 비용을 모두 더해 세대 원가로 보는 거지요.

이 보다 더 단순한 계산법도 있습니다. 아파트의 총 공사비를 총 가구

| 아파트 분양 원가계산법 |

토지비	건축비	가산비
토지가 + 취득세 + 중개수수료 등	직접공사비	토지 및 직접공사비를 제외한 기타 비용

수로 나눠 세대당 공사비를 산출한 다음 줄 세우기를 해서 단지별로 비교하는 방법인데요. 평당 공사비보다 총 공사비가 커뮤니티 시설, 단지 조경 등이 포함된 금액으로 보고 고급화 수준 등을 따지는 것이 오히려 합리적이라고 본 겁니다.

가령 2023년 입주한 강남구 개포동 개포자이프레지던스의 경우 총 공사비가 1조1389억원, 총 3375가구로 세대당 공사비는 3억3745만원으로 단순 계산되는데요. 일대에서 비슷한 시기에 비슷한 규모로 들어서는 아파트가 있다면 이를 기준 삼아 고급화 수준을 비교해 볼 수 있다는 겁니다.

하지만 이 같은 방법은 그야말로 추산일 뿐 오차가 큽니다. 단지의 입지, 공사 현황 등에 따라 비용이 상당히 달라지기 때문입니다.

한 부동산 전문가는 "공사 현장마다 암반, 경사지 등 조건이 매우 다르기 때문에 일괄적으로 원가를 추정하는 건 불가능하다"며 "공사비도 표준형건축비만 나와 있지 기초공사비는 안 나와 있고 토지가격에 따라 차이도 많이 난다"고 말했습니다. 이어 "대지지분이 많다고 해도 용적률이 낮으면 땅값이 상대적으로 저렴하고, 공사기간이 길어지면 이자비가 추가로 붙는 등 단지별 추진 현황에 따라서도 비용이 매우 달라지기 때문에 임의로 계산하기 어렵다"고 덧붙였습니다.

'진짜 원가'는 언제쯤?

그렇다면 시장에선 왜 정확하지도 않은 계산법을 공유하며 '원가 알기'에 나섰을까요? 이전에도 아파트 원가 공개에 대한 목소리는 꾸준히 나왔는데요. 2022년부터 집값 하락이 이어지는 가운데 공사비, 분양가가 오르자 수요자들이 가격에 더 민감해진 탓으로 풀이됩니다. 하물며 치킨값이 올라도 예민할 수밖에 없는데 집값은 더더욱 그렇습니다.

한국부동산원 전국 아파트 월별매매가격지수를 보면 2022년 2월 106.3에서 내리막길을 타기 시작해 2023년 3월 93.5까지 떨어졌는데요. 반면 시멘트, 레미콘 등 자재비가 대체로 오르면서 분양가는 갈수록 오르고 있습니다. 부동산R114에 따르면 2023년 1~4월 분양한 청약 단지의 평균 분양가는 3.3㎡(1평)당 1699만원으로 전년 동기(1521만원) 대비 11.7% 상승했습니다. 이에 곳곳에서 공사비 증액을 두고 갈등하면서 입주가 미뤄지는 등 여파가 커지고 있지요.

강남구 청담르엘(조감도)은 2022년 두 차례에 걸쳐 공사비 1404억원을 증액했으나 2023년 1182억원의 추가 증액을 요청한 상태다. 한편, 청담르엘의 경우 이례적으로 종후 자산 감정평가를 기존보다 높게 해달라는 민원이 제기되기도 했다. 종후 자산 감정평가 신청은 한강조망권을 둘러싼 조합원 간 이해관계 충돌에서 비롯된 것으로 보인다. 창문 추가 설치에 따라 일부 세대에 한강뷰 조망권 확대와 일조권 확보가 보장된 만큼 '비(非)한강뷰' 세대와의 형평을 위해 추가 비용을 부담해야 한다는 것이다.

대표적인 사례가 서울 강동구 올림픽파크포레온(둔촌주공 재건축)입니다. 조합과 시공사업단이 공사비 증액 문제로 갈등을 빚으면서 6개월간 공사가 중단됐다가 2022년 10월 재착공했지요. 2023년 입주 예정인 서울 강남구 대치푸르지오써밋도 최근 시공사가 670억원의 추가 공사비를 요구했고요. 강남구 청담르엘은 2022년 두 차례에 걸쳐 공사비 1404억원을 증액했으나 2023년 1182억원의 추가 증액을 요청한 상태입니다.

조합 입장에선 공사비를 수백억~수천억원대 올려주면서 추가분담금이 늘어나니 초조할만한데요. 더군다나 '적정 금액'인지 판단하기도 쉽지 않습니다. 비용을 크게 들여 아파트를 지었는데 막상 입주해 보니 '고급 아파트 맞아?' 소리가 절로 나오는 단지도 종종 있지요.

여러모로 원가 공개 필요성이 높아지고 있는데요. 그렇다고 '만사 해법'으로 보긴 어렵습니다. 건설사들의 영업비밀이 공개되면 분양 적극성이 떨어질 수도 있고요. 단지별로 분양가 책정이 천차만별일 수밖에 없는데 가격으로만 줄 세우기가 돼버리면 오히려 갈등을 자아낼 수도 있거든요.

한 건설사 관계자는 "단지별로 상황도 너무 다르고 시기에 따라 자재 수급 등의 영향도 제각각이라 분양 원가를 공개해도 그걸로 기준 삼아 평가하기 어려울 것"이라며 "사업에 따라 손해를 보고 시공하는 단지가 있는가 하면 마진을 많이 남기는 곳도 있는데, 원가를 공개하면 단순히 수치만 보고 분쟁이 생길 가능성이 크다"고 우려했습니다.

다만 엉터리 추측이 난무하는 상황인 만큼 기준을 삼을 만한 '일부 공개'는 필요하다는 제언도 나옵니다. 아무튼 치킨값이나 라면값 원가 공개보다 더 어려운 일이 아닐까 싶네요.

경쟁률 4대1인데 '청약 미달'?

—— 서울은 무늬만 미분양, 지방은 그냥 미분양 ——

'4.13대1'

2022년 말 진행한 올림픽파크포레온(둔촌주공 재건축) 1순위 청약에서 '미달'된 84㎡H 타입의 경쟁률입니다. 이를 포함해 청약에서 미달된 총 8개 타입 경쟁률이 각각 '1'을 넘었는데요. 청약 경쟁이 성립되는데도 미달로 보는 이유는 바로 '예비당첨자 비율'(투기과열지구는 500%)을 넘지 못했기 때문입니다. 그렇다면 사실상 청약 미달이 아닌데도 흥행에 실패했다고 보는 이유는 뭘까요.

미달이 미달이 아냐? ····· 예비당첨자 비율

2022년 하반기부터 서울 아파트 청약시장에선 '청약 미달' 단지들이 줄줄이 나오고 있습니다. 특히 '단군 이래 최대 재건축'으로 주목받던 강동구 둔촌주공마저도 1순위 청약에서 16개 주택형 중 10개 타입이 미달돼 부동산 한파를 체감케 했는데요.

그런데 자세히 들여다보면 이상합니다. 청약 '미달'이라기엔 모든 타입이 각각 모집 가구 수를 채웠거든요. 미달로 본 이유는 '예비당첨자 비율'을 채우지 못했기 때문인데요. 현재 투기과열지구(둔촌주공은 일반분양 당시 투기과열지구에 속했음)에선 예비당첨자 비율 500%를 넘어야만 청약을 마감했다고 보고 있거든요. 가령 100가구 모집이라면 500명 이상이 청약 신청을 해야만 '완판'이라는 겁니다.

이 비율은 한때 40~80% 수준에 불과했는데요. 부동산 상승세에 '청약과열' 현상이 벌어졌던 2019년 대폭 확대돼 유지되고 있습니다. 통상 새 아파트를 분양할 땐 1·2순위 청약자 중 가점 순으로 당첨자와 예비당첨자를 선정하는데요. 이후 계약을 포기했거나 위장전입 등 자격 미달로 부적격 취소된 잔여물량은 '줍줍'(무순위 청약)으로 공급합니다.

| 올림픽파크포레온(둔촌주공) 1순위 청약경쟁률 | 단위 : N:1, 자료 : 청약홈

29A	12.80	59A	5.21	84A	9.42
39A	1.04	59B	3.71	84B	6.57
49A	1.55	59C	4.01	84C	2.51
		59D	8.81	84D	2.47
		59E	6.17	84E	2.69
				84F	3.89
				84G	4.00
				84H	4.13

2019년 5월 20일 이전엔 예비당첨자를 공급 물량의 40% 이상 선정하도록 했는데요. 서울시 강남구, 서초구, 송파구, 용산구 등 투기과열지구에선 예비당첨자를 80%까지 선정하게 했습니다. 가령 규제지역 100가구 모집 단지의 예비당첨자 수는 80명인 거지요.

1·2순위 당첨자와 예비당첨자 80명이 계약을 포기하거나 부적격으로 취소되면 남은 물량은 무순위 청약으로 돌아갑니다. 그러나 서울 등 수도권 인기지역에서 현금부자와 다주택자들이 몰려 무순위 추첨 경쟁률이 1순위 청약보다 높을 정도로 과열되자 예비당첨자 비율을 대폭 높였습니다.

줍줍은 청약통장이 없어도 신청할 수 있고 주택 소유 여부와 상관없이 만 19세 이상이면 누구나 할 수 있는데요. 이에 현금부자와 다주택자들이 몰리며 줍줍이 과열됐습니다. 당시 부동산가격이 급등해 상대적으로 저렴한 분양 아파트로 수요자들이 몰리면서 '묻지마 청약'이 성행했는데요. 그러자 무주택 기간 등 청약가점 산출을 잘못해 계약을 해지하는 사례가 늘면서 줍줍 물량도 늘었습니다.

이에 무주택 서민의 내 집 마련 기회를 우선 제공한다는 청약 제도의 취지가 무색해졌다는 지적이 나왔는데요. 결국 2019년 투기과열지구의 예비당첨자 비율을 80%에서 500%로, 2020년엔 수도권 및 광역시 예비당첨자 비율을 40%에서 300%로 확대했습니다.

🔍 내가 아직도 '청약 미달'로 보이니?

이 같은 예비당첨자 제도 탓에 '청약 미달'이 사실상 미달이 아니라고 보기도 합니다. 미달됐다고 무조건 '흥행 실패'가 아니라는 겁니다. 예비당첨자 비율이 워낙 높은 데다 무주택자에게 우선 기회를 주기 위한 제도이기 때문에 실수요자 위주의 당첨자들이 계약까지 진행할 가능성이 높다고 보는 거지요.

특히 2023년 1월 중도금 대출 규제, 전매 제한 완화 등의 규제가 풀리자 청약 미달됐던 아파트들도 다시 팔리기 시작했습니다. 청약 미달로 주목받았던 둔촌주공도 규제 완화 이후 완판돼 3월 무순위 청약까지 계약을 마쳤는데요. 나머지 미분양 단지들도 서서히 계약자를 찾았지요.

아직 부동산 한파가 채 가시지 않은 상황에서도 서울 등 입지가 좋은 곳들은 벌써 온기를 찾았습니다. 부동산 정보업체 리얼투데이가 한국부동산원 청약홈 자료를 분석한 결과 2023년 6월 말 기준 수도권 청약경쟁률은 '24.03대1'로 같은 해 1월(0.28대1)에 비해 크게 높아진 것으로 나타났는데요.

반면 지방은 한파가 이어지고 있습니다. 2022년 12월 제주도 서귀포시 빌라드아르떼제주는 1순위 청약 접수를 했지만 단 1건도 접수되지 않았습니다. '청약 제로(0)' 단지가 나온 건데요. 이 단지는 전용면적 168~242㎡ 36가구를 공급하는데 2순위 신청까지 받았으나 총 2건 접수에 그쳤습니다. 전남 함평군 함평엘리체시그니처도 같은 달 232가구 공급에 1순위 청약은 0건, 2순위는 3건 접수됐습니다.

직방 조사에 따르면 2023년 5월 기준 지방 1순위 청약경쟁률은 경기(42.8대1)와 광주(11.2대1), 부산(1.1대1)을 제외하고 대구, 울산, 충남, 경남, 제주 등이 모두 1대1을 넘지 못했습니다. 지방 부동산시장에 봄이 오기까지는 좀 더 시간이 걸릴 듯 하네요.

신도시에서 래미안과 자이를 보기 힘든 이유

— 벌떼 입찰 잡으면 대형 건설사 움직일까? —

신도시를 가보면 눈에 잘 띄지 않는 것이 있습니다. 바로 '래미안', '자이' 등 대형 건설사가 지은 브랜드 아파트인데요. 그 배경으로 '벌떼 입찰'이 지적되고 있습니다. 일부 중견 건설사들이 다수의 계열사를 내세워 낙찰 확률을 높이면서 '공공택지계 강자'가 됐다는 건데요. 이 같은 지적이 이어지자 정부가 칼을 빼들었습니다. 택지 환수, 1개사 1필지 입찰 등을 통해 주택 브랜드를 다양화하겠다고 밝혔는데요. 과연 중견 건설사들의 벌떼 입찰을 막으면 아파트 브랜드 경쟁력을 위해 입지 등에 따라 선별 공급하는 대형 건설사들이 공공택지 입찰에 적극적으로 나설까요.

 ## 신도시에 중견 건설사 아파트만 있는 이유

국토교통부는 2022년 9월 페이퍼컴퍼니 등을 통해 벌떼 입찰한 건설업체를 제재하고 사전 차단하는 방안을 담은 '벌떼 입찰 근절대책'을 내놨습니다. 벌떼 입찰은 입찰경쟁률을 높이기 위해 모기업과 다수의 계열사들이 떼로 입찰에 참여하는 행태를 말하는데요. 이는 공공택지 추첨 방식 입찰에서 문제가 되고 있습니다.

추첨은 수 싸움인 만큼 입찰을 많이 할수록 당첨 확률이 높아지는데요. 일부 건설사들이 페이퍼컴퍼니를 계열사로 둔갑시켜 입찰에 참여한다는 지적이 꾸준히 제기돼 왔습니다. 가령 A공공택지를 추첨으로 입찰 받고 싶다면 B건설사가 단독으로 참여하는 것보다는 수십 개의 계열사를 동원하면 당첨 확률이 더 높아지겠지요. 계열사가 입찰을 받아도 B건설사의 수익이 될 테고요.

이는 주로 중견 건설사들이 이용하는 방식이기도 합니다. 현재 여당 의원실과 국토교통부가 지목한 불법적인 '벌떼 입찰' 정황이 의심되는 건설사 대부분은 중견 건설사인데요. 국토교통부에 따르면 2018~2022년 5년간 추첨 공급한 총 191필지(수도권 134, 지방 광역시 14) 중 당첨 수 상위 10개사가 108필지(57%)를 확보한 것으로 나타났습니다. 청약 당 평균 10개 계열사가 참여한 셈이지요.

2023년 6월 공정거래위원회(이하 '공정위') 조사 결과 호반건설의 경우 그룹 계열사들이 벌떼 입찰로 공공택지를 따낸 뒤 총수 아들이 소유한 회사에 넘겨주는 방식으로 부당 내부거래를 해 608억원(잠정)의 과징금을 부과받았습니다.

대형 건설사는 왜 벌떼 입찰을 하지 않았냐고요? 대기업이라 공정위가 계열사 간 내부거래를 통제하고 있기 때문이지요. 상대적으로 수를 늘려 입찰할 수 있는 중견 건설사들이 공공택지에선 '강자'인 이유인데요. 특히 한동안 주택시장이 활황이었던 만큼 건설사들이 편법을 동원해서도 낙찰을 받으려 했던 것으로 풀이되기도 합니다. 그 결과 입주한 지 얼마 안 된 신도시를 가보면 중견 건설사가 지은 아파트를 쉽게 볼 수 있는 반면, 대형 건설사의 주택 브랜드는 찾아보기 어렵습니다.

'벌떼' 죽이기 시작

이 같은 지적이 이어지자 정부가 칼을 빼들었습니다. 그동안에도 △공동주택용지 2년간 전매 금지(2015년), △계열사 간 택지 전매금지(2020년), △경쟁방식 확대 및 입찰 참가 자격 강화(2021년) 등 벌떼 입찰을 막기 위한 조치가 있긴 했는데요.

2022년부터 제재 수위를 한층 더 높였습니다. 페이퍼컴퍼니 의심 정황이 포착된 건설사는 경찰 수사를 의뢰해 불법행위가 확인되면 계약 해제 및 택지 환수 조치를 하기로 한 겁니다. 아울러 수도권 규제지역 등에선 '1개사 1필지'를 입찰하도록 제한하기로 했습니다.

| 공공택지 '벌떼 입찰' 관련 주요 제재 방안 |

2015년	8월	추첨방식 공공택지 내 공동주택용지 2년간 전매 금지.
2020년	7월	계열사 간 택지 전매금지.
2021년	4월	경쟁방식 확대 등 택지공급방식 개선.
	10월	실적 중심의 입찰 참가자격 강화.
2022년	9월	불법행위 업체 계약해제 및 택지 환수, 1개사 1필지 제도 도입.

2023년 들어 호반건설 부당거래 사태가 드러나자 정부가 벌떼 입찰 근절에 대한 강력한 의지를 밝혔습니다. 이를 위해 1개사 1필지 제도를 수도권 전역 및 지방 광역시로 확대 적용키로 했는데요. 2013~2015년 공공택지 당첨 업체를 모두 조사해 위반 업체가 나오면 향후 3년간 공공택지 청약 참여를 제한하기로 했습니다.

그야말로 고강도 제재로 보이는데요. 문제는 실현가능성입니다. 해당 택지에 아파트 분양이 진행돼 제3자 권리관계가 형성됐을 경우 택지 환수가 불가능하지요. 여건상 택지 환수가 된다고 해도 건설사와 소송전으로 이어질 가능성이 높거든요. 1개사 1필지 입찰 제한의 경우 경쟁력 없는 지역이라면 '노는 땅'이 돼버릴 수도 있습니다.

그래서 신도시에 대형 건설사 들어온다?

2022년 대책 발표 당시 국토교통부 장관은 이번 조치에 따라 "국민들이 선택할 수 있는 건설사 브랜드가 다양해질 것"이라고 기대했는데요. 그러나 중견 건설사의 벌떼 입찰을 막는다고 해도 대형 건설사가 적극적으로 나설 가능성은 적어 보입니다.

한 대형 건설사 관계자는 "대형 건설사는 외주사업이나 도시정비사업 위주로 영업해도 일거리가 충분하다"며 "특히 분양시장이 안 좋을 때는 굳이 자체 사업(공공택지사업)으로 리스크를 떠안을 필요가 없기 때문에 관련 제재가 생긴다고 해도 분위기가 반전되진 않을 것"이라고 했습니다.

김영덕 한국건설산업연구원 선임연구위원도 "대형 건설사는 아파트 브랜드를 가지고 위치 등을 선별해서 사업을 추진하기 때문에 공공택지가 입

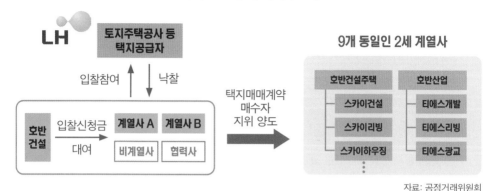

| 공공택지 매매계약의 매수자 지위 양도행위 거래구조 |

자료: 공정거래위원회

지 등에서 어느 정도 메리트가 있지 않으면 굳이 입찰에 나설 이유가 없다"고 말했습니다.

이대로라면 앞으로도 신도시 등 공공택지에서 대형 건설사의 주택 브랜드를 보긴 힘들 듯 한데요. 시장에선 입찰 전 스크리닝(screening)* 시스템을 확보하는 동시에 인센티브 확대와 제재 강화로 '두 마리 토끼'를 잡는 등 종합적인 제도 개선이 필요하다는 제언이 나옵니다.

김영덕 선임연구위원은 "이번 제재만으론 자칫 공공택지의 매력도만 떨어뜨리게 될 수 있다"며 "편법 입찰은 강력한 제재 조치가 필요하긴 하지만 사전에 입찰 업체에 대한 스크리닝을 강화하고 분양이 잘 안 되는 곳엔 인센티브를 주는 등 입찰 단계부터 분양에 이르기까지 종합적으로 제도 개선을 검토해 볼 필요가 있다"고 강조했습니다.

---

* 개별사업에 대하여 사업 내용 및 지역 특성 따위의 정보를 수집하여 그 사업이 환경에 미치는 영향을 간이적으로 추정하고 그 사업이 세부적인 환경 영향 평가를 받을 대상인지의 여부를 판단하는 절차.

대우건설도 '써밋'이고 호반도 '써밋'이네?

— 아파트 브랜드가 시세에 미치는 효과 —

'같은 값이면 다홍치마.'

이 속담은 주택시장에서도 통합니다. 같은 값이면 이름 있는 '브랜드 아파트'를 선호하는 추세인데요. 건설사들이 재건축 아파트 수주전에서 프리미엄 주택 브랜드를 내세우거나 고급스러운 단지명을 제시하는 게 바로이 때문입니다. 그런데 아파트 단지명을 하나하나 들여다보면 이런저런 궁금증이 생기는데요. 통상 건설사마다 대표적인 주택 브랜드를 갖고 있는데 호반건설과 대우건설은 주택 브랜드에 같은 단어(써밋)가 들어가고요. 삼성물산은 서초구 반포동 반포3주구 아파트의 단지명으로 '래미안'이 아닌 '구반포 프레스티지'를 내걸기도 했는데요. 주택 브랜드와 단지명은 어떻게 정해지는 걸까요.

🔍 브랜드 이름에도 깃발꽂기!

건설사들이 주택 브랜드를 론칭할 때 상표 등록을 해야 하는데요. '상표법' 제33조에 따르면 '그 상품의 보통명칭을 보통으로 사용하는 방법으로 표시한 상표', '간단하고 흔히 있는 상표' 등은 상표 등록을 할 수 없습니다. 쉽게 말해 '일반명사'는 상표 등록이 안 된다는 뜻이지요. 가령 A건설사가 고층 아파트만 짓겠다며 주택 브랜드로 '스카이(Sky)'를 선택해도 일반 명사이기 때문에 상표 등록을 할 순 없습니다.

고유의 단어이거나 재창조해 의미를 부여한 단어만 상표 등록이 가능한데요. 이렇게 만든 주택 브랜드가 △삼성물산의 '래미안', △현대건설 '힐스테이트'·'디에이치'(현대엔지니어링도 동일 브랜드 사용), △대우건설 '푸르지오'·'푸르지오써밋', △GS건설 '자이' 등입니다(2023년 시공능력평가* 순).

건설사 입장에선 주택 브랜드가 해당 기업의 이미지를 나타내는 상징이 될 수 있기 때문에 독특하면서도 의미 있는 네이밍을 하는데요. 공교롭게 같은 브랜드를 쓰는 건설사도 있습니다. 호반건설의 '호반써밋'과 대우건설의 '푸르지오써밋'인데요. 호반건설이 아파트 브랜드

| 10대 건설사* 아파트 브랜드 현황 |

시공사	일반	하이엔드
삼성물산	래미안	
현대건설	힐스테이트	디에이치
대우건설	푸르지오	푸르지오써밋
현대엔지니어링	힐스테이트	디에이치
GS건설	자이	
DL이앤씨	e편한세상	아크로
포스코이앤씨	더샵	오티에르
롯데건설	롯데캐슬	르엘
SK에코플랜트	SK뷰	드파인
호반건설	베르디움	호반써밋

*2023년 국토교통부 시공능력평가순위 10위권

로 '호반써밋플레이스'를 먼저 론칭한 이후 대우건설이 프리미엄 브랜드로 '푸르지오써밋'을 내놨습니다. 호반건설은 그 후 '호반써밋'으로 브랜드를 리뉴얼하면서 더욱 헷갈리는 상황이 됐습니다.

풀네임으로 보면 각각 건설사명과 기존 아파트 브랜드명을 붙여서 구분은 가능하지만 가끔 부동산 커뮤니티를 보면 '써밋 브랜드가 어느 회사거냐'는 질문이 올라오기도 합니다. 어떻게

'BANPO PRUGIO SUMMIT'. 강남 부촌을 내세우는 지역 (BANPO) 펫네임이 붙었다.

서로 다른 건설사가 같은 용어를 아파트 브랜드로 사용할 수 있었던 걸까요. 앞서 말한대로 '써밋'(summit)이라는 단어가 산의 정상, 절정, 정점 등의 뜻을 지닌 일반명사이기 때문입니다. '써밋'으로만 상표 등록이 안 되기 때문에 누구나 이용할 수 있는 것이지요.

---

* 발주자가 적정한 건설업체를 선정할 수 있도록 건설공사 실적, 경영 상태, 기술 능력, 신인도 등을 종합 평가하는 제도. 국토교통부가 매년 1회 발표함.

더 고급스럽게 …… 프리미엄 브랜드, 펫네임 활용

최근엔 주택 브랜드의 고급화 물결도 거셉니다. '부촌'의 경우 더더욱 그렇지요. 그래서 일부 시공사들은 강남 등 부촌 지역의 재건축·재개발 수주를 위해 프리미엄 브랜드를 따로 만드는 추세입니다. DL E&C '아크로'의 경우 강남의 재건축 단지인 '아크로리버파크'가 평당 1억원대의 고가 아파트가 되면서 강남 진출이 용이해졌고요. 한화건설도 '꿈에그린' 브랜드를 쓰다가 2019년 '포레나'로 리뉴얼한 후 분양이 더 잘 된다고 하더군요.

하지만 문제도 있습니다. 프리미엄 브랜드가 있다는 건 '일반' 브랜드도 있다는 뜻이니까요. 기존 아파트에 브랜드를 쓰는 단지의 입주민들이 프리미엄 브랜드로 바꿔달라고 해당 시공사에 민원을 넣기도 하는데요. 만약 그 요구를 들어주면 추가 비용이 발생할 뿐만 아니라 프리미엄 브랜드를 적용한 단지 입주민들의 반발이 예상되니 이러지도 저러지도 못하는 상황이랍니다.

이런 이유로 프리미엄 브랜드를 섣불리 내놓지 못하는 건설사도 더러 있는데요. 이 경우는 단지명에 '펫네임'을 활용하면서 트렌드를 따라갑니다. 펫네임은 단지의 특성을 드러내기 위해 단지명에 붙이는 애칭인데요. 시공사 주택 브랜드에 역세권을 강조하고 싶으면 '○○역', 교육 환경은 '에듀', 숲이나 공원 등은 '파크'·'포레스트' 등을 단지명에 조합해 사용합니다. '르엘신반포', '힐스테이트부평', '과천자이' 등 지역을 대표할 만한 단지라는 뜻으로 지역명을 붙이기도 하지요. 서울과 가깝다는 인식을 주기 위해 멀리 떨어진 서울의 지하철역 이름을 붙이는 경우도 있습니다.

단지명에서 아파트 브랜드를 빼기도 합니다. 공동시공(컨소시엄) 할 때가

DL E&C '아크로'의 경우 강남의 재건축 단지인 '아크로리버파크'가 평당 1억원대의 고가 아파트가 되면서 강남 진출이 용이해졌다.

대표적인데요. 컨소시엄의 경우 시공 지분에 따라 '래미안아이파크', '더 샵푸르지오' 등처럼 두 곳의 아파트 브랜드를 나열해 단지명을 만들곤 하는데요. 다수의 시공사가 참여했을 경우엔 좀 애매하지요.

송파구 '헬리오시티'의 경우 HDC현대산업개발, 삼성물산, 현대건설 등 3개 건설사가 컨소시엄을 이뤄 재건축한 단지인데요. 이들 아파트 브랜드를 다 붙여 '송파아이파크래미안힐스테이트'라고 할 순 없으니 좀 더 간편하고 세련되게 단지명을 붙인 겁니다.

단독시공이어도 차별화 · 고급화를 위해 단지명을 새로 짓기도 합니다. 반포3주구 시공사 수주전에선 대우건설이 '트릴리언트 반포', 삼성물산이 '구반포 프레스티지' 등으로 각각 기존 브랜드명과는 전혀 다른 네이밍을 내놓기도 했지요.

부동산 PF 뇌관,
쉽게 꺼지지 않는 까닭

— 괜찮다더니 터졌던 저축은행 사태 —

레고랜드 사태와 미국 실리콘밸리은행(SVB) 파산사태, 그리고 새마을금고 사태까지. 금융권에서 '사고'가 터질 때마다 나오는 단어가 있습니다. 바로 부동산 프로젝트 파이낸싱(PF, Project Financing)인데요. 이런 사태들이 터질 때마다 금융권 안팎에서는 부동산 PF 부실의 뇌관이 꺼지지 않았다는 우려의 목소리가 나옵니다. 도대체 부동산 PF가 어떤 것이고, 얼마나 위험하길래 잊을 만하면 다시 튀어나오는 걸까요.

🔍 건설사부터 증권사까지 …… 복잡하게 얽힌 관계도

부동산 PF란 부동산 개발사업의 미래 현금흐름을 예측해 금융사가 대출을 해주는 것을 지칭합니다. 통상 시행사인 부동산 개발업체가 건물을 짓기 위한 땅을 사는 것으로 부동산 PF사업을 시작합니다. 시행사는 자금력이 크지 않기 때문에 시공을 하는 건설사가 보증을 해주는데요. 금융사는 주로 이 건설사를 보고 돈을 빌려줍니다. 이 대출을 '브릿지론'이라고 합니다.

이후 큰 문제가 없다면 금융사는 공사비를 포함한 전체 사업비에 대한 대출인 이른바 '본 PF'를 진행합니다. 본 PF에서도 건설사는 연대보증이나 채무인수, 책임준공 등의 일종의 보증을 서게 되지요.

부동산 PF는 지난 글로벌 금융위기 이전까지만 해도 주로 건설사가 대부분의 책임을 지고 은행과 저축은행 등 금융사가 돈을 빌려주는 단순한 구조였는데요. 이런 구조에서는 시장이 침체하면 부실한 건설사들이 먼저 무너지고, 이런 부실 건설사에 직접 돈을 빌려준 저축은행들이 어려움을 겪게 됩니다. 지난 글로벌 금융위기 이후 벌어진 일입니다.

지금은 이런 구조가 더욱 복잡해졌습니다. 글로벌 금융위기를 거친 뒤 제도 변화 등으로 증권사나 캐피털사, 보험사 등이 더욱 적극적으로 부동

| 증권사 부동산 PF 현황* | [단위 : 조원]

*전체 금융업권 기준 2023년 6월말 대출잔액 133조1000억원, 연체율 2.17%

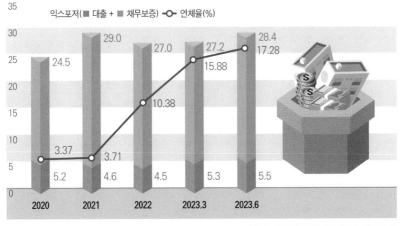

자료 : 윤창현 의원실(금융감독원 제공)

산 PF사업에 뛰어들기 시작한 건데요. 이로 인해 건설사들의 '책임'이 일정 부분 분산되기도 했습니다.

예를 들어 증권사의 경우 부동산 PF 직접대출 외에도 유동화를 통해 PF사업에 관여하고 있기도 한데요. 채권을 발행해 투자자를 모으고 이 돈을 PF사업에 제공하는 방식입니다. 전형적인 대출과는 다른 방식이지요. 이 과정에서 증권사들이 투자자 보호를 위해 채무보증을 서는 경우가 많습니다. 결국 증권사도 해당 사업이 잘 못된다면 이를 감당해야 하는 책임을 지고 있는 셈입니다.

이처럼 여러 주체들이 참여한 복잡한 구조로 이뤄진 탓에 부동산 PF 위기론이 때마다 곳곳에서 터져 나오고 있습니다. 언제 어디서 문제가 불거

| 글로벌 금융위기 전후 전국 미분양 주택 추이 및 이슈 | [단위 : 가구]

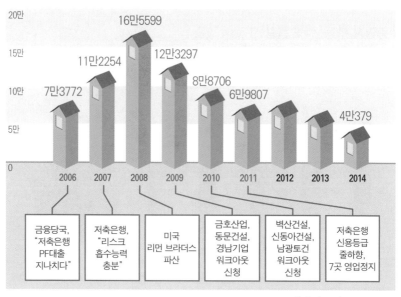

※12월 말 기준, 자료: 국토교통부

276

질지 모르기 때문입니다. 주택시장 침체가 지속하는 한 부동산 PF에 대한 우려는 쉽게 사그라지지 않을 가능성이 큽니다.

글로벌 금융위기 전에도 지속했던 PF 위기론

최근의 침체 흐름을 지난 2008년 글로벌 금융위기 때와 비교하는 목소리가 많은데요. 실제 당시에도 이른바 저축은행 사태가 터지기 전까지 경고음이 꾸준히 나온 바 있습니다. 10여 년 전 건설사들의 줄도산과 저축은행 영업정지 사태는 단순히 리먼 브라더스 사태로 인해 순식간에 터진 것으로 볼 수는 없습니다.

이미 2000년대 후반 이후 미분양 주택이 늘어나며 우려의 목소리가 커지기 시작했지요. 당시 부동산 활황에 기대어 PF대출을 공격적으로 늘렸던 저축은행에 대해 금융당국이 경고의 목소리를 내기도 했습니다.

다만 당시 저축은행 업계는 물론 금융당국도 섣부른 위기론을 경계하며 아직은 버틸 수 있다고 강조했는데요. 하지만 주택시장 침체가 지속되면서 2~3년 뒤 건설사들이 줄줄이 도산하기 시작했고 결국 저축은행 영업정지 사태로까지 이어졌습니다. 오랜 기간 우려를 샀던 뇌관이 터졌던 겁니다.

전문가들은 이런 경험을 교훈 삼아 당분간 국내 부동산 PF시장의 리스크를 지속해 예의주시할 필요가 있다고 지적하고 있습니다. 아울러 정부는 물론 건설사들의 자구 노력이 병행돼야 한다는 지적입니다.

눈뜨고
'발코니' 베이지 않으려면

— 점점 유연해지는 발코니 기준 —

'요즘 아파트들은 왜 이렇게 좁게 나오지?'

한 번쯤 이런 의문을 가져본 적이 있을 텐데요. 더군다나 서울 아파트는 같은 평형이어도 지방 아파트에 비해 더 좁아 보이는 듯하지요. 단지 구조나 인테리어의 영향 때문일까요. 실제로 사용면적상 차이가 있습니다. 서울시에서 2008년 도입한 발코니 삭제 규정 때문인데요. 이후 건설된 아파트는 발코니 면적이 줄어들면서 그만큼 확장 가능한 면적도 줄어들었습니다.

그런데 이상합니다. 같은 서울인데도 어떤 아파트는 발코니를 일부 삭제하고 어떤 아파트는 그대로 두고 있거든요. 돌출형 발코니를 쓰는 곳도 있고요. 무슨 차이 때문일까요.

 ## 30%나 삭제? ⋯⋯ 발코니 인심 야박한 서울

서울의 발코니 규정은 2008년 6월 오세훈 서울시장 재임 시절 '디자인 서

전용면적 84㎡(33평형)의 경우 보통 발코니 면적이 30㎡정도인데, 여기서 30%는 약 9㎡로 3평 가량 된다. 강남이나 주요 지역에선 3평의 가치가 '억' 소리 나는 만큼 분양 혹은 매매 시 발코니 면적을 꼼꼼히 따져봐야 한다.

울' 정책의 일환으로 도입됐습니다. 천편일률적인 디자인의 성냥갑 아파트에서 벗어나 아파트 외벽에 다양한 입면을 추구하자는 목적이었지요.

현행 '서울시 건축물 심의기준'에 따르면 공동주택의 세대별 각 외부 벽면 길이 또는 발코니가 설치되는 벽면 전체 면적(계단실 등 공용부문의 면적은 제외)의 30%는 발코니 설치를 제한하도록 돼 있습니다.

전용면적 60㎡이거나 테라스하우스, 전용면적 85㎡ 미만 임대주택을 제외하고, 각 세대 평면에서 주거전용면적 대비 발코니 설치 비율도 60~85㎡ 미만의 경우 30% 미만으로, 85㎡ 이상은 25% 이하로 정했습니다.

발코니는 건축물 내부와 외부를 연결하는 공간으로 외벽에 접해 부가적으로 설치되는 공간인데요. 요즘 이 공간을 확장해 방을 넓혀 주는 일종의 '서비스 공간' 기능을 하고 있습니다.

서비스 면적이라 전용면적(방·거실·주방·화장실 등을 합한 넓이)이나 공급면적(전용면적에 아파트 복도·현관 등을 합한 넓이) 등에 포함되지 않기 때문에 발코니 면적에 따른 변화가 눈에 띄지 않는데요. 하지만 실제 사용면적에선 차이가 납니다.

전용면적 84m²(33평형)의 경우 보통 발코니 면적이 30m² 정도인데요. 여기서 30%를 삭제하면 약 9m²인 3평 남짓이 사라집니다. 발코니를 확장해서 방을 넓힐 수 있는 면적이 3평 가까이 줄어드는 셈이지요. 그래서 이 규제가 도입된 이후 지어진 서울 아파트들은 과거에 준공된 아파트나 비서울권에 위치한 아파트에 비해 좁게 느껴질 수밖에 없는 거지요. 실제로 좁아졌으니까요!

너도나도 노리는 '우수 디자인'

그런데 같은 서울 아파트 중에서도 발코니 면적이 차이나는 건 왜 일까요. 바로 '적용 예외' 사항이 있기 때문인데요. △주요 입면에 확장이 불가능한 돌출형 또는 개방형 발코니를 설치한 경우, △발코니 설치위치 변화 등을 통해 입면의 다양화를 도모한 경우, △주동외벽의 각 면의 벽면율이 50% 이상일 경우, △리모델링이 쉬운 구조인 경우 등은 발코니 규제가 완화됩니다. 완화는 항목별로 5%씩 발코니 삭제비율이 차등 적용되는 식입니다. 완화항목 하나만 충족하면 발코니 삭제 25%, 두 가지 항목을 충족하면 발코니 삭제 20% 등으로 완화되는 겁니다.

이른바 '프리패스'권도 있습니다. 서울시 '우수 디자인 공동주택'으로 선정되면 발코니 삭제 적용이 전부 면제됩니다. 2012년 분양한 위례신도시 송파푸르지오가 최초로 우수 디자인 공동주택으로 선정돼 발코니 면적 제한을 받지 않았지요. 이밖에도 아크로리버파크, 개포디에이치자이, 서초그랑자이, 래미안블레스티지, 반포주공1단지3주구, 헬리오시티, e편한세상광진그랜드파크, 둔촌주공 등 유명 단지들이 우수 디자인 인증을 받았습니다.

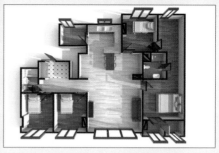

서울시 '우수 디자인 공동주택'으로 선정되면 발코니 삭제 적용이 전부 면제된다. 2012년 분양한 위례신도시 송파푸르지오는 수려한 외관으로 최초로 우수 디자인 공동주택으로 선정돼 발코니 면적 제한을 받지 않았다. 오른쪽은 송파푸르지오의 발코니 확장도.

우수 디자인으로 선정된 아파트의 공통점은 강남권이나 주요 지역에 위치한 고급 단지라는 점인데요. 우수 디자인 공동주택으로 선정되려면 서울시 건축위원회 위원 80% 이상의 동의를 받아야 할 정도로 까다롭기 때문에 일반적인 설계로는 문턱을 넘기 힘들어 보입니다. 이에 서울 아파트들은 개방형 발코니 설계를 도입하는 등 발코니 면적 지키기에 적극적으로 나서고 있지요. 발코니 규제도 점점 완화되고 있습니다. 그동안 서울에 있는 3~20층 아파트에만 외벽에서 돌출된 테라스형 발코니를 설치할 수 있었는데요. 돌출개방형 발코니는 건물 외벽 면에서 일부가 돌출돼 바로 위에 슬래브가 없는 부분이 1m를 넘는 구조를 의미합니다. 2023년 6월부터는 아파트 외관의 다양화, 신선한 외부 공기 유입 등을 위해 20층보다 높은 곳에도 설치할 수 있게 했습니다.

오피스텔 역시 바닥난방 설치 범위가 확대되면서 발코니 설치 및 확장이 가능해졌습니다. 2021년 9월부터 전용면적 85㎡ 이하까지만 허용했던 바닥난방 설치기준을 전용면적 120㎡까지 확대했거든요.

강남이나 주요 지역에선 3평의 가치가 '억' 소리 나는 만큼 발코니 면적(평면도 표기)도 꼼꼼히 따져볼 필요가 있겠습니다.

CHAPTER · 5

믿을 건
'보증금' 밖에 없다

슬기로운 전·월세 생활

빈 깡통이 위험한 이유

─── 설마 내가 사는 집도 '깡통전세'? ───

깡통 중에 가장 비싼 깡통, '깡통전세'를 아시나요? 주택 전셋값이 매맷값과 엇비슷하거나 더 높은 전세 매물을 말합니다. 부동산시장이 침체하면 주택의 매맷값이 떨어지면서 깡통전세가 속출하곤 하는데요. 이로 인해 전세보증금을 돌려받지 못할까 봐 세입자들의 불안감도 점차 커지고 있습니다. 과연 내가 사는 전셋집은 안전할까요.

깡통전세가 생기는 이유

깡통전세는 집주인의 주택담보대출(이하 '주담대')과 세입자의 전세보증금을 합한 금액이 집값의 80%를 넘어선 물건을 말합니다. 가령 5억원짜리 집이 주담대 1억원, 전세보증금 4억원으로 이뤄진 경우인데요. 사실상 '빚'으로만 이뤄진 집이라 '깡통'처럼 알맹이가 텅 비었다는 뜻으로 깡통전세라 칭합니다. 이런 집은 보통 '갭투자' 매물일 가능성이 높은데요. 매매가격과 전세가격의 차이(갭, Gap)가 작은 매물을 사들인 뒤 추후 집값이 오르면 집을 팔아 차익을 남기려는 투자를 가리킵니다.

갭투자자는 전세가율을 크게 높여서 전세보증금으로 집값의 대부분을 치르는 방식으로 투자를 하는데요. 전세가율(매매가 대비 전셋값 비율)은 50~70%가 일반적이고 70%가 넘어가면 높다고 봅니다. 한동안 집값 상승기가 이어지면서 이 같은 방법으로 집을 사들인 갭투자자들이 많았는데요. 집주인이 갭투자로 구입한 집은 집값이 오를 땐 세입자 피해 우려가 적지만 그 반대의 경우 '깡통'으로 전락하기 쉽습니다. 집값이 떨어지면 집주인은 집을 팔지도 못하고 다른 세입자를 구할 때까지 기존 세입자에게 돈을 돌려주지도 못하기 때문이지요.

| 서울지역 갭투자 비율 톱5 |

[단위 : %, 계약일자 기준 : 2022년 1월 ~ 2023년 1월]

강서구	61.5
용산구	58.4
양천구	56.1
영등포구	51.0
서대문구	49.5

자료 : 박상혁 더불어민주당 의원실, 국토교통부

집값보다 전셋값이 더 비싼 '역전세' 매물도 깡통전세 유형 중 하나입니다. 이는 신축 빌라 등 시세를 알기 어려운 물건에서 종종 보이는데요. 빌라는 거래량이 매우 적어 정확한 시세를 확인하기 어렵다는 점을 악용해 집값과 거의 동일하거나 더 높은 금액으로 임대를 주는 경우가 많습니다.

갭투자와 역전세를 활용해 의도적으로 사기를 치는 사례도 있습니다. 2022년 초 사회를 떠들썩하게 했던 '세 모녀 사기단'의 사례가 대표적인 갭투자 사기수법인데요. 이들은 돈 한 푼 안 들이고 분양대행업자와 공모해 깡통전세 사실을 숨긴 채 임차인 보증금(총 300억원 상당) 만으로 빌라 136채를 사들이기도 했습니다.

깡통전세는 그 피해가 고스란히 거주 중인 세입자에게 돌아가는데요.

| 수도권의 연식 구간별 전세가율 80% 초과한 아파트 가구 비중 |

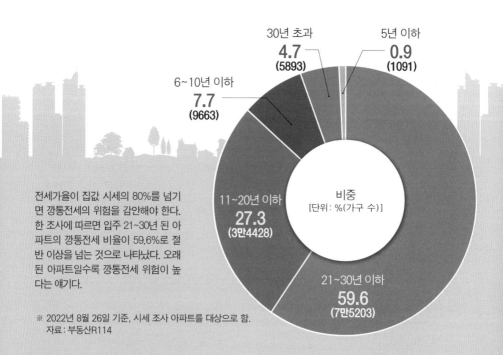

30년 초과
4.7
(5893)

5년 이하
0.9
(1091)

6~10년 이하
7.7
(9663)

11~20년 이하
27.3
(3만4428)

21~30년 이하
59.6
(7만5203)

비중
[단위: %(가구 수)]

전세가율이 집값 시세의 80%를 넘기면 깡통전세의 위험을 감안해야 한다. 한 조사에 따르면 입주 21~30년 된 아파트의 깡통전세 비율이 59.6%로 절반 이상을 넘는 것으로 나타났다. 오래된 아파트일수록 깡통전세 위험이 높다는 얘기다.

※ 2022년 8월 26일 기준, 시세 조사 아파트를 대상으로 함.
자료: 부동산R114

임대인(집주인)이 돈이 없기 때문에 다음 세입자가 구해지지 않는 이상 임차인이 제때 전세보증금을 돌려받기 어렵지요. 최악의 경우 집주인이 대출을 갚지 못해 집이 경매에 넘어갈 수도 있습니다.

🔍 '깡통' 막는 안전장치는?

2022년 하반기부터 금리 인상, 대출 규제, 경기 침체 등으로 매맷값이 떨어지기 시작하며 깡통전세 우려가 높았는데요. 부동산R114가 2022년 8월 말 기준 수도권 아파트 337만684가구를 분석한 결과 전세가율 80%가 넘는 아파트는 12만6278가구(3.7%)에 달하는 것으로 조사됐습니다. 아파트 100채 중 3~4채는 깡통전세라는 건데요. 특히 입주 21~30년 된 아파트의 깡통전세 비율이 59.6%로 가장 많아 오래된 아파트일수록 깡통전세 위험이 높았습니다. 지역별로 전세가율 80% 초과 비중은 인천이 6.1%(46만1790가구 중 2만8217가구)로 가장 높았고요. 이어 경기 5.5%(172만6393가구 중 9만5558가구), 서울 0.2%(118만2501가구 중 2503가구) 순으로 조사됐습니다.

 아파트뿐만 아니라 오피스텔, 빌라 등까지 범위를 넓혀서 보면 깡통전세가 우려되는 집은 더 많을 것으로 예상되는데요. 전문가들은 이 같은 피해를 줄이려면 △시세 및 전세가율 확인, △전세보증보험 가입, △이사 당일 전입신고 및 확정일자 신고 등의 안전장치를 적극적으로 실행해야 한다고 조언하고 있습니다.

 깡통전세인지 확인하려면 매매가격과 전세가격을 비교해 봐야 하는데요. 신축 빌라 등 실거래가 정보가 부족한 주택이면 인근 다른 빌라의 시세를 확인해 보고 전세가율이 최소 80% 아래일 때 계약하는 게 좋습니다.

주택도시보증공사(HUG), 서울보증보험(SGI), 주택금융공사(HF) 등의 보증기관을 통해 전세보증보험(329쪽)에 가입해두는 것도 피해구제 방법 중 하나입니다. 일정 보증료를 내고 보험에 가입하면 임대인에게 전세보증금을 돌려받지 못할 경우 보증기관에서 대신 변제를 받을 수 있는 방법이지요. 이사하자마자 전입신고와 확정일자를 받는 것도 필수입니다. 이렇게 하면 대항력이 생겨서 집주인이 바뀌거나 집이 경매로 넘어간다고 해도 권리를 주장할 수 있기 때문입니다.

여경희 부동산R114 수석연구원은 "집값 호황기에 큰 폭으로 오른 후 가격이 빠르게 조정되는 단지들도 깡통전세 발생 우려가 있다"며 "요즘처럼 거래가 드문 시장에선 실거래가만으로 정확한 전세가율 파악이 어렵다는 점을 감안해 시세를 실시간으로 확인해 참고할 필요가 있다"고 조언합니다.

딸랑 1억원으로
마용성에 집을 샀다고요?

───── 주전세, 투자 묘수 혹은 악수[惡手] ─────

'잔금 맞추기 어려운 분들은 2년 주전세 해드려요.'

부동산시장에서 '주전세'(주인전세) 거래가 종종 활용됩니다. 집주인이 집을 팔면서 동시에 세입자가 돼서 다시 들어가 사는 방식인데요. 매도인 입장에선 자금과 거주를 동시에 해결할 수 있고 매수인 입장에선 자금이 부족해도 집을 살 수 있어 조건만 맞으면 '윈-윈'(win-win)일 듯 합니다. 하지만 전세보증금이 비싼 편이라 매도인나 매수인 모두 리스크가 높다는 점도 무시할 수 없습니다. 그럼에도 불구하고 주전세를 이용하는 이유가 궁금합니다.

🏠 자가도, 전세도 아닌 '주전세'

주전세란 한 마디로 '(전)집주인이 살고 있는 전세'라는 뜻입니다. 매도인이 매수인에게 집을 파는 동시에 다시 세입자로 들어가서 계속 거주하는 방식인데요. 매수인은 매맷값에서 전셋값(매도인 거주 · 부담)을 뺀 차액만 내면 되기 때문에 비교적 적은 돈으로 집을 살 수 있고요. 매도인은 집을 빨리 팔면서도 '급매'처럼 가격을 낮추지 않아도 되고 살던 집에 계속 거주할 수 있다는 장점이 있습니다. 이 같은 주전세 거래 방식은 대출 규제와 집값 상승이 심화할수록 자주 활용됩니다. 갈수록 집값은 오르는데 대출은 막히

| 주전세(주인전세) 거래 구조 |

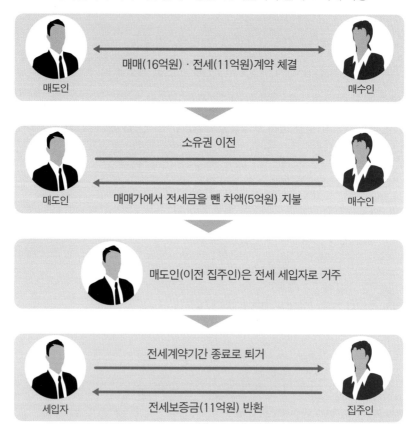

> **매도인이 매수인에게 집을 파는 동시에 다시 세입자로 들어가 사는 방식**

16억원짜리 아파트를 전세보증금 11억원의 주전세로 거래 가정

매도인 ← 매매(16억원)·전세(11억원)계약 체결 → 매수인

매도인 → 소유권 이전 → 매수인
매도인 ← 매매가에서 전세금을 뺀 차액(5억원) 지불 ← 매수인

매도인(이전 집주인)은 전세 세입자로 거주

세입자 → 전세계약기간 종료로 퇴거 → 집주인
세입자 ← 전세보증금(11억원) 반환 ← 집주인

니 점점 집을 사기 어려워진 가운데, 주전세 매물을 이용하면 전세보증금이 높아 적은 돈으로도 집을 사는 갭투자가 가능하기 때문입니다.

가령 매수인이 매맷값 16억원(전셋값 시세 9억원) 짜리 아파트를 사려면 전세를 껴도 7억원의 현금이 필요한데요. 2023년부터 총부채원리금상환비율(DSR)*이 40%로 강화되면서 기존 실행한 대출이 있을 경우 주택담보대출을 충분히 받기 어려워졌습니다. 영끌해서 자금을 마련한다고 해도 세입자의 입주 날짜와 매수자의 잔금 치르는 날을 맞추기도 쉽지 않지요.

이 경우 전세보증금을 올리고(9억원 → 11억원으로 가정) 주전세 방식을 이용하면 자금과 거주 모두 해결됩니다. 매수인은 매맷값에서 전세보증금을 뺀(16억원-11억원) 차익인 5억원만 내면 집을 살 수 있고요. 매도인은 세입자가 돼서 전세 계약기간 동안 이어서 거주하다가 만료 시 매수인으로부터 전세보증금을 반환받으면 됩니다. 매수인 입장에선 16억원짜리 아파트를 5억원만 있어도 살 수 있는 셈이지요.

강남, 용산 등 초고가 아파트가 모여있는 지역을 중심으로 주전세 거래가 자주 이용되는 이유이기도 합니다. 또 매수인은 계약 후 전세 세입자를 찾아 보증금을 받은 뒤 잔금을 치르는 경우가 많은데요. 주전세 물건은 매매계약과 동시에 전세계약을 체결하기 때문에 세입자를 찾느라 중개수수료를 낼 필요도 없고 계약 이후 잔금 날짜를 자유롭게 지정할 수 있는 편입니다. 다주택자에 대한 과세가 강화됐던 2021년 매도인들이 세금 부담 때문에 급하게 집을 처분하면서 주전세 거래를 이용하는 사례가 많았는데요. 당시 부동산 매물 거래 사이트 등을 보면 '주전세도 가능하니

---

* 대출(원리금) 한도를 차주가 갚을 능력(소득)의 일정 비율로 묶기 위한 규제. 은행권의 경우 1억원 이상 대출이 있으면 연간 상환해야 하는 모든 대출의 원리금을 소득으로 나눠 이 비율이 40%를 넘지 못하도록 제한했다.

따로 연락주세요' 등의 문구를 쉽게 찾아볼 수 있었습니다.

어쩐지 비싸더라!

그렇다고 주전세가 마냥 좋은 점만 있는 건 아닙니다. 주전세는 거래의 특성상 시세보다 전세보증금이 높은 편인데요. 특히 매수인은 높은 가격을 안고 거래하는 만큼 리스크가 높습니다. 매수인의 경우 매도인(전 집주인)과의 전세계약이 끝나면 전세보증금을 반환해 줘야 하는데요. 전셋값이 떨어진 경우 일시에 거액의 차액(전세보증금)을 돌려줘야 하는 부담이 있습니다. 최악의 경우 세입자를 구하지 못하면 매도인 역시 전세보증금을 제때 돌려받지 못할 수 있습니다. 집값이 떨어지면 전세 낀 매물의 가치는 더 떨어지기 때문에 처분하기 힘들어지기도 합니다.

　일각에선 이 같은 특이 거래가 전셋값과 매맷값을 '더' 높일 수 있다는 지적도 나옵니다. 2020년 8월부터 새 '주택임대차보호법' 시행으로 기존 세입자의 전세보증금을 5% 이상 올릴 수 없어 갭투자가 힘들어졌는데요. 주전세로 나온 아파트는 새로 전세계약을 맺는 만큼 자유롭게 보증금을 올려 받을 수 있어 시세에 혼동을 주고 전셋값을 올릴 수 있다는 겁니다.

　2021년 10월 경기도 분당의 A아파트 시세는 전용면적 84㎡ 기준 매맷값이 약 13억원, 전셋값이 8억원대였지만 11억7000만원의 전세 신고가 거래가 있었습니다. 만약 이 거래가 주전세로 이뤄졌다면 매수인은 약 1억원의 현금으로 13억원짜리 아파트를 산 셈입니다. 이런 식으로 전셋값을 올리면서 매맷값도 함께 올리는 사례가 빈번한데요. 당시 동대문구 B 아파트에서도 전용면적 59㎡의 매맷값이 11억8000만원으로 최고가를 기록했는데요. 이 아파트 같은 평형의 전셋값은 5억원대였지만 해당 매물은 전세보증금 7억원을 끼면서 매맷값까지 올린 주전세로 추정되기도 했습니다.

주전세 같은 특이 거래 현상은 정부의 규제 등으로 대출받기가 어려워질 때 더 빈번히 나타납니다. 이에 대해 "주전세는 서로 이해관계에 의한 거래이긴 하지만 갭투자의 일종이기 때문에 바람직하진 않다"면서도 "가뜩이나 집값·전셋값이 오른 상황에서 대출까지 막히니 특이 거래가 생기는 것이고 대출 규제가 심해질수록 거래자들은 또 다른 편법을 찾게 될 것"이라는 전문가(**김인만 부동산경제연구소 소장**)의 조언을 새겨 둘 필요가 있겠습니다.

| 서울 강남권 아파트 전셋값 추락 사례 |

※( )안은 전용면적, 자료 : 부동산R114

주전세는 전셋값이 떨어질 경우, 매도인과 매수인은 각각 전세보증금 반환 및 회수에 애를 먹게 된다. 전세보증금이 고가일수록 부담이 크다.

이젠 세입자가 월세를 받는다?!

— 월세 줄게 전세 재계약 해다오 —

전셋값 하락으로 '역전세', '깡통전세' 등의 매물이 속출할 때 나타나는 기현상이 있습니다. 집주인이 아닌 세입자가 월세를 받는 건데요. 집주인이 기존 세입자에게 전세보증금을 다 돌려주지 못해 나머지 차액을 월세로 주는 '역월세' 얘기입니다.

집주인, "대출이자 내줄테니 계속 살아주세요!"

역월세는 말 그대로 집주인이 세입자에게 월세를 받는 게 아니라 되돌려주는 현상을 말합니다. 전세계약을 연장하거나 급하게 세입자를 구할 때 집주인이 쓰는 '최후의 방법'입니다. 보통 전세계약이 끝나면 집주인은 새로운 세입자로부터 받은 전세보증금을 기존 세입자에게 주곤 하는데요. 전셋값이 급락하면서 집주인이 전세보증금을 돌려주기가 어려워질 때 이 같은 '역월세 현상'이 나타납니다.

2022년 기준금리가 총 1.5%포인트 급등하며 대출금리 부담이 커지자 주택 매수 수요뿐만 아니라 전세 수요까지 꺾이면서 전셋값이 빠르게 떨어졌습니다. 한국부동산원에 따르면 2022년 9월 기준 서울 아파트 평균 전셋값은 3억1177만원으로 2021년 12월 3억1953만원 이후 매월 내리막길을 탔습니다. 이로 인해 전세 세입자가 '귀한 몸'이 됐습니다. 마음이 급해진 집주인들은 인근 시세보다 가격을 낮춘 '급전세'를 내놓으며 세입자 모시기에 한창이었습니다. 여기에 '갭투자' 등으로 전세보증금 차액을 돌려줄 여력이 없는 집주인들은 '특전'까지 내걸었는데요. 당시 부동산 커뮤니티에는 '전세계약하면 매월 25만원씩 주겠다'고 역월세를 제안하거나 임대인이 매월 특정 금액을 관리비, 대출이자 명목으로 지원하겠다는 글들이 줄줄이 올라왔습니다.

가령 전세계약 당시 6억원이었던 전셋값이 만기 시점에 시세 5억원으로 떨어진 경우 새로운 세입자를 얻는다고 해도 기존 세입자에게 줄 돈(1억원)이 부족해지는데요. 집주인이 현금여력이 있다면 문제가 없지만 대출을 끌어모아 집을 산 경우 등은 추가 대출을 받지 못해 전세보증금을 돌려주기 힘든 상황이지요. 더군다나 전세 수요가 없어서 새 세입자를 얻는 것도 힘들고요.

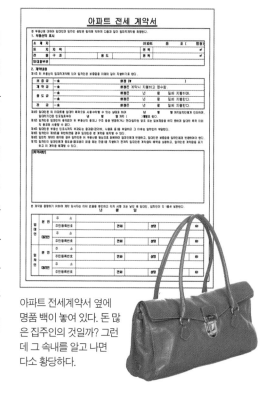

아파트 전세계약서 옆에 명품 백이 놓여 있다. 돈 많은 집주인의 것일까? 그런데 그 속내를 알고 나면 다소 황당하다.

결국 기존 세입자에게 계약을 연장하는 조건으로 대출이자 등을 지원해 주겠다고 하거나 역월세 등으로 새 세입자를 유치하기에 이른 겁니다. 이는 이주를 앞둔 재건축 단지에서 종종 나타나는 현상이기도 합니다. 새 세입자를 받기 어렵고 입주 물량 부담으로 전셋값이 약세를 보이면서 집주인이 전세금을 돌려주기 힘들기 때문입니다.

🔍 전세 살면 명품백 드립니다 ······ 역전세난 진풍경

임대차시장에 역월세 현상이 심심찮게 보인다면 '역전세'는 들불처럼 번질 가능성이 높습니다. 역월세가 속속 나타났던 2022년 집값이 급락하면서 전셋값과 매맷값이 비슷해지거나 오히려 전셋값이 높아지는 '역전세'가 급격히 확산했는데요. 한국부동산원에 따르면 같은 해 10월 3주(17일 기준) 주간 아파트가격 변동률은 전주(-0.22%)보다 낙폭이 커진 -0.27%를 기록했습니다. 5월 마지막 주부터 21주째 내림세를 이어갔습니다. 지난 2012년 6월 11일(-0.36%) 조사 이후 약 10년 4개월 만에 가장 큰 하락폭입니다.

2022년 들어 기준금리 인상, 집값 고점 인식 등에 따라 주택 매수심리가 급격히 식어간 탓인데요. 대출 금리가 빠르게 오르면서 전셋값도 부담이 되자 전세마저 지고 월세로 몰렸습니다. 법원 등기정보광장에 따르면 2022년 1~9월 확정일자 기준 월세 건수는 총 107만3412건으로 처음으로 100만건을 넘었는데요. 같은 기간 전세계약은 101만1172건으로 지난 2010년 통계를 작성한 이후 처음으로 월세에 추월당했습니다. 반대로 전세는 점점 찾는 이가 줄었습니다.

한국부동산원 통계에 따르면 2022년 9월 기준 서울 아파트 전세수급동향(0~200 사이, 0에 가까울수록 공급 우위)은 83.1로 2021년 12월 기준선(100) 아래로 떨어진 94.7을 기록한 이후 꾸준히 감소세를 보였습니다. 부동산 빅데이터 업체 아실에 따르면 2022년 10월 24일 기준 서울 아파트 전세 매물은 4만5864건으로 전월 20일(3만7497건)보다 한 달 만에 22.3% 늘었습니다.

전세 매물이 쌓이자 '급전세', '급급전세'가 줄을 잇고 있습니다. 일부 집주인들은 입주 청소, 이사 비용 등뿐만 아니라 명품 가방 등을 경품으로 내걸며 세입자를 유치하는 웃지못할 해프닝도 벌어집니다. 전셋값 하락세가 지속될수록 이 같은 현상은 더 심화할 것으로 예상됩니다.

이에 덧붙여 **윤수민 NH농협은행 부동산전문위원**은 "전셋값이 떨어지는 추세에선 역전세 발생 지역이 점점 늘어나고 이 같은 기현상도 다양하게 나타날 수 있다"고 내다봤습니다.

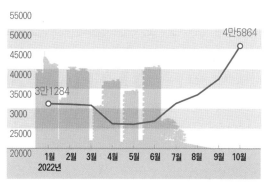

| 서울 아파트 전세매물 월별 추이 | [단위 : 건]

※매월 20일 기준, 자료 : 아실

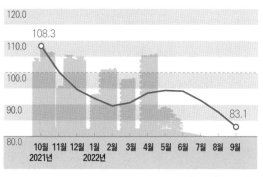

| 서울 아파트 전세 수급 동향 |

자료 : 한국부동산원

내 집 마련 징검다리가 물에 잠겼다고?!

— 전세, 갈수록 사그라드는 까닭 —

전세는 우리나라 고유의 주거 제도입니다. 기원을 찾으려면 조선시대까지 거슬러 올라가야 할 정도로 오랜 기간 우리의 주거 문화로 자리 잡았는데요. 하지만 언제인가부터 전세가 점차 줄어들고 있습니다. 수년 전부터 월세를 선호하는 수요가 늘고 있다는 분석이 많았는데요. 최근에는 그 속도가 더욱 빨라지는 분위기입니다. 2023년 하반기 들어 아파트시장을 중심으로 전세 수요가 늘어나는 분위기가 나타나기도 했는데요. 하지만 빌라 등을 포함한 전체 주택시장을 보면 전세시장의 위축이 지속되는 것으로 분석됩니다. 이런 흐름이 나타나는 이유가 있습니다.

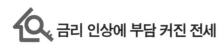 금리 인상에 부담 커진 전세

대법원 등기정보광장에 따르면 확정일자 기준으로 2022년 기준 전국

의 월세 거래량은 139만9963건으로 나타났습니다. 월세 거래량이 연간 100만 건을 돌파한 것은 통계가 처음 기록되기 시작한 2010년 이후 처음입니다. 같은 기간 전세 거래량의 경우 129만9835건을 기록했는데요. 월세가 전세를 추월한 일이 벌어진 것입니다.

연간 기준으로 월세 거래량이 전세 거래량을 넘어선 건 2022년이 처음입니다. 이런 흐름은 2023년에도 이어지고 있습니다. 2023년 1~6월 월세 거래 비중은 55.23%로 지난 2022년(51.85%)보다 더욱 커졌습니다.

2022년 월세 수요가 유독 많아진 것은 일단 금리 인상이 주된 이유로 꼽힙니다. 당시 전 세계적으로 가파른 금리 인상이 부동산시장에 충격을 준 바 있는데요. 금리가 지속해 오르니 대출을 받기가 부담스러울 수밖에 없었습니다. 특히 지난 수년간 전셋값이 크게 오르면서 대출이 '필수'가 됐는데요. 그러다 보니 전세를 선택하기가 더욱 꺼려질 수밖에 없었습니다. 기존에 전세를 살던 이들은 금리 부담에 월세로 전환하기도 했습니다.

| 전국 전· 월세 거래량 추이 | [단위 : 건]

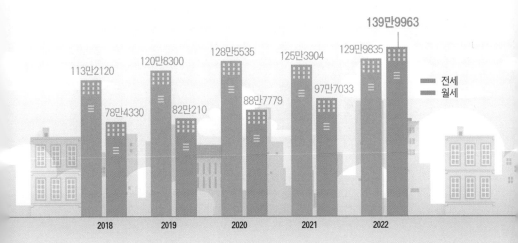

자료 : 대법원 등기정보광장

전세보증금 사기까지, 엎친 데 덮친 격

2023년 들어 금리 인상이 잦아들고 2024년엔 금리가 하락할 수 있다는 전망도 나오고 있습니다. 그렇다면 금리가 내리면 다시 전세 선호가 높아지게 될까요? 물론 전세 비중이 다소 높아질 가능성은 있습니다. 아무래도 금융 부담이 줄면 수요가 몰리게 마련이니까요. 하지만 장기적으로는 '전세의 월세화 현상'이 지속될 거라는 전망이 많습니다. 이런 전망이 나오는 데에는 여러 이유가 있습니다.

우선 전세가 더 이상 내 집 마련을 위한 징검다리 역할을 하지 못하고 있다는 점을 주목할 필요가 있습니다. 과거에는 전세계약을 할 때 세입자가 전세금을 전부 마련해 맡기는 경우가 많았는데요. 최근에는 전셋값이 높은 데다 전세대출이 활성화되다 보니 정작 본인 돈은 많지 않은 경우가 흔합니다. 전세조차 은행이 내준(?) 돈으로 계약하는 셈입니다. 결국 전세

| HUG 전세보증금 보증사고 추이 | [단위 : 건]

2022년에 집주인이 계약기간 만료 후 전세보증금을 돌려주지 못해 발생한 주택도시보증공사(HUG)의 전세보증금반환 보증보험 관련 보증사고가 전년 대비 2배 가까이 급증했다.

자료 : 주택도시보증공사

300

와 월세는 주거 비용을 어디에 내느냐만 다른 모양새가 됐습니다. 전세는 은행에 다달이 돈을 내는 거고, 월세는 집주인에 다달이 돈을 내는 셈입니다.

여기에 더해 전세의 리스크가 갈수록 부각되고 있습니다. 2022년 말부터 집값이 떨어지면서 역전세나 깡통전세, 전세사기에 대한 우려가 커졌습니다. 혹여 전세보증금을 돌려받지 못하는 리스크를 감당하기보다는 월세를 내는 게 낫다고 판단하는 이들이 늘고 있습니다. 특히 오피스텔이나 빌라 등 아파트를 제외한 시장에서 이런 현상들이 심화되고 있습니다.

또 주식 등 투자에 대한 관심이 높아지면서 자산을 운용하는 방식도 다양해지고 있는데요. 목돈을 집주인에게 맡겨놓기보다는 다른 방식으로 투자해 자산을 늘리려는 이들도 많아지고 있다는 분석입니다. 최근에는 예금금리가 오르면서 높아진 월세 부담을 어느 정도 줄일 수 있기도 하고요. 이러다 보니 전세의 매력은 앞으로도 갈수록 떨어질 거라는 전망이 우세합니다.

전문가들의 주장도 이를 뒷받침합니다. **송승현 도시와경제 대표**는 "전세의 경우 아무리 보증 제도가 있다고 해도 결국은 사금융 형태로 이뤄지기 때문에 위험에 더 많이 노출돼 있는 게 사실"이라며 "특히 전세대출이 활성화하면서 과거처럼 내 집 마련을 위한 징검다리 기능도 약화된 만큼 매력도가 떨어지고 있다"고 설명했습니다.

아무튼 전세 수요가 감소하는 만큼 갭투자로 내 집 마련을 염두에 뒀다면 심각하게 고민해 볼 필요가 있습니다. 구입 당시 전세계약이 만료 이후 갱신되지 않았을 경우 세입자 구하기에 곤욕을 치를 수 있기 때문입니다.

주택을 주식처럼?

―――― 임대리츠로 내 집 마련 가능할까? ――――

무주택 서민들의 '내 집 마련' 꿈을 실현해 줄 방안으로 '임대주택리츠'
(이하 '임대리츠')가 꾸준히 거론되는데요. 금리나 전셋값 흐름 등에 크게 좌
우되지 않고 비교적 저렴한 임대료에 배당금 확보도 가능하기 때문입니
다. 일정 기간 살면서 분양전환을 하거나 리츠 지분을 보유하면 소유권도
취득할 수 있습니다. 다만 수익률 확보, 세제 규제 등을 보완하지 않으면
'제2의 뉴스테이*'가 될 수 있다는 우려가 있습니다.

임대료로 쓰린 속, 배당금으로 싹!

임대리츠는 임대사업자가 투자자로부터 자금을 모아 임대주택을 직접 건
설하거나 매입해 공급하는 방식으로, 공공임대리츠의 경우 2014년 '주택
임대차시장 선진화 방안'에 따라 도입됐습니다. 이 사업은 리츠(REITs)를

| 임대주택리츠 입주자의 보증금과 월세 구조 |

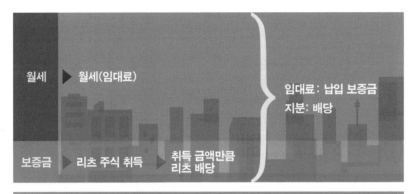

월세 ▶ 월세(임대료)

임대료 : 납입 보증금
지분 : 배당

보증금 ▶ 리츠 주식 취득 ▶ 취득 금액만큼
리츠 배당

리츠(REITs) 구조

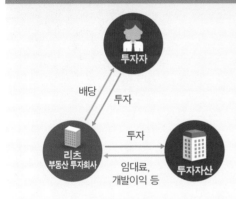

투자자

배당 ↕ 투자

투자 →

리츠
부동산 투자회사

임대료,
개발이익 등

투자자산

'리츠'란 사업자가 투자자들로부터 모은 자금으로 부동산 등에 투자한 뒤, 수익을 투자자들에게 배당하는 사업을 가리킨다. 임대리츠는 같은 원리로 임대사업자가 투자자들로부터 자금을 모아 임대주택을 직접 건설하거나 매입해 공급하는 방식이다. 전셋값이 높고 금리가 빠르게 오르는 시기엔 상대적으로 보증금이 낮고 월 임대료가 높은 임대리츠가 유리하다.

통해 임대주택 공급에 필요한 자금을 조달할 수 있고, 공급 후에는 리츠에 임대주택 운영을 맡겨 장기적·안정적 수익과 주거를 제공한다는 장점이 있습니다.

특히 전셋값이 높고 금리가 빠르게 오르는 시기엔 상대적으로 보증금이 낮고 월 임대료가 높은 임대리츠가 더 유리할 수 있는데요. 정부도 국

---

* 중산층의 주거 안정을 위해 도입된 민간기업형 임대주택이다. 공공임대와 달리 주택 규모에 규제가 없고 입주 자격에도 제한이 없다. 임대료 상승률이 연 5%로 제한되고, 최소 8년 동안 거주가 보장된다. 뉴스테이의 시공은 민간건설업체가 담당하고, 건물의 운영·관리는 한국토지주택공사가 설립한 리츠가 맡는다.

| 내 집 마련 리츠의 소유권 취득 구조 |

입주와 동시에 보증금에
해당하는 주식(10%) 취득

월세를 내고 거주하면서 꾸준히
추가 지분 취득
(보증금 + 취득지분 만큼 배당)

지분 80%를 확보하면
소유권 취득(자가 매입)

정 과제에 '임대차시장 합리적 정상화' 방안 중 하나로 임대리츠 활성화 등을 통해 민간임대주택 공급을 촉진하겠다고 예고했습니다. 국토교통부는 2022년 8·16 공급대책에서 '내 집 마련 리츠' 공급 방안(5년간 2만가구)을 내놓으며 임대리츠 활성화에 나섰습니다.

정부 차원에서 운영하는 임대리츠는 LH의 '공공임대리츠', '공공지원형 민간임대리츠'(옛 뉴스테이) 등이 대표적으로, 이들 모두 임대주택에 적용한 방식입니다. '내 집 마련 리츠'는 일종의 '지분형 임대주택리츠' 방식으로 임대와 분양의 개념이 동시에 들어있는 주택입니다.

입주자는 집값의 10%만 부담하고 10년 내에 리츠 주식 매입을 통해 거주하고 있는 주택 지분의 80% 취득 시 소유권을 받는 식입니다. 보증금과 월세 구조로 임대료를 납입하며 임차인의 보증금과 매년 주택에 대한 취득 지분은 리츠가 임차인에게 배당하는 구조라 자금여력이 부족한 무주택자에게 유리한 주택 상품이라 하겠습니다.

이에 대해 **한광호 국제개발협력학과장(박사)**은 "지분 취득 방식의 리츠는 임대료를 내면서도 배당금을 받을 수 있어서 오히려 월 임차료가 낮아지는 효과가 나타날 수 있고, 금리인상기엔 대출이자 부담이 커서 오히려 보증금이 낮고 월세가 높아지는 방향이 유리하다"고 말했습니다. 이어 "이런 이유로 리츠로 수요가 이동하면 가격 안정화 효과를 기대할 수 있고 임차인 입장에서도 리츠를 통해 임대료 부담을 낮춰서 살다가 돈을 모아서 나중에 소유권을 취득하는 방법도 있다"고 덧붙였습니다.

임대리츠 활성화, 묘안 있다!

다만 공급 활성화까지는 갈 길이 멀어 보입니다. 그동안 임대리츠는 임대차시장이 불안할 때마다 대책 중 하나로 나왔지만 구조적 한계와 규제 때문에 시장에서 충분한 효과를 발휘하진 못했는데요. 2015년 박근혜정부에서 기업형 주택 임대사업의 일환으로 뉴스테이 정책을 추진했는데 높은 임대료, 민간 기업의 막대한 개발이익 등의 문제가 불거진 바 있습니다. 2017년 5월 문재인정부가 들어서면서 뉴스테이에 공공성을 강화해 추진한 '공공지원 민간임대주택' 역시 비슷한 논란이 되풀이되면서 '실패한 정책'이라는 꼬리표가 붙었지요. 이후 2020년 7·10 부동산 대책에 따라 임대주택리츠 추진 시에도 종부세, 양도세, 취득세, 법인세 등 각종 세금이 부과되면서 사업 추진 환경이 어려워진 상황입니다.

이에 대해 시장 참여를 이끌어내 안정적으로 주택을 공급하려면, 세제 혜택 같은 참여 유인을 만들어야 한다는 목소리가 나옵니다. 업계에선 임대주택리츠를 신규로 추진·운용할 경우, 종부세 공제 한도 및 합산 배제 유지, 재산세와 취득세 등 지방세 감면 혜택 제공 등이 필요하다고 주장해 왔는데요.

한광호 박사는 "임대리츠를 충분히 공급하면 전·월세 시장 안정화 효과뿐만 아니라 주택 공급 확대까지 일부 기대해 볼 수 있다"면서도 "다만 매입형 임대주택을 통한 공공임대의 경우 이미 준공된 주택을 리츠가 매입해서 공급하는 거라 절대량이 늘어날 수 없기 때문에 민간시장에 대한 규제를 풀어서 개발형 민간 공급을 늘려야 한다"고 말했습니다. 이어 "해외는 민간임대주택에 법인세를 부과하지 않는데, 우리는 이전 정부에선 법인을 투기 세력으로 보기도 했다"며 "세제 완화 등 혜택이 필요하다"고 덧붙였습니다.

권주안 대한건설정책연구원 연구위원도 "임대리츠는 금리인상기에 무주택 수요자들의 주거 마련에도 도움이 되고 거시경제로 봐도 분리 투자, 유동성 분산 등의 역할을 하기 때문에 필요한 제도"라며, "그러려면 리츠시장부터 활성화해야 한다"고 지적했습니다. 이어 "리츠는 펀드에 비해 규제가 타이트한데 세제 등 규제를 일부 완화해 주고 인센티브를 제공해야 한다"며 "뉴스테이 때도 경험했지만 사업자는 현금 흐름상 주택을 팔고 나오려고 하는데, 오랜 기간 임대할 수 있어야 임대시장이 안정적으로 갈 수 있기 때문에 유인책이 필요하다"고 강조했습니다.

집에도 신분증이 있다

— 등기부등본 구석구석 뜯어보기 —

전세 살던 집이 경매로 넘어갔어요. 집주인이 집을 담보로 받은 대출을 갚지 못했기 때문입니다. 전세계약할 때 집에 대출이 껴 있다는 얘긴 들었지만 대출 금액이 얼마 안 되고 집주인이 곧 갚을 거니 걱정 말라고 했거든요. 중개업소 말만 철석같이 믿었는데…… 경매에서 집이 팔리면 보증금을 돌려받을 수 있을까요.

임대차계약에 대한 지식이나 경험이 부족한 이들이 종종 겪는 사례입니다. 아직도 이런 어처구니없는 일이 있을까 싶지만, 여전히 전세보증금을 돌려받지 못하는 경우가 적지 않습니다. 계약할 전세 매물이 안전한지 객관적으로 판단하지 못하니 집주인이나 공인중개사의 말만 믿고 덥석 계약하는 실수가 생기는 건데요. 이 경우 보금자리도 잃고 돈도 잃는 최악의 상황을 맞게 될 수 있습니다. 그렇다면 '안전한 집'이라는 보증서가 있는 것도 아닌데 어떻게 판단할 수 있을까요.

등기부등본만 봐도 집의 면면이 보인다!

바로 '등기부등본'에 답이 있습니다. 등기부등본은 집주인이 누구인지, 어떤 집인지, 집을 담보로 얼마나 돈을 빌렸는지 등이 적힌 공적 장부입니다. 사람으로 치면 신분증이나 마찬가지입니다. 신분증으로 사람의 신원 확인을 하듯이 등기부등본으로 그 집에 관한 기본적인 면면을 확인할 수 있습니다. 등기부등본은 구하기도 쉽습니다. 대표적으로 인터넷등기소에 접속해 상세주소를 넣고 수수료(열람 : 700원, 발급 : 1000원)만 내면 누구나 볼 수 있지요.

이제 등기부등본이 어떻게 되어 있는지 살펴보겠습니다. 등기부등본은 크게 △표제부, △갑구, △을구로 구성되어 있습니다. '표제부'는 건물의 용도를, '갑구'는 해당 물건의 소유권을, '을구'는 해당 물건에 대한 각종 권리 사항을 나타냅니다. 여기서 중요하게 봐야 할 건 '갑구'와 '을구'인데요. '갑구'는 해당 물건의 실소유자가 누구인지 나타내기 때문에 임대차계약을 할 때 임대인과 갑구에 표기돼 있는 실제 소유주가 일치하는지 확인해야 합니다. 임대인이 대리로 계약하러 왔다면 부동산계약 위임장, 매도인, 대리인 신분증을 확인해야 합니다.

가장 면밀히 봐야 하는 건 '을구'입니다. 을구를 제대로 볼 줄 알아야 '안전한 집'인지를 판단할 수 있는데요. 을구는 해당 물건을 담보로 한 근저당, 전세권 등 각종 권리 사항이 나와 있습니다. 근저당(빚)이 과하게 많으면 추후 집이 경매로 넘어갔을 때 보증금을 제대로 돌려받지 못할 수 있습니다. 근저당이 없거나 비율이 낮은 집에 들어가야 하는 이유이지요. 근저당권 채권최고액을 보면 되는데요. 소유자가 집을 매매하면서 실행한 대출로 가장 흔한 게 주택담보대출입니다. 은행에선 통상 주택 매매가의 120~130%를

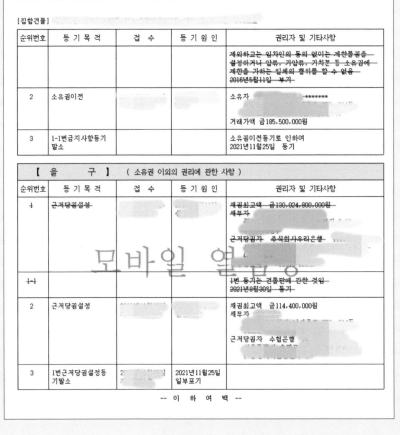

[집합건물]

순위번호	등 기 목 적	접 수	등 기 원 인	권리자 및 기타사항
				제외하고는 임차인의 동의 없이는 제한물권을 설정하거나 압류, 가압류, 가처분 등 소유권에 제한을 가하는 일체의 행위를 할 수 없음 2016년5월11일 부기
2	소유권이전			소유자 ******* 거래가액 금185,500,000원
3	1-1번금지사항등기 말소			소유권이전등기로 인하여 2021년11월25일 등기

【 을   구 】 (소유권 이외의 권리에 관한 사항)

순위번호	등 기 목 적	접 수	등 기 원 인	권리자 및 기타사항
1	근저당권설정			채권최고액 금130,024,800,000원 채무자 근저당권자 주식회사우리은행
1-1				1번 등기는 건물만에 관한 것임 2021년8월30일 등기
2	근저당권설정			채권최고액 금114,400,000원 채무자 근저당권자 수협은행
3	1번근저당권설정등 기말소		2021년11월25일 일부포기	

-- 이 하 여 백 --

채권 최고액으로 설정하는데요. 가령 근저당권 채권 최고액이 2억2000만원이라면 실제 채권액은 2억원 정도입니다.

빚이 있어도 안전한 집이 있다?

그렇다면 근저당권의 비율이 얼마나 낮아야 안전하다고 할 수 있을까요? 물론 빚이 전혀 없다면 가장 좋겠지만, 일반적으로 전문가들은 채권최고액과 전세보증금을 합한 금액이 주택 매매가의 70~80%인 경우를 안전권이라고 평가합니다. 가령 집 매매가가 3억원이고 전세금이 8000만원일 경우 해당 집의 채권 최고액이 1억3000만원 이하여야 안전하다는 계산이 나옵니다. 집이 경매로 넘어갈 경우 보통 매매가의 80% 정도로 낙찰되기 때문입니다.

> 3억원(매매가)의 70% = 2억1000만원
>
> 8000만원(전세보증금) + 1억3000만원(채권 최고액) = 2억1000만원

만약 아파트가 낡았거나 부동산 경기가 안 좋을 경우에는 유찰돼서 더 낮은 가격에 팔릴 수 있습니다. 빌라나 노후 아파트에 전세로 들어간다면 '채권 최고액 + 내 전세금'을 매매가의 70% 이하로 더 보수적으로 잡아야 합니다.

이 밖에 을구에 가압류, 가등기, 가처분 등이 있으면 집이 언제 경매에 넘어갈지 모르는 상황이기 때문에 피하는 게 상책입니다. '신탁' 물건도 주의해야 합니다. 갑구 소유자 항목에 '신탁'이라고 표기돼 있으면 건물의

소유권이 신탁회사에 있다는 건데요. 신탁부동산은 반드시 신탁회사와 거래를 해야 하는데 이를 잘 모르고 계약하면 계약이 무효가 되면서 의도치 않게 '불법 점유자'가 될 수 있습니다. 신탁 물건의 경우 신탁 원부를 따로 떼서 대출이 얼마나 있는지 파악하고 임대차계약 권한이 누구에게 있는지 확인해야 합니다.

이렇게 등기부등본을 꼼꼼히 따져봤다고 해도 끝이 아닙니다. 입주 전 임대인이 추가로 대출을 받거나 소유권을 넘길 수도 있기 때문입니다. 이런 이유로 계약 전, 계약 후, 잔금 전, 잔금 후 모두 최소 4회에 걸쳐 등기부등본을 떼보고 변경 사항이 없는지 확인해야 합니다.

물론 등기부등본만 들여다본다고 무조건 '빌라왕*'을 피할 수 있는 건 아닙니다. 등기부등본으로 세금 체납, 과거 압류 이력, 악성 임대인 정보까진 알 수 없습니다. 계약 이후 집주인이 바뀔 수도 있기 때문이지요. 하지만 등기부등본이야말로 전세계약에서 가장 처음 두드려봐야 할 돌다리인 만큼 면밀히 살펴볼 필요가 있겠습니다.

---

* 수천가구의 빌라를 보유한 임대인. 2022년 12월 인천광역시 미추홀구에서 2700가구의 빌라(갱통전세가 대다수)를 보유한 임대인이 수백명의 세입자에게 전세보증금을 돌려주지 않아 피해를 입히면서 해당 사건이 '빌라왕 사태'로 불렸다.

월세 적정 가격, 그것이 알고 싶다!

— '전 · 월세전환율'로 '월세덤터기' 피하기 —

전셋값이 부담돼서 반전세(보증부월세) 계약을 했는데, 살다 보니 주위 시세보다 월세도 관리비도 높은 편이라는 걸 알게 됐어요. 전세대출 금리 아껴보려고 한 건데 사실상 매달 나가는 돈은 더 많아졌더라고요. 꼼꼼히 계산해 봤어야 하는 건데…… 아까워 죽겠어요!

주택임대차 시세, 어디까지 확인해 보셨나요? 요즘은 인터넷 검색 몇 번만으로도 간편하게 시세를 알아볼 수 있는데요. 그렇다고 단편적인 정보만 보고 계약을 결정하는 건 금물! 이젠 발품보다는 '손품'이지요. 여러 플랫폼에서 제공하는 통계나 서비스를 다중 비교하면 더 정확한 최근 시세를 알 수 있습니다. 월세 전환 시 적정 가격이나 관리비도 계산해 볼 수 있어 '덤터기'도 피할 수 있습니다. 자, 손품 준비되셨나요.

'손품'으로 확인하는 임대차 시세

내가 관심 있는 지역 또는 주택의 전셋값은 적절한 걸까요? 부동산중개소 유리벽에 다닥다닥 붙어있는 가격을 보면 어느 정도 비슷한 수준이라 금방 시세가 눈에 들어오는데요. 가령 A아파트 전용면적 59㎡의 전세 매물이 보증금 3억7000만원~4억원에 나와 있다면 '전세 시세가 3억원 후반대구나' 정도로 보게 됩니다. 하지만 이건 '호가' 시세입니다. 임대인이 부르는 가격으로 아직 계약되기 전의 가격이지요. 이 가격이 적정한지 판단하려면 최근 실제 계약된 '실거래가'를 알아야 하는데요.

만약 A아파트 같은 평형의 실제 계약된 전셋값이 3억원 초반대라면 지금 형성된 호가가 높다는 걸 알 수 있겠지요. 이를 근거로 임차인은 전셋값 협상을 해볼 수 있습니다. 그 사이 주변 집값 상승 등 특정 이유가 있어서 호가가 올랐다면 곧 시세가 뛸 예정이기 때문에 급전세를 잡거나 다른 주택을 알아볼 수도 있겠습니다.

실거래가를 볼 수 있는 공신력 있는 사이트는 국토교통부가 운영하는 '실거래가 공개시스템'인데요. 아파트뿐만 아니라 연립·다세대, 단독·다가구, 오피스텔, 분양·입주권 등의 실거래가를 제공합니다. 특정 기간과 주택을 설정하면 해당 주택의 전용면적, 계약일, 거래금액, 층, 건축연도, 도로조건 등을 확인할 수 있지요. 정부기관은 아니지만 'KB부동산'의 통계도 많이 활용됩니다. 특히 대출받을 때 기준가격으로 쓰이곤 하는데요. KB부동산에선 특정 단지를 선택하면 과거부터 지금까지의 시세 및 실거래가 추이를 그래프로 보여줘 한눈에 시세 파악이 가능합니다. 앱에서는 예측 시세도 확인할 수 있지요.

국토교통부가 운영하는 '실거래가 공개시스템'은 실거래가를 볼 수 있는 공신력 있는 사이트로, 아파트
뿐만 아니라 연립·다세대, 단독·다가구, 오피스텔, 분양·입주권 등의 실거래가를 제공한다. 특정 기간과
주택을 설정하면 해당 주택의 전용면적, 계약일, 거래금액, 층, 건축연도, 도로조건 등을 확인할 수 있다.

'KB부동산' 사이트가 제공하는 실거래가는 대출받을 때 기준가격으로 활용된다. 특정 단지를 선택하
면 과거부터 지금까지의 시세 및 실거래가 추이를 그래프로 보여줘 한눈에 시세 파악이 가능하고, 모
바일 앱에서는 예측 시세도 확인할 수 있다(위). 호갱노노는 현재 입주민들이 직접 쓰는 리뷰가 있어서
주변 일대 분위기를 파악할 수 있다(아래).

2023년 2월 출시한 주택도시보증공사(HUG)의 '안심전세앱'에서는 그동안 확인이 어려웠던 서울·수도권 내 다세대·연립주택, 50가구 미만 나홀로 아파트*, 신축주택(준공 1개월 후 시세) 등의 시세도 볼 수 있습니다. 같은 해 5월부터는 '안심전세앱 2.0' 버전이 나오면서 수도권뿐만 아니라 전국 빌라, 오피스텔, 대단지 아파트의 시세도 확인할 수 있게 됐지요. 요즘은 민간 업체에서도 시세를 제공하는 플랫폼을 많이 내놨는데요. 대부분 국토교통부와 KB부동산의 자료를 기반으로 하고 있기 때문에 단순 시세는 이들 플랫폼만 이용해도 됩니다.

다만 전·월세신고제 적용 주택(보증금 6000만원 또는 월세 30만원 이상)의 경우 신고(30일 이내)해야 하고, 그 외는 신고 의무가 없기 때문에 최근 거래 기록에 누락된 계약분이 생기는데요. 더구나 전·월세신고제는 2021년 6월부터 시행하기로 했다가 계속해서 유예돼 2024년 5월 31일까지 밀린 상태입니다.

네이버부동산, 아실, 호갱노노 등 여러 플랫폼의 정보를 다중 비교하면 최근 시세를 더 정확하게 파악할 수 있습니다. 플랫폼마다 제공하는 서비스가 달라 더 다양한 정보를 얻을 수도 있지요. 네이버부동산은 가장 많은 중개소가 활용하는 사이트이자 매물이 가장 많은 곳입니다. 아실은 여러 아파트가격 비교를 볼 수 있습니다. 호갱노노는 주민들이 직접 쓰는 리뷰가 있어서 일대 분위기를 파악할 수 있지요.

---

* 일반 주택가 또는 여러 아파트 단지 사이에 좁은 땅을 활용해 지어진 소규모 아파트.

'그냥 월세로……' 그렇다면 얼마?

2022년부터 금리 인상이 지속되면서 전세에서 월세로 전환하는 수요가 높아졌는데요. 전세보증금 일부를 월세로 전환하는 거라 비슷한 실거래가를 찾기 어려울 수 있습니다. 이럴 땐 '전·월세전환율'에 따라 적정한 가격을 계산해 봐야 하는데요. 전·월세전환율은 말 그대로 전세에서 월세로 전환할 때 적용하는 비율입니다. 현행 '주택임대차보호법'에 따라 '한국은행 기준금리+대통령령으로 정하는 이율(현행 2.0%)'이 상한인데요. 2023년 10월 기준(기준금리 3.5%)으로 보면 전·월세전환율은 5.5%입니다.

전세에서 월세로 전환할 때 월세로 전환할 보증금에 전·월세전환율을 곱한 뒤 12개월로 나누면 되는데요. 가령 전세보증금 3억원짜리 전셋집을 보증금 2억원으로 낮추고 나머지 1억원에 대해선 월세로 전환한다면 어떨까요? 이 때는 월세로 전환하는 1억원에 전·월세전환율 5.5%를 곱한 뒤 12개월로 나누면(1억원×5.5%/12개월), 45만8333원이 월세가 됩니다.

전·월세전환율은 전셋값이 내리거나 월세가 오를 때 높아지는 비율로, 금리 상승기에는 전세 수요가 월세로 눈을 돌리면서 점점 높아지는 추세를 보입니다. 이는 보증부 월세도 점점 많아진다는 뜻이지요. 더구나 국토교통부가 2023년 2월 '무자본 갭투자'를 막기 위해 전세금 반환보증 가입 기준을 높이면서 월세 전환이 더 늘어날 전망입니다. 국토교통부는 보증 가입 기준을 전세가율 100%에서 90%로 강화했는데요. 전세가율 90%를 넘으면 보증 가입이 안 되기 때문에 보증금을 낮추는 대신 나머지를 월세로 전환할 여지가 있거든요. 만약 1억원짜리 집의 전셋값이 1억원이라면 전세가율이 100%라 보증 가입을 못하는데, 전세보증금을 9000만원으로 낮추고(전세가율 90%) 나머지 1000만원에 대해선 월세로 내면 가입이 되는 거지요.

월세 내리고 관리비 올리는 꼼수 유의해야

아직도 전·월세전환율 계산이 어렵다고요? 그렇다면 인터넷 검색 포털에서 '전·월세전환율 계산기'를 활용하면 자동으로 값을 구할 수 있는데요. 다만 기준금리나 대통령령 이율이 수시로 바뀌기 때문에 전·월세전환율은 자주 확인해봐야 합니다.

'관리비 꼼수'도 주의해야 합니다. 임대인이 전·월세상한제나 전·월세신고제를 피하기 위해 월세는 내리고 관리비를 올리는 편법을 쓰기도 하거든요. 50가구 이상 아파트의 경우 K-apt(공동주택관리 정보시스템)에서 관리비를 볼 수 있습니다. 국토교통부의 '소규모 주택 관리비 투명화 방안'에 따라 2023년 9월부터는 빌라, 원룸 등도 관리비 내역을 세세하게 공개하도록 했는데요. 하지만 여전히 50가구 미만의 빌라 등은 관리비가 '깜깜이'로 운영되기 때문에 계약 전에 관리비 포함 항목 등을 꼼꼼히 살펴볼 필요가 있습니다.

집값 떨어지면
세입자가 깡통 찬다고?

— 전세가율과 입주물량에 밝아야 하는 이유 —

'어디 가서 이 가격 주고 전세 못 구해요!'

전셋집 구할 때 한 번쯤 들어볼 만한 얘깁니다. '진짜 그런가?' 하고 귀가 펄럭이는 순간 실수하기 마련. 나중에 전세계약이 끝나고 전세보증금을 문제없이 돌려받기 위해선 내가 구하는 전셋집의 보증금이 합리적인 가격이 맞는지 잘 따져봐야 하는데요. '깡통전세'의 매운맛을 피하려면 시세뿐만 아니라 전세물량, 입주물량 등도 함께 보는 게 좋습니다. 일일이 따져보는 게 쉽지 않지만 그렇다고 마냥 어렵지만도 않습니다. 자, 따라오세요!

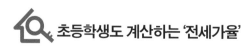 초등학생도 계산하는 '전세가율'

2022년 사회적으로 논란을 빚은 '빌라왕' 사태로 인해 '깡통전세'에 대

한 불안감이 커졌는데요. 앞서 다뤘지만, 깡통전세는 전세보증금이 매매가와 비슷하거나 더 높아 전세보증금을 돌려받기 힘든 전세를 말합니다. 이를 피하려면 무엇보다 '전세가율'부터 계산할 줄 알아야 합니다. 전세가율이란 주택 매매가격 대비 전세가격의 비율을 말합니다. 가령 빌라 매매가격이 1억원인데 전셋값이 8000만원이면 전세가율은 80%입니다. 참 쉽지요.

시장에선 안전한 전세가율을 60% 정도로 보고 있습니다. 만약 전세가율이 높다면 경매로 집이 넘어갈 경우 1순위 권리자(확정일자+전입신고)라고 해도 원금 보전이 어렵습니다. 집값이 빠르게 떨어지는 시기엔 전세가율을 더 보수적으로 보는 게 좋습니다. 가령 매맷값 1억원짜리 빌라에 6000만원 전세로 들어갔는데 빌라가격이 떨어져 7000만원이 되면 전세가율은 60%에서 85.7%로 훌쩍 올라가 버립니다. 이렇게 되면 (비교적) 안전한 전세'에서 한순간에 '깡통전세'로 전락하는 거지요.

매맷값과 전셋값만 비교해 보면 되니까 깡통전세를 알아보기 쉬운 거 아니냐고요? 물론 아파트처럼 단지 내 거래량이 많으면 시세 확인이 쉬운 편인데요. 매매 거래가 적은 신축 빌라나 다세대주택 등은 시세 파악이 어렵습니다. 여러 '빌라왕' 사태에서도 이 같은 맹점을 노린 사기가 많았는데요. 신축 빌라를 시세보다 비싸게 전세계약하도록 유도한 뒤 갭투자자에게 넘기면서 매맷값이 떨어지자 전세보증금을 돌려주지 못한 겁니다. 이들 모두 국토교통부의 실거래가 조회시스템을 이용하면 최근 거래가격을 알 수 있는데요. 거래량이 적은 빌라의 경우 인근에서 비슷한 평형의 거래가격을 조회해서 내가 들어갈 전셋집의 전세가율이 높은지 낮은지 대략적으로 계산해 볼 수 있습니다.

여기서 주의할 점! 실거래가라고 다 정확한 건 아닙니다. 부동산이나 집

매맷값과 전셋값만 비교하면 깡통전세를 피할 수 있을까? 매매 거래가 적은 신축 빌라나 다세대주택 등은 시세 파악이 쉽지 않다. 횡행했던 '빌라왕' 사태에서도 이 같은 맹점을 노린 사기가 많았다. 신축 빌라를 시세보다 비싸게 전세계약하도록 유도한 뒤 갭투자자에게 넘기면서 매맷값이 떨어지자 전세보증금을 돌려주지 못한 경우가 적지 않았다. 사진은 서울의 한 다세대주택 지역.

주인들끼리 사고팔면서 매매가를 올리거나 업(Up)계약*한 뒤 향후 계약을 취소하는 등 의도적으로 가격을 조작할 수도 있기 때문이지요. 이 같은 '전세금 부풀리기'를 피하려면 같은 지역의 여러 부동산 중개업소에 가격을 문의하는 것도 하나의 방법입니다.

---

* 주택 거래계약을 할 때 '시세 띄우기' 등을 위해 실제가격보다 비싸게 계약서를 쓰는 행위를 일컫는다.

전세시세, 어디까지 확인해봤니?

시세까지 확인했으니 이제 한시름 놨다고요? 피 같은 전세보증금 지키려면 조금만 더 공부하자고요! 시세에 맞게 계약을 했다고 해도 나중에 전셋값이나 매맷값이 크게 떨어지면 현금여력이 부족한 집주인의 경우 빚내서 전세보증금을 돌려줘야 하는 상황이 생길 수 있거든요.

대표적인 상황이 '역전세난'입니다. 역전세난은 전셋값이 계약 당시보다 하락해 임대인이 임차인에게 보증금을 돌려주는 게 어려워진 상황입니다. 금리가 빠르게 오르고 있을 때 발생하기 쉽습니다. 여기에 공급물량까지 많다면 '공급 > 수요' 현상이 심화하면서 전셋값이 가파르게 떨어질 수 있습니다.

이때 특히 입주물량을 주의 깊게 봐야 합니다. 고금리가 지속되는 상황에서 입주물량까지 늘어나면 전세 수요가 분산되고 월세 수요가 늘면서 역전세난이 가속화될 수 있기 때문입니다. 최근에는 전국적으로 입주물량이 전년보다 늘어날 전망이라 지역을 잘 보고 전세 살 곳을 선택해야 합니다. 부동산 R114에 따르면(2023년 1월 조사 기준), 전국 아파트 입주물량은 2022년 33만2285가구에서 2023년 35만6513가구로 7.3% 늘어날 전망인데요. 그중에서도 제주는 132가구에서 1135가구로 759.8%, 경북은 4747가구에서 1만1231가구로 136.6%, 울산은 3856가구에서 8786가구로 127.9%, 대구는 2만653가구에서 3만6059가구로 174.6% 등 크게 오를 예정이니 해당 지역에 전셋집을 구할 경우에는 더 각별히 주의해야겠습니다.

서울의 경우 전·월세 계약 만료 물량도 예측해 볼 수 있는데요. 입주 등 이슈가 없어도 전·월세 계약 만료 시점이 몰릴 수 있기 때문입니다. 임대계약의 2+2년 계약이 만료될 시점을 기준으로 모두 신규 물량으로

| 시·도별 아파트 입주 및 입주예정 물량 | [단위: 가구]

지역	2022년	2023년	지역	2022년	2023년
전국	33만2285	35만6513	강원	6580	7732
서울	2만4267	2만6079	경남	9851	1만5371
경기	11만3286	11만3692	경북	4747	1만1231
부산	2만7130	2만4086	전남	8233	8990
대구	2만653	3만6059	전북	1만501	8209
인천	4만2515	4만5169	충남	2만4810	2만6701
광주	1만3716	4559	충북	8352	1만2253
대전	9863	3370	제주	132	1135
울산	3856	8786	세종	3793	3092

※ 2023년 1월 26일 조사 기준, 임대 포함 총가구 수, 자료: 부동산R114

고금리가 지속되는 상황에서 입주 물량까지 늘어나면 전세 수요가 분산되고 월세 수요가 늘면서 역전 세난이 가속화되어 집주인이 세입자에게 전세보증금을 돌려주는 게 현실적으로 어려워진다.

임대시장에 풀릴 것을 가정해 예측하는 겁니다.

가령 2020년 8월 신규로 임대계약하고 2022년 8월 갱신계약했다면, 2024년 8월 임대시장 물량을 예측하는 방식입니다. 서울시는 서울주거포털 '전·월세 정보몽땅' 사이트를 통해 자치구마다 매월 건축연한별, 면적별 전·월세 예측 물량 통계를 내놓고 있으니 활용해 볼 만합니다.

공인중개사인 듯 공인중개사 아닌 공인중개사 같은 너(= 중개보조원)

──── 믿을 만한 중개업소 감별법 ────

'내가 아직도 공인중개사로 보이니?'

공인중개사를 통해 임대차계약을 체결한 줄 알았는데 알고 보니 중개보조원이었다면 어떨까요? 마치 공포 영화의 한 장면을 본 듯 오싹할 듯 한데요. 중개보조원을 통한 부동산계약은 불법인 데다, 중개사를 사칭하고 계약을 부추겼다면 깡통전세 등 전세사기 물건일 가능성도 있거든요. 중개업소가 공제보험에 가입했다면 이런 경우에도 세입자가 보상(공제)을 받을 수 있긴 한데요. 믿을만한 부동산 중개업소(또는 중개업자)는 어떻게 알아볼 수 있을까요.

 중개보조원 통해 계약하면 안 되는 이유

집을 구할 때는 직거래가 아닌 이상 부동산 중개업소를 통하게 되는데요.

중개보조원을 통한 부동산계약은 불법인 데다, 중개사를 사칭하고 계약을 부추겼다면 깡통전세 등 전세사기 물건일 가능성을 배제할 수 없다. 아울러 공인중개사무소로 등록되지 않은 경우 상호가 '○○컨설팅', '○○부동산연구소' 등으로 돼 있거나 사무소에 허가증이 걸려 있지 않다.

사회초년생 등 경험이 부족한 젊은 층은 임대차 매물과 관련한 정보를 제공해 주는 중개인에게 지나치게 의지하는 경우가 많습니다. 그러다 보니 정작 중개업소나 중개업자가 신뢰할만한지 따져보지 못하고 '엉터리 계약'을 하는 사례가 종종 있습니다. 기본적으로 정상적인 중개업소는 부동산 중개업 허가를 받은 중개업소이면서 공인중개사 자격증을 취득한 정식 중개사가 개업한 곳을 말합니다. 이는 중개업소를 직접 가보면 알 수 있는데요. 공인중개사무소로 등록되지 않은 경우, 상호가 '○○ 컨설팅', '○○ 부동산연구소' 등으로 돼 있거나 사무소에 허가증이 걸려 있지 않습니다.

허가증이 붙어있는 경우에는 대표자 성명, 허가번호, 인장 등이 명시돼 있는지 보면 됩니다. 허가증을 위조할 수도 있지 않냐고요? 그렇다면 '한국공인중개사협회' 홈페이지에 접속하면 영업 중인 개업공인중개사를 검색할 수 있는데요. 간판 이름과 허가증 이름이 일치하는지 확인할 수 있습니다.

공인중개사 자격증이 있는지도 봐야 합니다. 중개업소를 개업하려면 국가가 인정한 공인중개사 자격증을 취득하고 실무교육을 이수해 구청에

□ 기본정보

등록번호	상호		대표자사전공개	대표자
	공인중개사사무소		비공개	
구분	소재지			전화번호
공인중개사				
상태	등록일자		보증보험유무	비고
1			유	

□ 소속공인중개사 및 중개보조원

직위	구분	성명
일반	중개보조원	
일반	중개보조원	
일반	중개보조원	
일반	중개보조원	
일반	중개보조원	
일반	중개보조원	

'국가공간정보포털'에 접속해 '부동산중개업 조회'를 통해 특정 부동산 중개업소를 검색하면 공인중개사 자격증 등록, 보증보험 가입 여부 및 중개보조원 리스트 등을 확인할 수 있다.

개업 공인중개사 등록을 하게 돼 있는데요. '국가공간정보포털'에 접속해 '부동산중개업 조회'를 통해 특정 부동산 중개업소를 검색하면 보증보험 가입 여부와 공인중개사 및 중개보조원 리스트를 볼 수 있습니다.

대부분 중개사가 직접 중개업소를 운영하지만 가족 중 한 명이 자격증을 따고 중개업은 가족 등이 하는 경우도 있고요. 중개보조원이 계약과 관련한 중요 업무를 수행하는 '불법' 사례도 판을 칩니다.

중개보조원과 공인중개사는 전혀 다른데요. '공인중개사법' 제2조에 따르면 중개보조원은 개업 공인중개사에 소속돼 중개대상물에 대한 현장 안내나 일반 서무 등 단순 업무보조 역할만 해야 합니다. 자격증이 없기 때문에 직접 계약서를 작성하거나 계약 내용을 설명해서는 안 됩니다. 만약 중개보조원이 직접 물건을 중개하거나 공인중개사를 사칭하면 1년 이하 징역 혹은 1000만원 이하 벌금형에 처합니다.

하지만 중개업소에 중개사는 한 명만 있고 많게는 수십 명의 중개보조원을 고용해서 사실상 중개 업무와 계약까지도 중개보조원이 하는 경우가 많은데요. 여러 '빌라왕' 사태에서도 중개보조원이 적극적으로 사기에 가담하면서 위험성이 드러난 바 있습니다.

중개보조원은 협회에서 4시간 교육(사이버교육 대체 가능)만 받으면 누구나 등록이 가능합니다. 임대차계약 관련 전문성이 없고 책임이나 의무도 없습니다. 만약 명함에 '○○○ 공인중개사'가 아닌 '○○○ 팀장', '○○○ 이사' 등으로만 적혀 있다면 중개보조원일 가능성이 높은데요. 국가공간정보포털 홈페이지에 접속해 '부동산중개업조회'를 하면 해당 중개업소의 소속 공인중개사 및 중개보조원 명단을 확인할 수 있습니다.

대표자 외에 모든 직원들이 중개보조원인 경우도 많아 주의할 필요가 있는데요. 정부도 일부 중개보조원들이 전세사기에 적극 가담한 사례를 감안해 관련 법 개정에 나선 상태입니다. 국토교통부는 2023년 2월 '전세사기 예방 및 피해지원 방안'을 통해 중개사 1인당 중개보조원 3명으로 제한하는 방안을 추진하고 있습니다.

잘못되면 책임질게, 최고 2억원까지만 ……

중개업소가 공제증권에 가입돼 있는지 여부도 중요합니다. '공인중개사법'에 따라 개업 공인중개사는 손해배상책임을 보장하기 위해 공인중개사협회의 공제증권에 가입해야 하는데요. 일종의 '보험' 성격이지요. 만약 중개인의 부동산 중개행위 과정에서 고의 또는 과실로 인해 거래당사자에게 재산상의 손해를 초래했을 경우 보상한도 내에서 거래당사자는 보상을 받을 수 있습니다. 해당 공제에 가입돼 있는 중개업소는 임대차계약을 체결하면 계약자에게 공제번호, 등록번호, 공제금액, 공제기간 등이 기재돼 있는 공제증서 사본을 주도록 되어 있습니다.

그동안 공제 가입 금액이 1억원 이상(법인 2억원 이상)이었지만 2023년부터 2억원 이상(법인 4억원 이상)으로 확대됐습니다. 다만 내가 계약한 부동산중개업소가 2억원짜리 공제에 가입했다고 해서 모든 사고에 대해서 2억원의 보상을 해 주는 건 아닙니다. 공제증서에 기재된 공제 가입 금액은 손해를 입은 중개의뢰인이 협회로부터 보상받을 수 있는 손해배상액의 총합계액이거든요.

가령 1년 동안 사고가 10건 터지면 한도 2억원을 10명이 나눠 받는다는 의미이지요. 1년 동안

공 제 증 서

공제번호			
성 명		등록번호	
사무소명칭	한길공인중개사사무소		
사무소소재지	서울특별시 서초구 서초중앙로		
공제금액	이억원 (₩200,000,000)		
공제기간	2023년 02월25일부터	2024년 02월24일까지	

우리 협회는 뒷면에 기재된 공제약관(www.kar.or.kr 공제안내에서 확인 가능)및 이 증서에 기재된 내용을 공제계약자가 이해하였음을 확인하여 공제계약을 체결하고 그 증으로 이 증서를 발행합니다.

2023 년 2 월 23 일

KAR 한국공인중개사협회장
(서울특별시 관악구 남부순환로 1722)

부동산중개업소가 2억원짜리 공제에 가입했다고 해서 모든 사고에 대해서 2억원의 보상을 해 주는 건 아니다. 1년 동안 사고가 10건 터지면 한도 2억원을 10명이 나눠 받는다는 의미다. 1년 동안 중개 사고가 딱 1건 발생했다고 해도 과실 비율에 따라 배상금이 결정되기 때문에 사고 난 금액 전액을 보상받긴 힘들다.

중개 사고가 딱 1건 발생했다고 해도 과실 비율에 따라 배상금이 결정되기 때문에 사고 난 금액 전액을 보상받긴 힘듭니다. 만약 중개업자의 과실로 임차인이 2억원의 손해를 봤다고 해도 손해배상 청구 결과 중개인의 과실이 절반 정도라는 판결을 받았다면 배상금액은 약 1억원이 됩니다.

또 보증기간이 지난 공제증서는 효력이 없기 때문에 보증기간도 빼 먹지 말고 확인해야 합니다. 배상을 받으려면 중개사의 고의성과 과실 등을 입증할 수 있는 자료가 있어야 하니 혹시 모를 사고를 대비해 계약 문구 등을 꼼꼼히 확인할 필요도 있습니다.

33만원 내고 1억원 지키기

돌다리도 두드려 보듯 가입하는 전세보증보험

전세계약 끝날 때쯤 되니까 집주인이 연락이 안 돼요. 집주인이 주택과 건물을 여러 채 보유하고 있다 길래 보증금 1억원 쯤이야 무리 없이 받을 수 있을 줄 알았거든요. 그래서 보증료 아낄 겸 전세보증보험도 가입하지 않았는데…… 33만원 아끼려다 1억원 떼이게 생겼어요!

무려 '5조6084억원'.

2023년은 1월부터 주택도시보증공사(HUG)의 보증 발급금액이 월별 역대 최대치를 기록하며 임대차시장의 불안을 나타냈습니다. 당시 '빌라왕' 사태 등으로 전세보증금 미반환 공포가 커지자 세입자들이 앞 다퉈 보험에 가입하는 추세입니다. 이 같은 불안감은 좀처럼 꺾이질 않고 있는데요. 하지만 누구나 가입할 수 있는 것도 아니고 가입만 한다고 무조건 보증금을 보장받을 수 있는 것도 아니니 꼼꼼히 살펴볼 필요가 있습니다. 내 전세보증금, 어떻게 해야 지킬 수 있을까요.

🔍 보증상품 3대장

전세보증금 반환보증보험(이하 '전세보증보험')은 말 그대로 세입자가 전세보증금을 돌려받을 수 있는 '보험' 상품입니다. 집주인이 임대차 계약기간이 끝났는데도 보증금을 돌려주지 않을 경우 보증기관이 대신 가입자(세입자)에게 보증금을 변제해 주고, 나중에 집주인에게 구상권을 청구해 받아내는 방식이지요.

이는 HUG만의 상품으로 알고 있는 경우가 많은데요. 주택금융공사(HF, 전세지킴보증), 서울보증보험(SGI, 전세금보장신용보험)도 취급하고 있습니다. 3개 보증기관 모두 단독, 다가구, 다세대, 연립주택, 아파트, 주거용 오피스텔, 노인복지주택(SGI 제외) 등 다양한 주택 유형에 전세보증보험을 제공

| 전세금반환보증 기관별 상품 비교 |

구분	주택도시보증공사 (HUG)	주택금융공사 (HF)	서울보증보험 (SGI)
가입 대상 임차보증금 한도액	수도권 7억원 이하, 비수도권 5억원 이하		아파트 제한없음, 비아파트 10억원 이하
가입 대상 주택 유형	단독 · 다가구 · 다세대 · 연립주택, 아파트, 주거용 오피스텔		
	노인복지주택		–
보증료율[%] (개인)	연 0.115~0.154	연 0.020~0.040	연 0.183~0.280
가입 방법	*모바일, HUG 지사 등	위탁 은행	홈페이지 및 지점

*HUG앱, 위탁은행, 네이버부동산, 카카오페이 등

하고 있습니다.

기관별로 상품의 특징을 살펴보면, HUG가 가입 접근성이 가장 높고요. HF는 보증료율(이하 개인 기준)이 가장 낮고, SGI는 가입 대상 임차보증금 한도가 가장 높습니다.

HUG의 전세보증보험 상품은 전세보증금이 수도권 7억원 이하, 비수도권 5억원 이하인 주택만 가입할 수 있습니다. 보증료율은 보증금액, 주택유형, 부채비율에 따라 연 0.115~0.154%로 책정합니다. 모바일 HUG 앱, 네이버부동산, 카카오페이 등 모바일로도 가입할 수 있고, HUG 지사 등에 방문해서도 가능합니다. HUG 홈페이지에서 '보증신청 가능 여부 확인' 페이지로 들어가면 12개 항목을 체크하면서 가능 여부를 따져보고 보증금에 대한 예상 보증료도 자동 계산해 볼 수 있습니다. 가령 1억8000만원짜리 오피스텔(선순위채권 등 없음)에 전세보증금이 1억원이라면 계약기간 2년 기준 예상 보증료는 32만8980원으로 자동 계산됩니다. 약 33만원으로 1억원을 지킬 수 있는 셈이지요.

HF의 경우 가입대상 임차보증금 한도액은 HUG와 같은데요. 보증료율은 우대 가구 여부 등에 따라 연 0.02~0.04%로 차등 적용되는 데, 3개 기관 중 가장 낮습니다. 다만 주택금융공사 보증 전세대출 차주만 위탁은행에서 가입할 수 있습니다.

임차보증금이 높은 주택의 경우 SGI의 상품을 이용할 수 있는데요. 아파트의 경우 임차보증금 가입 한도가 없고 아파트가 아닌 경우 보증금 10억원 이하까지 가입이 됩니다. 대신 그만큼 보증료율이 아파트 연 0.183%, 기타 주택 연 0.28%로 높은 편이지요.

이들 상품은 임대차계약 이후에 가입해도 보장이 된다는 점에서 뒤늦게 가입자가 늘고 있습니다. 가입자가 가장 많은 HUG의 상품을 기준으로 전세계약 기간의 2분의 1 경과 전까지만 신청해도 보증금을 보장받을 수 있습니다. 다만 주택 유형과 임대차보증금 요건만 충족한다고 무조건 가입이 되는 건 아니라는 점! 우선 선순위 채권이 집값의 60% 이내여야 합니다. 만약 2억원짜리 집에 대출이 1억4000만원(70%) 있다면 보증보험 가입이 안 됩니다. 혹시라도 이전 세입자의 전세권 설정이 있다면 이전 또는 말소 조건이어야 하고요. 등기부등본상 건물 및 토지 소유자가 같아야 하고 일반주택은 타 세대의 전입 내역도 없어야 합니다. 아울러 공인중개사를 통한 계약이어야만 가입할 수 있습니다.

보증금 돌려받을 때 주의할 점

전세보증보험에 가입했다면 전세계약 기간 만료와 동시에 무조건 보증금을 돌려받을 수 있는 걸까요? 그렇진 않습니다. 임대차계약 만료일 1개월 이후부터 보증이행청구 신청이 되고요. 심사에서 거절되면 보증료를 꼬박꼬박 냈어도 보증금을 돌려받지 못할 수도 있습니다.

우선 대항력이 있어야 하는데요. '확정일자', '전입신고', '점유(거주)'를 해야 합니다. 보증보험만 믿고 계약기간이 만료됐다고 짐을 빼면 대항력이 소실될 수 있으니 각별히 주의해야 합니다. 계약 중간에 임대인이나 보증금 변경, 재계약 등의 사실을 보증기관에 알리지 않는 것도 문제가 될 수 있으니 계약 내용에 변화가 생기면 무조건 알려야 합니다.

집주인에게 계약 해지 의사를 확실히 전달했다는 증거도 필요한데요. 세입자는 계약 만기 2개월 전 퇴거 사실을 집주인에게 알려야 하는데, 집주인의 확인 후 답변을 받아야 합니다. 증거가 될 만한 메시지나 녹취본이 있어야 하지요. 임대인이 연락이 되지 않는다면 우체국에서 내용증명을 발송해 임대인이 수령하면 인정됩니다. 그랬는데도 전세금을 돌려받지 못하면 임차권등기명령*을 신청해 대항력과 우선변제력을 취득해야합니다.

계약 종료 한 달이 지나면 HUG 앱 또는 지사를 통해 이행청구 신청을 하면 되는데요. 신청하는 즉시 돈을 받을 수 있는 건 아니고요. 신청하고

전세금
돌려 주기 전까진
못나가~!

전세보증보험만 믿고 계약기간이 만료됐다고 짐을 빼면 대항력이 소실될 수 있으니 각별히 주의해야 한다.

---

* 임대차계약이 종료된 이후 보증금을 반환받지 못할 경우 임차인이 단독으로 임차주택 소재지 관할 법원에 임차권등기를 신청할 수 있는 제도. 보증금을 받지 않은 상태에서 부득이하게 이사를 해야 할 경우 활용된다.

담당자 배정까지 몇 주 소요됩니다. 담당자가 배정되면 이사 날짜 등을 조율해서 이사 당일 담당자가 퇴거를 확인하면 HUG를 통해 전세금을 먼저 돌려받을 수 있는 식입니다.

결국 계약기간 종료 후 두 달 정도는 지나야 돈을 받을 수 있는 셈인데요. '빌라왕' 사태처럼 대규모 전세사기가 발생해 이행청구자가 많으면 상담이나 심사 등에 시간이 더 소요될 수 있습니다. '내 돈' 돌려받기가 이렇게 힘들 줄이야. 하지만 일단 적정 요건을 갖춰 가입해 두면 몇 달이 걸리더라도 보증금을 돌려받을 수 있으니 그야말로 '보험' 노릇은 톡톡히 하겠네요.

집주인이 전세보증금을 자기 돈이라 생각한다면

— 전세보증금 떼어먹을 집주인상 알아보기 —

악몽은 집주인이 바뀌면서부터 시작됐어요. 이전 집주인은 상가와 빌딩을 몇 채씩 갖고 있는 부자라 전세보증금 반환을 걱정하지 않아도 됐는데요. 새 집주인은 소위 '영끌'로 무리해서 빌라를 산 거라 전세보증금을 돌려줄 돈이 없다며 뻔뻔하게 나오지 뭐예요. 집주인에 대해 미리 좀 알아볼 걸 후회가 되면서도…… 그런데 대체 무슨 수로 알아보냐고요!

전셋집을 구할 때 흔히 간과하는 게 있습니다. 집의 위치, 가격, 계약 조건 등은 낱낱이 살펴보면서도 그 집을 보유한 '집주인'(임대인)에 관한 정보는 놓치곤 하는데요. 결국 전세보증금을 돌려줘야 하는 건 임대인이기 때문에 반환여력이 있는지 잘 확인해야겠습니다. 그렇다고 집주인에게 통장 잔액을 보여달라고 할 수도 없는 노릇인데, 과연 어떻게 알아볼 수 있을까요.

세금 안 낸 임대인? 딱 걸린다!

통상 전셋집이 '안전한 집'인지를 따져볼 때면 해당 주택의 가격이나 설정된 근저당 수준 등을 위주로 살펴보는데요. 집만 봤다가는 큰코다친다는 사실! 임대인이 작정하고 보증금을 안 돌려줄 생각으로 대출 하나 없이 깨끗한 등기부등본을 만들어 세입자들을 유인하는 사례도 있거든요. 결국 내 전세보증금을 돌려줄 임대인도 잘 살펴보는 게 중요한데요. 그렇다고 임대인의 자금 상태를 전부 확인하는 건 불가능하지요.

체납(미납국세) 이력은 확인할 수 있습니다. 이는 꽤 중요한 정보인데요. 임대인의 미납국세로 인해 집이 경매로 넘어가는 경우도 있고, 다른 이유로 집이 경매로 넘어간다고 해도 체납 세금이 있으면 세금의 종류에 따라 전세보증금보다 배당 순서가 앞서기도 하거든요.

그동안은 임대인이 직접 세금 납부 내역을 보여주지 않는 한 확인할 길이 없었는데요. 2023년 6월부터는 HUG의 '안심전세앱 2.0'를 통해 계약 전에도 임대인 동의만 얻으면 임대인의 세금 체납 여부를 조회할 수 있게 됐습니다. 국민 메신저인 '카카오톡'으로 임대인 동의만 받으면 임차인 앱 화면에서 손쉽게 확인할 수 있지요.

전셋집을 구할 때 흔히 간과하는 게 있다. 집의 위치, 가격, 계약 조건 등은 낱낱이 살펴보면서도 그 집을 보유한 '집주인'(임대인)에 관한 정보는 놓치곤 한다. 전세보증금을 돌려줘야 하는 건 임대인이기 때문에 반환여력이 있는지 제대로 확인해야겠지만, 임대인의 재정 상태를 파악하는 건 현실적으로 어렵다. 전세보증금은 엄연히 채무이지만, 이 돈으로 갭투자를 비롯한 다양한 투자에 나서는 집주인도 적지 않다. 문제는 집값이 떨어지는 등 상황이 악화될 경우 집주인의 표정도 악해질 수 있다는 사실이다.

임대인 동의를 받아야 한다는 점에서 협조를 받기 어려울 수 있는데요. 만약 임대인이 정보제공 동의를 거부한다면 이 자체로도 매물에 문제가 있음을 파악할 수 있을 테고요. 계약서를 이미 쓴 세입자는 전국 세무서(국세) 또는 지방자치단체(지방세)를 방문해 집주인 동의 없이도 집주인의 세금 체납 여부를 확인할 수 있는데요. 다만 보증금 1000만원 이상 계약일 때만 정보를 볼 수 있고 집주인에게 열람 사실이 통지됩니다.

집주인이 공동명의인이라면 임대차계약할 때 더 유의해야 합니다. 부부의 경우 남편이나 아내 중 한 명만 계약자로 입회해 '부부라 괜찮아요~'라고 하면서 세입자를 안심시키는 경우가 있는데요. 공동명의일 때는 명의인 모두와 계약해야 합니다. 계약자가 한 명만 왔다면 위임장과 인감증명서 등으로 나머지 명의인의 의사를 명확히 확인해야 합니다.

HUG에서 업로드한 집주인 이력조회 및 안심임대인 인증서 발급 관련 유튜브 동영상.

HUG의 '안심전세앱 2.0'를 통해 임대인의 동의만 얻으면 임대인의 세금 체납 여부 및 악성임대인 등록 이력 등을 조회할 수 있다.

계약기간 만료로 보증금 반환을 청구할 땐 둘 중 한 명에게만 하면 됩니다. 전세금 반환이 이뤄지지 않아 소송을 걸 경우엔 공동명의인 모두를 특정해야 하는데요. **엄정숙 부동산 전문변호사(법도 종합법률사무소)**는 "집주인 명의가 공동으로 된 전세계약은 법률상으로는 문제가 없지만 공동 집주인 중 한 명에게 문제가 발생하거나 연락 두절이 된 상황에선 전세금 반환이 쉽지 않기 때문에 각별한 주의가 필요하다"고 말했습니다.

집주인이 바뀌었다고요?

계약 후 집주인이 바뀐 경우도 주의를 기울여야 합니다. 임대인은 임차인 동의 없이도 소유 주택을 팔 수 있기 때문에 세입자가 집을 임차해 살고 있는 와중에 임대인이 바뀌기도 하는데요. 이 경우 세입자는 기존 계약을 유지하거나 승계 거부 통지를 하고 보증금 반환 청구를 할 수 있습니다. '주택임대차보호법'에 따르면 '임차주택의 양수인은 임대인의 지위를 승계한 것으로 본다'고 명시돼 있는데요. 이에 따라 집주인이 바뀌었다고 해도 세입자는 기존 집주인과 작성했던 계약서의 효력이 유지됩니다.

새 계약서를 작성할 필요도 없습니다. 이를 잘 모르고 새 계약서를 쓴 뒤 확정일자까지 새로 받는 경우가 있는데요. 이렇게 되면 기존 확정일자의 우선변제권을 받지 못합니다. 계약서를 따로 쓰지 않았다고 해도 전세대출을 받았거나 전세보증보험을 들어놓은 상태라면 각각의 기관에 임대인 변경(주채무자 변경) 신청을 해야 합니다. 전세보증보험의 경우 임대인 변경 신청을 하지 않으면 향후 전세금 미반환 시 보장받지 못하기도 합니다.

다만 새 집주인이 전세금을 올려달라고 해서 이에 합의했을 경우엔 새 계약서를 써야 하는데요. 이때는 반드시 계약서를 쓰기 전 등기부등본을 확인해서 새롭게 추가된 근저당 등이 없는지 확인해야 합니다. 전세금을 올리면 증액분에 대한 증액 계약서만 따로 쓰고, 증액 작성한 부분에 대해 확정일자를 받게 돼 있는데요. 새 임대인이 이보다 먼저 대출을 실행할 경우 향후 법적 분쟁이 발생했을 때 세입자의 순위가 밀려날 수 있거든요. 세입자가 승계 거부를 할 수도 있는데요. 이 경우 통상 2주~1개월 이내 이의제기를 해서 기존 임대인에게 전세보증금 반환을 요청을 할 수 있습니다.

그러나 이미 매매계약이 끝난 상태라면 새 집주인에게 보증금을 받으라며 돌려주지 않으려 하기 때문에 법적 다툼으로 이어질 여지가 있는데요. 관련 판례(대판 2001다64615)에 따르면, "임차인이 임대인의 지위 승계를 원하지 않는 경우 임차인이 임차주택의 양도 사실을 안 때로부터 상당한 기간 내 이의를 제기함으로써 승계되는 임대차 관계의 구속으로부터 벗어날 수 있다고 봄이 상당하고, 그와 같은 경우에는 양도인의 임차인에 대한 보증금 반환채무는 소멸하지 않는다"는 판결도 있었습니다.

여러모로 아직까지는 임대인이 세입자의 전세보증금을 돌려줄만한 사람인지 파악하기가 쉽지 않은데요. 그래도 점점 상황이 나아질듯합니다. 2023년 9월부터 정당한 사유 없이 임차보증금을 돌려주지 않는 '악성 임대인'의 신상도 안심전세앱을 통해 공개하게 됐거든요. 다만 임대인 소명 및 임대인 정보공개심의위원회의 최종 공개 여부 결정 등에 2~3개월가량 소요되는 만큼 2023년 말경에 명단이 공개될 것으로 예상됩니다. 악성 임대인의 이름, 나이, 주소, 임차보증금 반환채무에 관한 사항, 구상채무에 관한 사항 등이 공개된다면 세입자도 좀 더 안심하고 계약을 체결할 수 있겠습니다.

전 · 월세 2년 더 살고 싶다면?

─── 계약갱신청구권 사용설명서 ───

'전세계약 연장하고 싶은데……계약갱신청구권 있으니 걱정할 거 없겠지?'

전세계약 만기를 앞두고 '계약갱신청구권'만 철석같이 믿고 여유를 부리는 임차인들이 종종 있습니다. 계약갱신청구권이 '만능키'가 아닌데 말입니다. 집주인이 실거주 등 합법적인 사유를 들어 거절할 수도 있고, 계약서를 새로 쓰게 되면 확정일자·보증보험 등 안전장치도 새로 걸어야 하지요. 살던 집에 마음 편히 계속 살려면 준비할 게 많다고요!

'갱신청구권' 어떻게 쓸까?

전세계약을 연장하는 방법은 '묵시적 갱신'과 '재계약' 크게 두 가지입니다. 묵시적 갱신은 기존에 계약한 조건 그대로 연장하는 방식이고요. 재계약은 계약금 등 조건이 바뀌면서 계약을 다시 체결하는 방식인데요. 재계약의 경우 2020년 7월부터 시행된 계약갱신청구권이 선택 사항으로 추가됐습니다.

우선 묵시적 계약 연장은 전세 만기 1개월 전까지 임대인과 임차인 중 어느 쪽도 전세계약 종료를 통보하지 않으면 자동으로 2년간 전세계약이 연장되는 건데요. 이전에 계약한 조건과 동일하게 연장하는 거라 따로 재계약서를 쓸 필요도 없고요. 자동 연장 횟수 제한도 없습니다. 임대인과 임차인 서로 시간과 돈을 들일 필요가 없는 방법입니다.

재계약은 이전 계약 내용은 종료하고 새로 계약을 체결한다는 의미인데요. 살던 집에 계속 살되 임차보증금 등의 계약 조건을 바꾸는 거지요. 계약갱신청구권이 도입된 후부터는 청구권 행사 여부에 따라 재계약을 체결하는 경우가 많아졌습니다. 묵시적 갱신은 계약갱신청구권 행사로 보지 않기 때문입니다.

계약갱신청구권은 '주택임대차보호법'에 따라 임차인이 계약 갱신을 요구할 경우 임대인이 정당한 사유 없이 이를 거절할 수 없는 권리인데요. 임차인 한 명이 한 집에 대해 한 번 쓸 수 있기 때문에 2년 살고 연장해서 2년 더 사는 것이기에 '2 + 2년 정책'으로도 불립니다. 임차인에게 한 집에서 4년을 살 수 있는 권리를 보장해 주는 셈이지요. 같은 집에서 연장 계약, 묵시적 갱신 등을 해서 4년 이상 거주했다고 해도 계약갱신청구권을 써서 2년 더 살 수 있습니다. 특히 전셋값 상승기일수록 임차인에게 유리한 제도입니다. 계약갱신청구권을 행사해 재계약을 하면 '전·월세상한제'가 연계돼 임대인이 기존 보증금의 5% 이내밖에 못 올리게 했거든요.

계약갱신청구권이 임차인 입장에선 참 든든한 제도인데요. 그렇다고 세입자가 마음 편히 살도록 항상 문을 열어주는 '만능키' 수준은 아닙니다. 일단 임차인은 임대차 기간이 끝나기 6개월~2개월 전에 임대인에게 청구권 행사 의사를 확실히 밝혀야 합니다. 구두, 문자메시지, 이메일, 내용증명 등 행사 방식에 제한은 없지만 증거를 남겨둬야 합니다.

임대인이 계약 갱신을 거절할 수도 있습니다. '주택임대차보호법' 제6조의3 제1항에 임대차 계약갱신청구권을 거절할 수 있는 9가지 경우가 명시되어 있습니다. 대표적인 거절 사유가 임대인이 들어와서 살겠다는 건데요. 임대인의 직계존속이나 직계비속이 실거주한다고 해도 계약 갱신을 거절할 수 있습니다. 임차인이 월 차임액을 2기 이상 연체하거나 불법 전대를 했을 때, 주택을 고의나 과실로 파손했을 때 등도 거절 사유에 해당하지요. 계약갱신청구권을 사용해서 계약기간이 2년 더 연장됐다고 해도 임차인은 계약 해지 3개월 전에만 통지하면 임대인은 전세보증금을 반환해줘야 합니다.

🔍 역전세·역월세 재계약은?

전세계약 연장 시 기존 계약 내용이 동일하다면 굳이 새 계약서를 작성할 필요가 없습니다. 자동으로 2년 연장이 보장되니까요. 다만 계약 만료 시점을 특정하고 싶거나 향후 거주 계획에 따라 갱신청구권 사용 여부 등을 명확히 표시해야 한다면 계약서가 필요한데요. 이 경우 임대인과 임차인이 각각 기존 계약서에 표기한 뒤 서명, 날인 등을 하면 됩니다.

전세계약을 더 연장할 계획이 있다면 '본 재계약은 계약갱신청구권을 미행사함' 등의 문구를 특약사항에 추가할 수 있고요. 보증금에 변동이 생기거나 갱신청구권 사용으로 갱신할 때는 계약서를 새로 작성해야 하는데요. 마찬가지로 기존 계약서에 변경 내용을 기입한 뒤 각각 서명과 날인만 해

전세계약이 끝나가도 '계약갱신청구권'만 철석같이 믿고 여유를 부리는 임차인들이 종종 있다. 그런데 계약갱신청구권은, 세입자가 마음 편히 살도록 언제나 집문을 열어주는 '만능키'가 아니다. 집주인이 실거주 등 합법적인 사유를 들어 계약갱신청구권 행사를 거절하면 집을 비워줘야 한다. 계약갱신청구권이 임차인을 보호하는 제도인 건 맞지만, 제대로 알고 있지 않으면 믿는 도끼에 발등 찍히는 일이 벌어지곤 한다.

 주택 임대차 계약갱신청구권 거절 사유
'주택임대차보호법' 제6조의3 제1항

1. 임차인이 2기의 차임액에 해당하는 금액에 이르도록 차임을 연체한 사실이 있는 경우
2. 임차인이 거짓이나 그 밖의 부정한 방법으로 임차한 경우
3. 서로 합의하여 임대인이 임차인에게 상당한 보상을 제공한 경우
4. 임차인이 임대인의 동의 없이 목적 주택의 전부 또는 일부를 전대(轉貸)한 경우
5. 임차인이 임차한 주택의 전부 또는 일부를 고의나 중대한 과실로 파손한 경우
6. 임차한 주택의 전부 또는 일부가 멸실되어 임대차의 목적을 달성하지 못할 경우
7. 임대인이 다음 각 목의 어느 하나에 해당하는 사유로 목적 주택의 전부 또는 대부분을 철거하거나 재건축하기 위하여 목적 주택의 점유를 회복할 필요가 있는 경우
8. 임대인(임대인의 직계존속·직계비속을 포함)이 목적 주택에 실제 거주하려는 경우
9. 그 밖에 임차인이 임차인으로서의 의무를 현저히 위반하거나 임대차를 계속하기 어려운 중대한 사유가 있는 경우

도 되긴 하는데요. 부동산에 통상 5만~20만원 정도의 대필료를 내면 임대인과 임차인 간 합의된 내용을 대필하고 검토 받을 수 있습니다.

만약 보증금을 증액해서 전세대출을 더 받아야 하는 등의 경우에는 공인중개사의 날인과 공제증서가 첨부된 부동산 계약서가 필요할 수 있는데요. 이때는 비용이 더 추가되지요. 대출 연장이나 증액이 필요하면 기존 전세계약 만료 1개월 전에는 은행에 대출 심사에 필요한 서류를 제출해야 되기 때문에 미리 계약 연장 및 조건 등에 대해 협의를 끝내는 게 안전합니다.

증액분에 대해서는 대항력과 우선변제권 행사를 위해 확정일자를 새로 받아야 합니다. 기존 임대차 계약서상의 확정일자도 유효하게 유지할 수 있지요. 전세보증보험이 있는 상태라면 전세 연장 시 보증기관에 이 사실을 알리고 보증보험을 연장할 수 있는데요. 늘어난 기간만큼 보증보험 수수료가 추가 발생합니다.

보증금을 감액할 때는 어떨까요? 2022년경 전국적으로 집값 및 전셋값 하락으로 '역월세' 현상 등이 심화하면서 갱신청구권 요구가 줄고 임차인 쪽에서 계약을 해지하는 사례가 빈번했습니다. 보증금을 줄여서 재계약 한다면 연장계약서의 계약금은 기존 임대차계약의 보증금이 되고 잔금은 마이너스 금액이 됩니다.

임대인이 감액분(미반환 보증금)을 역월세로 지급하는 방식으로 계약서를 쓸 수도 있는데요. 역월세 지급 방식, 지급 계좌, 지급 기한 등을 표기해주면 됩니다. 역월세는 전세보증금 감액분에 합의한 이자율 또는 전·월세전환율(기준금리+2%)을 적용한 이자율에 해당 금액을 곱한 뒤 12개월로 나누면 됩니다.

보증금 받기 전까진 '내 집'

━━━ 보증금 사수! 3중 안전장치 ━━━

전세계약 만료일에 맞춰 이사 갈 새 전셋집을 구해놨는데 집주인이 돈이 없다며 보증금을 못 주겠대요. 새 임차인을 구하는 대로 보증금을 입금해 주겠다면서 짐 빼고 비밀번호를 알려달라고 하는데…… 하도 어이가 없어 주변에 물어보니 절대 짐 빼지 말라는 데요.

이사를 앞두고 집주인에게 전세보증금을 돌려받지 못해 난감한 사례가 종종 있습니다. 이럴 때 집주인이나 부동산 중개업자의 말만 믿고 짐을 모두 빼버리면 돌이킬 수 없는 강을 건널 수도 있다는 것! 세입자의 대항력과 우선변제력을 잃으면 전세보증금을 영영 돌려받지 못할 수 있기 때문이지요. 이 같은 사태를 막기 위한 필수 안전장치 세 가지를 알아보겠습니다.

🏠 전입신고 + 확정일자는 패키지!

임대차계약서만 쓰면 임차인의 거주권 보장과 보증금 반환이 일사천리로 이뤄질까요? 절대 그렇지 않습니다. 임차인이 거주할 권리를 보장받으면서 보증금 반환을 요구하려면 '대항력'이 있어야 하고요. 살고 있던 집이 경매 등에 넘어갈 경우 보증금을 가장 먼저 보장받으려면 '우선변제권'이 있어야 합니다. 대항력은 전입신고와 점유를 통해서, 우선변제권은 확정일자를 각각 설정해야만 얻을 수 있습니다. 즉, 이 세 가지를 모두 유지해놔야 문제가 생겼을 때 보증금을 지킬 수 있다는 겁니다. 전입신고와 확정일자는 계약 시작(입주하는 날) 당일 신청해야 유리합니다.

전입신고는 거주지에 전입한 사실을 관할기관에 신고하는 건데요. 전입신고를 해야 임차인이 제3자에게 임대차의 내용을 주장할 수 있는 법률상 힘이 생깁니다. 동주민센터 등에 직접 방문해서 신청할 수도 있지만 '정부24' 인터넷 홈페이지를 통해 온라인으로도 언제든지 신청 가능하니

| 부동산 임대차계약 시 세입자 대항력 및 우선변제권 |

대항력	전입신고	• 임차인이 제3자에게 임대차의 내용 주장. • 전입신고 다음날 오전 0시부터 효력 발생. • 거주지로 이사한 날로부터 14일 이내 신고. • 방문(동주민센터 등) 또는 온라인 신청(정부24).
	점유	• 실거주 또는 짐(소유물) 등으로 점거.
우선 변제권	확정일자	• 법적인 임대차계약에 대한 증거력. • 전·월세신고제 대상 주택은 임대차계약 시 자동부여. • 전·월세신고제 비대상 주택은 방문(주민센터 등) 또는 온라인 신청(정부24, 대법원 인터넷등기소 등).

다. 전입신고 신청 즉시 대항력이 생기는 게 아니라 신고 접수 후 주민등록을 마치면 다음날 오전 0시부터 효력이 발생하기 때문에 되도록 빨리 하는 게 좋습니다.

전입신고 신청 시 보통 3시간 내 처리되지만 평일 오후 6시 이후나 주말, 공휴일에 신청하면 다음 근무일에 수리됩니다. 제대로 신청됐는지 궁금하면 관할 주민센터 전입 담당자에게 전화해서 확인할 수도 있고요. 만약 전 임차인이 전출을 하지 않았다고 해도 새 임차인의 전입신고가 가능한데요. 다만 전세보증보험 신청 등의 과정에서 세대 열람 시 두 세대가 등재되기 때문에 문제가 될 수 있습니다. 이럴 땐 집주인이나 부동산중개소를 통해 전 임차인의 전출을 요청하거나 주민센터에서 거주불명등록 신청을 하면 됩니다. 다만 거주불명등록 처리까지 한 달 이상 소요되는데요. 전세보증보험은 임대차 계약기간의 1/2이 지나기 전에만 가입해도 전액 보장되니 문제없습니다.

전입신고와 실과 바늘처럼 따라다니는 게 '확정일자'입니다. 확정일자는 임대차계약에 대해 증거력을 가지는 '법률상의 날짜'입니다. 임차인은 확정일자를 기준으로 보증금에 대한 우선변제권을 갖게 되지요. 우선변제권은 임차주택이 경매 또는 공매되는 경우 임차주택의 환가대금에서 후순위 권리자나 그 밖의 채권자보다 우선해 보증금을 변제받을 권리를 말하는데요. 임차인이 대항력(전입신고 및 점유)을 갖추고 임대차계약서상 확정일자를 받은 경우 취득할 수 있습니다. 전·월세 신고를 하면 확정일자가 자동으로 부여되는데요. 전·월세 신고 대상 주택이 아닐 경우만 임차인이 따로 신고해야 합니다. 전·월세 신고 대상 주택은 수도권, 광역시, 세종시, 각 도의 시지역 등에 위치하며 보증금 6000만원 초과 또는 월세 30만원 초과 주택입니다.

집 빼면 안 돼요 …… '점유' 유지해야

전입신고와 확정일자 신청은 계약기간 시작일에 할 일이고요. 계약기간 만료 시점에도 우선변제권을 유지하려면 '점유'를 해야 합니다. '주택임대차보호법'에서 규정한 대항력의 구성요건은 전입신고와 점유이기 때문이지요. 전입신고가 유지돼도 짐을 빼면(점유를 하지 않으면) 대항력이 사라지면서 우선변제권까지 깨질 수 있거든요. 이는 보통 전세보증금을 받지 못한 상태에서 이사를 가는 상황에서 발생하는 사례인데요.

전세계약 해지를 미리 고지하고 계약 만료 시점에 맞춰 새 집으로 이사를 가기로 했는데 집주인이 돈이 없다면서 전세보증금을 돌려주지 않는 경우가 있습니다. 임차인이 이삿짐을 다 싸놓고 옮길 준비를 마친 상태에서 집주인의 '새 임차인이 구해지는 대로 전세보증금을 입금해 주겠다'는 말에 속아 이삿짐을 빼거나 비밀번호를 넘겨주기도 하는데요. 이렇게 되면 짐을 빼면서 점유 상태(대항력)를 잃게 되고 만약 집주인이 비밀번호까지 바꿔버리면 다시 짐을 들여놓을 수도 없으니 그야말로 '돌이킬 수 없는 강'을 건너는 꼴이 될 수 있습니다. 그렇다면 보증금을 받을 때까지는 계속 거주하는 수밖에 없을까요?

일부 짐을 남겨놓고 비밀번호를 알려주지 않으면서 점유 상태를 유지할 수도 있는데요. 이렇게 되면 새 임차인을 구하기 힘들 수도 있겠지요. 이럴 땐 '임차권등기명령'(332쪽 각주, 350쪽) 신청을 하면 실제 거주하지 않아도 대항력을 유지할 수 있습니다. 이는 임차인이 직접 거주하지 않아도 대항력 및 우선변제권을 유지해 주는 제도인데요. 임차권등기명령을 신청했다고 바로 이사 가면 안 되고요. 신청 후 설정되기까지 한 달 정도 걸리기 때문에 등기부등본에 설정된 걸 확인한 후에 떠나야 합니다.

일부 짐을 남겨놓고 현관문 도어락 비밀번호를 알려주지 않으면서 점유 상태를 유지하면, 집주인 입장에서 새 임차인을 구하기가 힘들어진다. 이 경우 임차권등기명령 제도를 활용하면 거주하지 않고도 대항력 및 우선변제권을 유지할 수 있다.

만약 전세보증보험에 가입하지 않은 임차인의 경우 임차권등기명령 신청에도 보증금을 돌려받지 못했다면 소송을 해야 하는데요. 전세보증금 반환 소송을 하면 보증금 반환이 지연된 기간만큼 이자를 합쳐 돌려받을 수 있습니다. 다만 소 제기할 때는 계약 해지 통보, 주택 인도 절차 등의 근거가 있어야 하기 때문에 증거를 잘 남겨놔야겠습니다.

집주인 사망, 내 보증금 어쩌죠?

—— 보증금 상속인을 찾아라! ——

2022년 말부터 전국 세입자들을 불안에 떨게 했던 '빌라왕' 사태를 잊을 수가 없습니다. 무자본 갭투자로 빌라 수백~수천가구를 사들인 뒤 깡통전세를 양산한 임대인이 사망하면서 전세보증금 미반환 공포가 커졌는데요. 전세금반환 보증보험에 가입해도 임대인이 사망하면 보증금을 돌려받기 힘들다는 점 등이 드러나면서 경고음을 울렸습니다. 관련 제도가 개선된 지금은 어떻게 대처하면 될까요.

임대인 사망? 상속인을 찾아라!

전세계약 종료 후에도 전세보증금을 돌려받지 못했을 경우 바로 해야 할 일이 '임차권등기명령'입니다. 그래야 보증금을 받을 때까지 임차인의 대항력과 우선변제권이 유지되거든요. 보증기관(이하 HUG 기준)의 전세보증금 반환

보증이행 청구도 첫 단계가 임차권등기명령이기 때문에 반드시 거쳐야 할 단계입니다.

전세계약 만료일 바로 다음날부터 임차권등기명령을 신청할 수 있는데요. 임대인이 사망해 그 신청 대상이 사라졌다면 '상속인'을 찾아야 합니다. 임대차 주택의 경우 법적으로 배우자나 자녀 등 상속인이 임대차보증금 반환채무까지 받게 되거든요. 그러나 임차인이 상속인을 찾아서 소유권이전등기(대위상속등기)를 해야만 임차권등기명령을 신청할 수 있었던 점이 걸림돌이었습니다. 그 과정에서 시간도 비용도 많이 소요돼 임차인들을 두 번 울렸던 겁니다. 보증보험에 가입해 보증료까지 냈는데도 그 혜택을 누리기 힘들다는 문제도 있었습니다.

이에 정부가 임대인의 소유권이전등기 없이도 세입자가 집주인의 상속

전세계약 종료 후에도 전세보증금을 돌려받지 못했을 경우 바로 해야 할 일이 '임차권등기명령'이다. 그래야 보증금을 받을 때까지 임차인의 대항력과 우선변제권이 유지된다. 위 이미지는 주택임차권등기명령신청서(왼쪽)와 법원의 주택임차권등기명령 결정문(오른쪽).

집주인

상속인
(임대차보증금 반환채무자)

임대차계약이 만료되었는데 뜻하지 않게 임대인이 사망했다면, 그 '상속인'을 찾아야 한다. 임대차 주택의 경우 법적으로 배우자나 자녀 등 상속인이 임대차보증금 반환채무를 진다. 다만, 상속 포기 등 복잡한 문제가 생기면 보증금을 반환받기까지 가시밭길을 각오해야 한다.

| 임대인 사망 시 전세보증금 돌려받으려면? |

보증보험 여부	절차
가입	상속인에 계약종료 통보 → 상속인에 임차권등기 신청 → HUG에 보증이행 청구 → HUG의 보증이행 심사 → HUG로부터 보증금 반환
미가입	상속인에 계약종료 통보 → 상속인에 임차권등기 신청 → 상속인 중 한 명에게 전세금반환지급명령 신청 → 상속인 이의신청 없으면 강제집행, 이의신청 시 전세금 반환청구 소송 진행

인을 상대로 임차권등기명령을 신청할 수 있도록 절차를 간소화했습니다. '주택임대차보호법' 임차권등기명령 조항 준용규정에 '가압류 진행은 채무자에게 재판을 송달하기 전에도 할 수 있다'는 '민사집행법' 제292조 제3항을 추가한 '주택임대차보호법' 개정안이 2023년 2월 국무회의 문턱을 넘었거든요.

아울러 임차권등기명령 송달 절차도 간소화했습니다. 기존에는 두 번이던 직권 재송달 절차를 한 번으로 줄여 송달 불능 상태임이 확인되면 사유에 따라 곧장 공시송달이나 발송송달을 할 수 있게 했습니다.

이제 세입자는 집주인의 가족관계증명서 등 사망 사실과 상속인 전원을 알 수 있는 서면을 첨부하면 임차권등기명령을 신청할 수 있게 됐는데요. 만약 보증보험에 가입한 세입자라면 임차권등기명령 신청 후 법원에서 등기 결정을 내려 해당 내용이 등기부등본상 기재가 완료돼야 HUG에 보증이행 청구를 할 수 있습니다. 이후 HUG가 보증이행 심사를 한 뒤 임차인에게 보증금을 지급합니다. 심사 항목은 △임차인 대항력(전입신고, 점유) 유지 여부, △이행청구금액의 적정성(임대인의 이의제기 등), △우선변제권의 확보 여부(보증금 반환채권 양도 등), △기타 보증약관 위반사항 등입니다.

🔍 보증보험도 없고, 상속 거부를 당하면?

보증보험에 가입하지 않은 세입자도 방법은 있습니다. 임차권등기명령 신청과 함께 상속인 중 한 명에게 전세금반환지급명령을 신청하는 건데요. 지급명령신청은 변호사 등의 도움 없이도 온라인으로 손쉽게 할 수 있습니다. 상속인이 지급명령서 송달을 받고 14일 이내에 이의신청을 하지 않으면 강제집행할 수 있습니다. 하지만 아무리 강제집행이라고 해도 바로 되는 건 아니고요. 집행권원 확보 등 일련의 절차를 거쳐야 부동산 경매, 채권 압류 등이 가능해집니다.

만약 상속인이 이의신청을 한다면 전세금반환청구소송으로 진행해야 하는데요. 이때는 변호사도 선임해야 하고, 소송인만큼 좀 더 소요 시간이 길어지겠습니다. 상속인을 특정하기 어렵거나 상속을 거부하는 경우도 보증금 반환까지 시간이 오래 소요될 가능성이 높습니다. 법률상 상속 절차가 마무리돼야 집주인의 권리와 의무가 상속인에게 승계되기 때문이지요.

모든 상속인이 상속을 거부한다면 '상속재산관리인 제도'를 활용할 수 있습니다. 상속재산관리인이란 상속인이 없거나 여럿일 때 상속재산의 관리 및 청산을 위해 가정법원이 선임하는 관리인인데요. 상속재산관리인은 집주인의 재산을 처분해 마련한 매각대금으로 세입자에게 전세금을 돌려줍니다.

여러모로 방법은 많지만 경우의 수도 많아서 임차인이 전세보증금을 돌려받기까지는 시간이 꽤 걸릴 수 있을 텐데요. 그래도 보증금을 되찾으려면 이러한 점을 염두에 두고 절차를 꼼꼼히 살펴봐야겠습니다. **엄정숙 부동산 전문변호사(법도 종합법률사무소)**는 "상속인이 여러 명이거나 집주인의 채무 및 보유한 재산이 복잡하다면 상속 절차에 시간이 걸릴 수 있다는 점을 감안해야 한다"며 "아울러 상속은 피상속인(사망한 집주인)의 4촌 이내 방계혈족까지 이어지기 때문에 세심한 확인이 필요하다"고 당부했습니다.

전세사기! 어떻게?

전세난민을 위한 절실한 해법들

전세보증금을 돌려받지 못했을 때 난처한 일 중 하나가 '거처'입니다. 전세계약 만료에 맞춰 이사를 하려 했지만 돈이 없으니 새 집을 계약하기도 어렵고, 대항력 등을 위해 어쩔 수 없이 계속 거주해야 되는 경우도 있습니다. 이럴 때 어떻게 대응해야 할지 일일이 알아보기도 힘들고 막막합니다. 인터넷에는 전세보증금 뿐 아니라 손해배상금까지 받아주겠다는 변호사 광고가 넘쳐나지만, 상담만 받는데도 수백만원을 요구하는 곳이 대부분입니다.

 당장 어디서 살아야 하는지…… 남겨진 건 막막함 뿐

지난 2023년 2월경 경찰청이 6개월간 전세사기 특별단속을 벌인 결과를 발표했는데요. 피해자(송치사건 기준) 1207명 중 738명(61.1%)이 20~30대인 것으로 나타났습니다. 나이가 어릴수록 현금여력이나 사회 경험이 부족해 상대적으로 전세사기 피해에 쉽게 노출될 수 있는데요. 특히 피해를 당했을 때 대응할 만한 정보나 비용도 부족하지요.

이에 국토교통부가 같은 달 '전세사기 예방 및 피해지원방안'과 3월 '전세사기 피해 임차인 대상 추가 지원방안' 등을 통해 전세사기 피해자 지원 대책을 내놨습니다. 전세사기 피해 임차인에게 긴급 주거와 금융 지원 등을 제공하는 게 골자입니다.

만약 살던 전셋집이 경매 등에 넘어가 급히 나와야 하는데 전세보증금을 돌려받지 못해 이사를 하지 못한다면, 국토교통부에 '긴급 지원주택'을 신청할 수 있습니다. 긴급 지원주택은 시세의 30% 수준으로 6개월간 거주할 수 있는데요.

| 전세사기 피해자 지원 주요 내용 |

주거	• 긴급지원주택(시세 30% 수준) 월세 6개월 선납 → 매월 납부. • 긴급지원주택 최대 2년 거주 이후 공공임대 입주 연계. • 경매 절차 개시 유예 혹은 경매 진행된 경우 매각 연기 추진. • 경매 시 거주주택 우선매수권 부여 추진.
금융	• 피해 임차인이 거주주택 낙찰받을 경우 청약 무주택 자격 및 디딤돌 대출·보금자리론 생애 최초 우대 혜택 유지. • 기존 전셋집 계속 거주자 전세대출 대환상품 출시(2023년 5월). • 긴급주거 퇴거 후 새 전셋집 입주 시 연 1~2%대 저리대출 실행. • 보증부 월세로 이전 시 기금 활용해 지원(관계부처 협의). • 거주주택 낙찰 시 저리대출 지원 추진.
기타	• 심리상담 프로그램 1인당 최대 3회 지원. • 경매절차 종료 이전에도 조건부 전세피해 확인서 미리 발급, 유효기간 6개월로 연장.

※2023년 2·2 대책, 3·10 대책, 4·20 당정협의, 자료 : 국토교통부

지금까지는 월세를 선납하고 기존 거주주택 면적 이하에만 입주할 수 있었지만, 대책을 통해 월세를 매월 납부하고 기존 거주주택의 면적을 초과해도 유사 면적이면 입주할 수 있게 됐습니다. 필요한 경우 최대 2년까지 연장할 수 있고요. 이후에도 소득 · 자산 요건 등을 충족하면 공공임대주택으로 입주할 수 있게 연계 지원도 받을 수 있지요.

무엇보다 긴급주거 지원을 받은 피해 임차인이 퇴거 후 새로운 전셋집에 입주할 때는 저리대출도 받을 수 있습니다. 보증금 한도 5억원 이내 주택이 대상이고요. 가구당 4억원까지 연 1~2%대 금리로 대출을 받을 수 있습니다.

대항력 등을 위해서 어쩔 수 없이 피해 전셋집에 거주해야 하는 경우도 있는데요. 이럴 경우 기존 전세대출을 연장해야 하는데 매달 내야 하는 금리가 부담이 될 수 있지요. 이런 임차인은 2023년 5월부터 시중은행의 '대환대출 상품'을 이용할 수 있습니다.

혹시 보증금을 돌려받을 방법이 없어 불가피하게 살던 집을 경매로 낙찰받았다고요? 이렇게 되면 '유주택자'가 돼서 '내 집 마련' 기회를 잃을까 봐 걱정될 텐데요. 피해 임차인이 거주주택을 낙찰받아도 청약 시 무주택 자격은 유지됩니다. 일반 청약 무주택 요건은 공시가격 1억3000만원(지방 8000만원)에 면적 60㎡ 이하인데요. 피해 임차인의 경우, 낙찰받은 주택이 공시가격 3억원(지방 1억5000만원)에 면적 85㎡ 이하면 됩니다. 또 디딤돌대출 금리 0.2% 포인트 인하, 보금자리론 LTV 10% 포인트 완화 등 생애 최초 주택 구입자를 대상으로 한 정책 대출 상품 우대 혜택도 유지됩니다.

'전세피해지원센터' 어디에?

하지만 이런 지원을 어디서 어떻게 신청해야 할지 모르는 경우가 많습니다. 내용이 잘 이해가지 않거나 추가로 전문가의 조언을 받고 싶을 수도 있고요. 이때는 '전세피해지원센터'를 찾아갈 것을 권합니다. 이는 정부가 2022년 9월 내놓은 '전세사기 피해 방지 방안'에 따른 것인데요. 전세금을 돌려받지 못한 피해자들에게 실질적이고 종합적인 피해 회복수단을 지원하기 위해 도입한 것입니다. 서울 강서구 화곡동을 비롯해 인천과 경기도 등에서 문을 열었고요. 전국적으로 '찾아가는 전세피해지원 상담버스'도 운영해 피해자를 돕고 있습니다.

전세피해지원센터에서는 △법률 지원, △주거 지원, △금융 지원, △사기 사례 접수 등을 제공합니다. 전세계약 종료 후 보증금 미반환, 경·공매, 부당계약 등으로 피해를 입은 임차인을 대상으로 하는데요. 부당계약은 임대인·공인중개사 등의 사기·기망 행위로 부당한 임대차계약을 체결한 경우를 가리킵니다.

해당 센터에서 사기 피해를 접수하면 앞서 말한 주거 지원, 금융 지원 등을 신청(또는 연계)할 수 있는데요. 센터에 있는 변호사, 법무사 등 전문가를 통해 맞춤형 법적 대응 방안을 무료로 상담받을 수 있습니다. 전세사기 피해로 정신적으로 큰 스트레스를 받는 피해자를 위해 '심리 상담 프로그램'도 운영한다고 합니다.

이처럼 정부가 전세사기 피해자들을 본격적으로 돕게 된 데는 안타까운 사건들이 있었는데요. 2023년 전세사기로 인해 보증금을 떼이고 힘든 상황에 처한 피해자 여럿이 극단적 선택으로 운명을 달리한 일이 있었지요. 이에 따라 좀 더 조속하고 확실한 피해자 지원책이 필요하다는 목소

| 전세피해지원센터 현황 |

수원시 옛 경기도청사에 마련된 경기센터   찾아가는 전세피해지원 상담버스

- **서울센터**

  서울시 강서구 화곡로 179, 대한상공회의소 기술교육센터 2층
  (콜센터) 1533-8119 / (대표번호) 02-6917-8119

- **인천센터**

  인천시 부평구 열우물로 90, 부평더샵센트럴시티 상가 A동 305호
  (대표번호) 032-440-1803~4

- **경기센터**

  경기도 수원시 팔달구 효원로1 경기도청 구청사 1층
  (대표번호) 070-7720-4870~2

- **부산센터**

  부산시 연제구 중앙대로 1001, 부산시청 1층 대강당 우측
  (대표번호) 051-888-5101~2

리가 이어지고 있습니다. 정부는 전세피해지원센터 및 상담버스를 운영해 피해자 거주지와 거리가 멀거나 상담 대기 인원이 많은 경우에 조속한 지원 혜택을 받을 수 있도록 자구책을 마련하고 있는데요. 다만, 실효성에 대한 논란이 제기되는 만큼 좀 더 실질적인 대책을 보완할 필요가 있겠습니다.

살던 집, 셀프낙찰법

—— 보증금 못 받는다고? 차라리 경매로 사자! ——

"먹고 죽을래도 돈이 없다!"

집주인이 돈이 없다면서 세입자에게 전세보증금을 돌려주지 않는 경우가 더러 있습니다. 만약 전세보증보험에 가입했다면 다행이지만 그렇지 않다면 눈앞이 캄캄할 텐데요. 세입자 입장에서는 집주인이 뻔뻔하게 나오는 걸 봐서 전세보증금을 돌려받을 길이 없는 게 아닌지 겁부터 납니다.

　이럴 때 할 수 있는 게 '경매'입니다. 임차해 살고 있던 집을 강제로 팔아 그 돈으로 보증금을 되찾는 방법인데요. 집값이 보증금보다 낮다면 '셀프 낙찰'을 받을 수도 있습니다. 경매, 나도 할 수 있을까요.

강제경매 신청, 어떻게?

임대차 계약기간이 만료돼도 보증금을 돌려받지 못하는 세입자가 점점

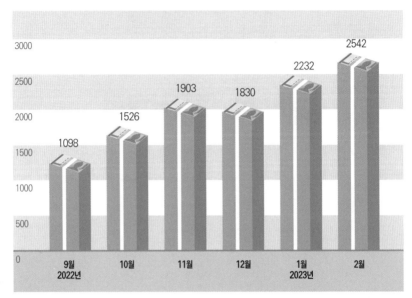

| 전국 임대차 보증사고 금액 월별 추이 | [단위 : 억원]

- 9월 2022년: 1098
- 10월: 1526
- 11월: 1903
- 12월: 1830
- 1월 2023년: 2232
- 2월: 2542

자료: 한국부동산원 '임대차시장 사이렌'

증가하고 있습니다. 한국부동산원의 '임대차시장 사이렌'에 따르면 전국 임대차 보증사고 금액은 2022년 9월 1098억원에서 2023년 2월 2542억원으로 불과 6개월 만에 두 배 이상 증가했습니다.

여기서 말하는 보증사고란 전세계약 해지 또는 종료 후 1개월 내 정당한 사유 없이 보증금을 되돌려 받지 못했거나, 계약기간 중 경매 또는 공매가 실시돼 배당 후 세입자가 보증금을 받지 못한 경우인데요. 집값 하락으로 전셋값이 오히려 높아지는 '역전세' 현상 등이 발생한 게 영향을 미친 것으로 풀이됩니다. 전세를 끼고 집을 산 갭투자자 등이 세입자에게 전세금을 돌려줄 여력이 없어지자 세입자가 결국 경매를 신청하게 된 거지요.

임차인이 전세보증보험에 가입했다면 HUG 등 보증기관을 통해서 보증금을 보장받을 수 있는데요. 그렇지 않다면 '법의 힘'을 빌려 강제로 받아내는 수밖에 없습니다. 그 대표적인 방법이 '강제경매'입니다. 강제경매는 채무자가 빚을 갚지 않을 때 채권자가 채무자의 부동산을 압류하고 매각해 그 매각대금으로 빚을 받아내는 절차인데요. 먼저 채권자(임차인)가 채무자(임대인)를 상대로 소송을 걸어 승소 판결을 받은 뒤 경매 절차를 밟을 수 있습니다.

경매 절차는, △강제경매 신청, △강제경매 개시의 결정, △배당요구의 종기 결정 및 공고, △매각 준비, △매각 실시, △매각결정 절차, △매각대금 납부, △배당절차, △소유권이전등기와 인도 등의 순입니다.

임차인은 집이 팔리고 그 매각대금을 배당할 때 전세보증금을 돌려받을 수 있습니다. 이때 임차인의 배당순위가 중요한데요. 순위대로 돈을 배당받기 때문입니다.

배당순위는 다음과 같습니다.

① 경매 집행 비용

② 취득자가 경매 부동산에 투입한 유익비

③ 소액 임차보증금 중 최우선변제액과 3개월간의 임금 및 퇴직금

④ 국세 및 지방세

⑤ 우선변제권(대항력을 갖춘 저당권과 임차보증금 채권 중 우선순위)

⑥ 일반 임금채권

⑦ 국세 및 지방세(저당권 및 전세권보다 늦게 설정된 세금)

⑧ 보험료 및 공과금

⑨ 가압류 등 일반채권 등

임차인이 전세보증금을 최대한 돌려받기 위해선 3순위인 최우선변제액 요건을 갖춰야 하는데요. 확정일자, 점유, 전입신고, 배당요구 등이 돼 있어야 합니다.

🔍 전셋값 ＞ 집값일 때 …… '차라리 산다!'

하지만 경매로 집을 팔아도 오히려 낙찰금액이 전세보증금보다 낮아 돈을 얼마 돌려받지 못하는 경우도 있는데요. 집값 하락기에는 더 그렇습니다. 전세 세입자가 있는 경우 응찰하려는 사람이 별로 없어 유찰되면서 낙찰금액이 깎이기도 합니다. 유찰될 때마다 최초 감정평가 금액의 약 20%씩 낮춰 낙찰을 받거든요. 2023년 들어 울며 겨자 먹기로 '셀프낙찰'을 받는 임차인이 많아진 이유입니다. 경매 신청을 한 뒤 입찰에 참여해서 직접 낙찰을 받는 방법입니다.

강제경매 신청을 하면 법원에서 집을 감정하고 평가해서 경매 첫 입찰가가 결정되는데요. 입찰일과 시간이 정해지면 법원에 가서 입찰을 하면 됩니다. 입찰 봉투와 기입 입찰표에 사건번호, 물건번호, 입찰자, 입찰가격, 보증금액 등을 적고 도장을 찍은 뒤 입찰보증금을 넣고 동봉해 제출하면 되는데요. 단독 입찰이면 최저 매각가격을 제시하면 되고요. 입찰자가 여럿이라면 입찰금액이 가장 큰 사람이 낙찰되는 만큼 적당히 가격을 적어내면 됩니다. 이때 단 1원 차이로도 낙찰을 못 받을 수 있으니 '눈치게임'이 필요할 수 있습니다.

낙찰을 받으면 △매각허가 결정, △항고기간, △잔금 납부, △배당 기일 순으로 진행되는데요. 셀프낙찰의 경우 본인의 전세보증금만큼 낙찰을 받아서 '상계신청'을 하면 됩니다. 전세보증금을 경매 낙찰 잔금 대신으로 상계(相計)*하겠다는 겁니다.

---

* 채무자(집주인=전세금반환채무자)와 채권자(세입자)가 같은 종류의 채무와 채권을 가지는 경우에, 일방적 의사표시로 서로의 채무와 채권을 같은 액수만큼 소멸시킴.

모든 절차가 끝나면 소유권 이전을 하고 취득세도 내야 하는데요. 이때 세입자는 어쩔 수 없이 '유주택자'가 된 건데 이제 청약 기회는 사라진 게 아니냐고요? 다행히 2023년 5월부터는 이렇게 불가피하게 임차주택을 낙찰받아도 무주택 청약 혜택을 유지할 수 있습니다. 임차보증금을 반환받지 못한 임차인이 경매 또는 공매로 임차주택을 낙찰받은 경우, 전용면적 85m² 이하면서 공시가격이 수도권 3억원(지방 1억5000만원) 이하면 무주택이 인정됩니다. 대신 청약 신청 후 전세계약서, 경매 또는 낙찰 증빙서류, 등기사항 증명서 등의 자료를 사업주체에 제출해야 하지요.

임차인 중에는 '설마 경매까지 가겠어?'라는 생각을 할 수도 있을 텐데요. 역전세난이 심화할 경우 '남의 일'이라고 치부하면 곤란합니다. 대한민국법원 등기정보광장에 따르면 전국 부동산 강제경매개시결정 등기 신청 건수는 2022년 10월 4822건에서 2023년 3월 5486건으로 반년 만에 13.8% 증가했습니다. 여전히 곳곳에서 역전세, 전세사기가 끊이질 않는 만큼 미리 잘 알아보고 대응책도 충분히 숙지해 둘 필요가 있겠습니다.

CHAPTER · 6

믿을 건
'절세'밖에 없다

부동산 투자의 마지막은 '세테크'

가족에게 싸게 팔기 어디까지 가능할까?

세금폭탄 피하는 저가양수도 바로알기

시장이 좋지 않을 때에는 주택을 팔고 싶어도 팔리지 않지요. 그럼에도 주택을 팔아야 하는 경우가 있습니다. 보유세나 금리의 부담을 견디기 힘든 경우인데요. 하루빨리 다주택 규제에서 벗어나고픈 사람도 포함됩니다.

팔긴 해야겠는데, 시장에서 거래가 어려운 경우에는 가족에게 눈을 돌리기도 합니다. 가족은 가장 가까우면서도 가장 믿을만한 매수자이기 때문이지요. 원하는 시기에 매매할 수 있는 여지도 큽니다.

문제는 가족 간에는 시가보다 싸게 사고파는 경우가 많다는 점입니다. 가족처럼 가까운 사람에게 제값 받는 게 어려운 일이기도 하고, 가족이기에 매도인 스스로 싸게 넘기는 경우도 적지 않기 때문이지요. 안 팔리는 집을 사주는 고마움을 금전적으로 표시해야 할 수도 있습니다.

이렇게 시가보다 싸게 사고파는 것을 '저가양수도'라고 부릅니다. 그런데 과도하게 낮은 가격에 파는 경우 뜻하지 않은 세금 부담이 생길 수도 있으니 주의해야 합니다.

3억원 이상 혹은 5% 이상 싸게 팔면 양도세 다시 계산

시세보다 싸게 집을 팔면 손해만 보는 것 같지만, 파는 사람은 양도차익을 줄여 양도소득세를 절감할 수 있는 장점이 있습니다. 가족에게 선심도 쓰고, 세금 부담도 줄이는 일석이조의 이익을 얻는 셈이지요.

하지만, '세법'에서는 특수관계인 간의 거래에서 세금 부담을 부당하게 감소시킨 경우에는 당사자 간의 실제 매매거래금액이 있더라도 과세관청이 그 금액을 인정하지 않고 세금을 계산할 수 있는 규정이 있습니다. 부당한 행위는 인정하지 않는다는 의미로 '부당행위계산부인'이라고 부릅니다.

이런 경우 실제 가족 간의 양도가액이 아니라 양도일 전후 3개월 이내에 있는 유사매매사례가액을 시가로 판단해서 세금을 계산합니다. 그렇다면 얼마나 '싸게' 팔아야 부당한 행위에 해당하는 걸까요? '세법'에서는 이 부분까지도 구체적으로 정해 두고 있습니다.

시가와의 거래차액이 3억원 이상이거나 시가의 5%에 해당하는 금액 이상으로 차이가 나는 경우에 '부당하게 세 부담을 감소시킨' 저가양수도에 해당한다고 법은 명시하고 있습니다('소득세법 시행령' 제167조).

예를 들어 A씨가 5년 전 10억원에 취득한 아파트를 올해 8월, 가족에게 18억원에 팔았다고 가정해 보겠습니다. 그런데 같은 단지, 같은 넓이의 다른 아파트들은 최근 3개월간 모두 20억원을 넘긴 가격에 팔렸습니다. 이 경우 A씨는 시가로 팔았다면 약 10억원의 양도차익을 얻을 수 있지만, 가족에게 양도차익 8억원으로 저가양도한 것이 되지요. 시가와 거래차액이 3억원은 밑돌지만, 시가의 5%(1억원)보다는 크게 낮은 값에 판 것입니다. 이때 과세관청은 A씨가 가족과 계약서를 쓰고 실제로 18억원을 주고받은 사실을 입증하더라도, 매매가인 18억원이 아닌 시가 20억원을 양도가액으로 보고 양도세를 다시 부과할 수 있습니다.

 ## 30% 이상 혹은 3억원 이상 싸게 사면 증여세 물어

위 사례 A씨의 경우 20억원에 팔 수 있는 집을 18억원에 팔았음에도 20억원에 판 것과 같은 양도세 부담을 져야 합니다. 덩달아 A씨에게서 집을 싸게 구입한 가족에게도 세금문제가 생길 수 있습니다.

특수관계인 가족을 통해 시가보다 싸게 사면서 그만큼의 이익을 증여받은 것으로 보기 때문입니다. 20억원을 줘야 살 수 있는 집을 18억원에 샀으니 2억원 만큼의 증여이익이 생겼다고 보는 것이지요.

납세자 입장에서는 이중과세로 보일 수 있지만, 소득세와 증여세는 별개의 세목이기 때문에 각각의 기준으로 과세할 수 있습니다. 관련 대법원 판례도 있습니다.

다만, 저가양수에 따른 증여세 기준은 저가 양도에 따른 소득세 기준과는 좀 다릅니다.

| 특수관계자 간 주택 저가매매시 양도가액판단과 증여세 여부 |

매매가	매도자 양도가액	매수자 증여세
시가의 95% 이상	매매가	X
시가의 70~95% 또는 시가와 차액 3억원 이상	시가	X
시가의 70% 미만 또는 시가와 차액 3억원 이상	시가	O

※시가 : 양도일 3개월 전후 유사매매사례가액

시가보다 30% 이상 싸게 샀거나, 3억원 이상 싸게 산 경우에는 증여세를 부담해야 합니다('상속세 및 증여세법 시행령' 제26조).

위 A씨의 가족은 다행히 시가보다 30% 이상 싸거나 3억원 이상 싸게 산 것은 아니어서 증여세 부담은 없습니다. 만약 A씨가 가족에게 18억원이 아닌 15억원에 팔았다면 얘기가 달라집니다. A씨는 양도세를 더 물고, 그 가족은 증여세를 물어야 합니다.

권민 세무사는 "특수관계인 간 저가양수도 계약을 할 경우에는 우선 양도일 현재 시가가 얼마인지 파악해야 하고, 매매가격이 시가 대비 몇 퍼센트 수준인지도 확인해야 한다"며, "증여세 기준은 또 다르기 때문에 경우에 따라 시가로 양도세를 낼 것을 감수하면서도 매매가격을 낮게 가져갈 수 있을 것"이라고 조언했습니다.

아버지와 아들의 집 바꾸기 전략

───── 가족과 주택을 맞바꾸는 절세 테크닉 ─────

집이 잘 팔리지 않는 경우에는 가족에게 증여하거나 싸게 파는 방법을 선택할 수 있습니다. 드물지만 가족 간에 주택을 서로 맞교환하는 방식의 매매거래도 등장합니다.

예를 들어 아버지는 서울에 집이 있고, 아들은 경기도 외곽 신도시에 집을 보유하고 있다고 가정하겠습니다. 아버지는 은퇴해서 외곽에서 살고 싶고, 아들은 서울의 직장 가까운 곳으로 이사 가고 싶은 상황이라면 주택을 맞교환하는 것이 서로에게 아주 좋은 선택이 될 수 있습니다.

이런 경우 세금 측면에서도 긍정적인 효과를 기대할 수 있습니다. 일정 금액 범위 내에서는 가족에게 싸게 파는 것뿐만 아니라 비싸게 사주는 것까지도 가능하기 때문이지요. 잘만 활용하면 세금 부담을 최소화하면서 재산의 증여가 가능합니다.

3억원 아래로는 싸게 팔고 비싸게 사줄 수 있다

앞선 사례라면 서울에 사는 아버지의 집이 경기도의 아들 집보다 비쌀 가능성이 크지요. 이 경우 아버지는 아들에게 싸게 팔고, 아들은 아버지에게 비싸게 팔아야 맞교환에 가깝고, 아들의 추가부담도 줄어듭니다.

하지만 무턱대고 싸게 팔고, 비싸게 사는 것은 위험합니다. 특수관계자 간에 저가나 고가로 양수도하는 경우에는 매매를 매매로 인정하지 않고, 증여한 것으로 보고 증여세를 물리는 규정이 있기 때문입니다('상속세 및 증여세법 시행령' 제26조). 구체적으로 시가와 30% 이상 혹은 3억원 이상 차이가 난다면 증여세가 부과됩니다. 반대로 이 금액만큼은 증여로 보지 않기 때문에 그만큼의 절세도 가능하지요.

특히 교환거래는 2건의 거래가 동시에 발생하기 때문에 싸게 팔고 비싸게 사준 경우에는 2건에서의 차액을 합산해서 이 기준에 충족해야 합니다. 아버지가 시세 10억원인 서울 집을 8억원에 아들에게 팔고, 5억원인 아들의 경기도 집을 6억원에 사줬다면 아들은 양쪽에서 총 3억원의 증여이익이 생깁니다. 하지만 3억원 이하이고, 자녀 증여공제금액 5000만원의 여유도 있어서 아들의 증여세 부담은 사라집니다.

| 가족 간 주택 맞교환의 장·단점 |

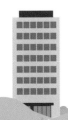

장점	단점
국세청 증여추정 배제. 매매대금 마련 부담 감소. 3억원까지 저·고가 양수도 가능.	양쪽 모두 양도세 대상. 양쪽 모두 취득세 납부.

한편, 가족 간 교환거래는 양쪽 모두 집을 보유하고 있고 서로 주고받는 거래이기 때문에 2건의 양도거래가 생기고 양도차익에 따른 양도세 부담도 2건 모두에서 발생할 수 있습니다.

앞선 사례에서 아버지가 처음 2억원에 샀고, 현재 10억원에 팔리는 서울집을 아들에게 8억원에 판다면 양도차익은 8억원이 아닌 6억원이 되는데요. 하지만 시세보다 5% 이상 싸게 팔았기 때문에 국세청으로부터 이 양도가액을 인정받지 못하는 문제가 생깁니다. 양도차익은 그대로 8억원이 되어 아버지의 양도세 부담은 줄지 않을 수 있습니다.

반대로 아들은 3억원에 샀던 경기도 집이 5억원까지 올랐지만 아버지가 6억원에 사준다면 2억원이 될 양도차익이 3억원으로 불어납니다. 비싼 서울집을 싼 값에 갖게 되지만, 자신의 집을 팔면서 생기는 양도세 부담은 증가할 수 있음을 염두에 둬야 합니다.

하지만 아버지와 아들 모두 각각의 세대주로서 1세대 1주택자라고 한다면 얘기가 달라집니다. 12억원까지 1세대 1주택 양도세 비과세 혜택을 받아 양쪽 모두 양도세를 내지 않아도 되거든요. 아들의 증여이익을 3억원 이내로 줄인다면 증여세 부담 없이 양도세까지 비과세 혜택을 받으면서 교환거래가 가능한 셈이지요.

🔍 감정평가 받은 후에 가격을 정하자

결국 교환거래에서 가장 중요한 것은 현재 주택의 가치가 얼마인지에 달렸습니다. 양도세는 실제 거래가격을 기준으로 계산하지만 특수관계자 간 교환거래는 실거래라고 할 수 없습니다. 자연스럽게 저가나 고가로 양수도 하게 되는 환경이기 때문이지요.

이 경우 국세청은 양도일 전후 3개월 이내에 있는 유사한 매매사례가액을 기준으로 세금을 계산하는데, 매매사례가 없으면 감정가액이나 기준시가 등을 순차적으로 적용할 수 있습니다.

만약 감정가액이 있는 경우에는 유사매매사례가 있더라도 감정가액을 우선적으로 적용합니다. 따라서 감정평가를 받는 경우가 더 유리하다고 판단된다면 감정평가를 받은 뒤 그 평가금액을 기준으로 저가와 고가의 지점을 결정해서 교환거래를 하는 것이 좋습니다.

물론 교환거래로 인해 손해를 볼 수도 있기에 거래를 실행하기에 앞서 세심하게 따져봐야겠습니다. 양쪽 모두 주택을 보유하고 거래하는 것이어서 양쪽에서 양도세와 취득세 등 세 부담이 발생할 수 있기 때문입니다. 다시 말해 한쪽에서 싸게 팔기만 하면 어느 한쪽만 양도세와 증여세를 고민하면 되지만, 서로 주고받는 것이기에 각자의 기준에서 세금을 따져봐야 합니다.

그리고 교환거래 쌍방 모두가 1세대 1주택이라면 양도세 부담은 최소화되겠지만, 취득세는 어쩔 수 없이 양쪽 모두가 부담해야 합니다.

권민 세무사는 "가족 간 교환거래를 할 때, 으레 같은 가치로 교환하니까 세금이 없겠거니 하고 생각하는 이들이 정말 많지만, 양도세와 증여세, 취득세를 내다보면, 배보다 배꼽이 더 커지는 상황이 될 수도 있다. 사전에 전문가와 함께 세 부담을 점검한 후에 거래 여부를 결정해야 한다"고 권고했습니다.

상속주택은 가격을 바꿀 수 있다던데요

— 상속재산 감정평가의 유·불리 —

부동산을 상속받는 경우 상속세 신고를 어떻게 하느냐에 따라 세금이 크게 달라질 수 있습니다. 상속세 신고는 당장 상속시점의 세금은 물론 미래에 재산을 양도할 때의 세금까지도 동시에 영향을 줍니다. 신고된 상속재산의 가치가 낮으면 당장 상속세 혹은 취득세 부담이 줄어들지만, 추후 상속재산을 팔 때 양도차익이 늘어나 양도소득세 부담이 커질 수 있습니다. 반대라면 상속세 부담은 늘지만, 미래 양도세 부담은 덜게 될 것입니다.

상속은 실제 거래된 것이 아니기에 상속인이 그 가치를 평가해서 어느 정도 가격 조정을 할 수 있습니다. 바로 감정평가를 활용하는 방법입니다.

 미래 양도세를 줄이는 효과

'세법'에서는 기본적으로 상속개시일(사망일) 현재 '시가'로 상속재산을 평

가하도록 규정하고 있습니다. 하지만 상속받은 부동산은 실제로 거래된 것이 아니어서 시가를 확인하기 어려운 문제가 있습니다. 시가는 매매가격을 가장 우선하지만, 상속받자마자 6개월 이내(신고기한)에 주택을 팔지 않는 이상, 매매가격은 상속재산 시가에서 제외된다고 볼 수 있습니다. 따라서 '세법'에서는 후순위로 감정평가액이나 수용 및 보상 가격을 상속재산의 시가로 볼 수 있도록 하고, 다음으로 유사매매사례가액이 있는 경우에는 그 가격을 시가로 보고 상속재산을 평가하도록 규정하고 있습니다.

이마저도 없다면 보충적 평가방법인 공시가격(기준시가)을 시가로 볼 수 있는데, 공시가격은 일반적인 시가보다 가격이 낮지요. 따라서 대부분 상속세를 신고할 때, 상대적으로 낮은 가격인 기준시가로 신고를 합니다. 공익사업에 부동산이 수용되거나 경매 및 공매로 넘어가는 경우는 드물고, 공동주택이 아닌 이상 유사매매사례가액을 찾기도 쉽지 않기 때문이지요. 더구나 기준시가로 신고하는 경우 당장의 상속세 부담을 줄일 수 있다는 장점도 있습니다. 하지만 상속재산의 낮은 신고가격은 추후 재산을 팔 때, 양도차익을 키워서 양도소득세가 늘어날 가능성을 키웁니다. 그래서 최근에는 감정평가를 받아서 상속주택의 취득가격을 높이는 것이 절세방법으로 종종 활용됩니다. 감정평가는 상속인이 자의적으로 평가를 받을 수 있다는 장점도 있기 때문이지요.

예를 들어 공시가격 6억원인 주택을 상속받아서 공시가격대로 상속 신고를 했다고 가정해 보겠습니다. 일괄공제와 배우자 등 상속인들의 상속공제금액을 생각하면, 상속세 부담은 거의 없을 것입니다. 하지만 이 주택을 5년 뒤에 실거래가격 16억원에 판다면 양도차익 10억원에 대해 양도세를 내야 하는 큰 부담이 생기지요. 만약 상속 당시 이 주택을 12억원에 감정평가를 받아 상속 신고를 했다면, 양도차익은 4억원으로 줄어듭니다. 감정평가를 받는 쪽의 양도세 부담이 확실히 유리하지요.

하지만 이런 가정은 어디까지나 부동산가격이 지속적으로 오른다는 것을 전제로 합니다. 부동산가격이 내리막일 때 상속받았거나 가격 변동이 별로 없는 외진 곳의 부동산을 상속받았다면 이런 절세효과는 크게 줄어들거나 사라질 수 있습니다. 기준시가와 매매가격의 차이에 따른 양도차익이 있을 수 있지만, 그 간격은 좁혀질 것이기 때문이지요. 따라서 감정평가를 통한 절세방법은 여러 변수를 고려해야 합니다. 이때 상속인의 주택 보유현황과 상속주택의 가격도 중요한 변수입니다.

상속인이 무주택자라면 상속주택을 팔더라도 1세대 1주택자로서 12억 원까지 양도세 비과세혜택을 받을 수 있습니다. 또 상속인이 1세대 2주택자였더라도 기존 주택을 먼저 팔고, 나중에 상속주택 1채만 있을 때 판다면 양도세 비과세 대상이 됩니다. 상속인이 비과세를 받을 수 있는 상황이라면 굳이 감정평가를 받아서 상속가액을 높일 필요는 없습니다. 부동산 외 다른 상속재산도 있다면, 자칫 상속세 부담만 키울 수 있기 때문이지요.

만약 토지를 상속받았다면 토지의 양도세 감면 부분도 챙겨보고 판단해야 합니다. 돌아가신 분이 8년 이상 스스로 농사를 짓던 땅을 상속받았다면, 8년 자경감면으로 1억원에서 최대 2억원(5년 간)까지 양도세액을 감면받을 수 있지요. 이런 경우, 감정평가를 받지 않고 기준시가로 신고하는 것이 상속세 부담과 양도세 부담 모두를 줄이는 방법이 될 것입니다.

유사매매사례 적용을 예방하는 효과

그럼에도 감정평가가 유리한 측면은 또 있습니다. 기준시가대로 신고했다가 뒤늦게 유사매매사례가 발견될 수 있다는 점 때문이지요. 매매사례, 감정가액, 수용보상가격이 없는 경우에는 유사매매사례도 상속재산의 평가방법으로 활용할 수 있습니다. 유사매매사례는 상속인이 적용할 수도 있지만, 보통 과세관청이 나중에 발견해서 적용하는 경우가 많은데, 기준시가로 신고된 상속세 사례에 대해 세무조사를 해봤더니 유사매매사례가 발견되는 경우가 대표적입니다.

실제로 아파트와 같이 동일한 입지의 동일 면적 주택이 몰려 있는 공동주택의 경우 유사매매사례가 가장 잘 발견되는데, 국세청이 상속세 세무조사로 이런 사례를 발견한다면, 이 가격을 시가에 포함할 수 있는 규정이 있습니다. 상속재산 평가심의위원회를 열어 유사매매사례가액을 시가로 인정받고, 이 가격으로 상속세를 새로 계산해 부과하는 것입니다.

평가심의위원회의 심의신청은 납세자도 할 수 있고 국세청도 할 수 있는데, 상속세 신고기한이 지난 후 9개월 사이에 매매사례가 있는 경우에도 평가심의위원회의 평가를 받을 수 있습니다. 상속세는 납세자의 신고금액이 아니라 국세청의 결정으로 최종 확정되기 때문에, 상속세 신고기한이 끝난 후 9개월 내에 발생한 유사매매사례가액도 상속재산으로 평가될 수 있습니다. 하지만 애초에 평가순위에서 앞서는 감정평가를 받아 상속세를 신고한다면 유사매매사례 평가는 받지 않아도 됩니다. 공동주택을 상속받는다면 이런 사례에 특히 주의해야겠습니다.

이장원 세무사는 "상속재산을 낮게 평가하기 위해서 무조건 기준시가로 신고하면 오히려 추후 과세관청의 결정이나 세무조사에서 세금추징으로 이어질 수 있다"며 "부동산가격이 급등락하는 상황이라면 선순위 시가인 감정평가를 활용해 안정적인 시가로 신고하는 것이 좀 더 유리할 수 있다"고 조언했습니다.

재개발·재건축 때 나가 살던 집에 양도세가……

대체주택 양도세 비과세 받는 법

이사를 하느라 일시적으로 2주택을 보유하게 되는 경우에는 살던 집을 처분할 때 1주택자처럼 양도소득세를 물지 않는 혜택을 줍니다. 법적으로 투기 목적의 거래가 아니라고 인정되는 '일시적 1세대 2주택자'에 대한 비과세 혜택인데요. 이사간 후 살던(보유하던) 집을 파는 조건으로 비과세 하는 것이지요.

그래서 새로 집을 취득하기 전 2년 넘게 보유하던(조정대상지역은 2년 이상 거주도 해야 함) 집을, 새로운 집 취득 후 3년 안(조정대상지역은 2년 이내)에 팔아야만 하는 조건을 꼭 갖춰야 합니다. 그런데 살던(보유하던) 집이 재건축이나 재개발에 묶여 일시적으로 이사갈 집을 취득해야 하는 경우는 좀 다릅니다. 공사기간 동안 잠시 이주해서 살 집을 취득한 경우인데, 새로 지어지지만 종전에 살던 자리의 주택에 다시 들어가고, 대신 임시였지만 새로 취득했던 집을 양도하는 애매한 상황이지요.

하지만 이런 경우도 투기목적의 거래는 아니기 때문에 잠시 이주해서 살기 위해 구입한 대체주택을 양도할 때, 비과세 혜택을 줍니다. 문제는 재개발·재건축을 이유로 취득한 대체주택의 비과세 요건이 생각보다 어렵다는 겁니다.

이사는 집주인의 의지에 따라 이사 일정을 어느 정도 조정할 수 있지만, 재개발·재건축은 여러 세대와 이해관계자가 얽혀 있다 보니 공사기간 등 일정 조정이 쉽지 않습니다. 특히 2022년부터는 기존 소규모 재개발사업뿐만 아니라 가로정비주택이나 자율주택정비 사업도 비과세 대상 재개발·재건축 범위에 포함됐지요. 어떤 경우에 비과세 혜택을 받을 수 있는지, 재개발·재건축 대체주택 비과세 혜택에 대해 정리해봤습니다.

대체주택은 언제 취득하고 팔아야 할까?

재개발·재건축 사업기간 중 거주 목적으로 취득한 대체주택에 대한 비과세는 '사업시행인가일 현재 1주택자'에 한해 적용됩니다. 그리고 대체주택은 '사업시행인가일 이후에 취득'해야 합니다. 재개발·재건축 사업시행인가일 현재 1주택이 멸실되어 불가피하게 거주할 목적으로 취득하는 주택에 대해서도 비과세를 해주기 위한 규정이기 때문이지요. 따라서 사업시행인가일 현재 2주택 이상을 보유한 경우에는 이 특례를 적용받을 수 없습니다.

또한 재개발·재건축 기간 중에 취득한 대체주택은 재개발·재건축 주택이 완성되기 전 또는 완성된 후 2년 이내에 양도해야 비과세 혜택을 받을 수 있습니다. 사업시행인가일 현재 2주택 이상인 경우에는 원칙적으로 적용되지 않지만, 사업시행인가일 현재 일시적 1세대 2주택에 해당하면서 대체주택 취득 전에 일시적 2주택의 종전주택을 양도하는 경우에는 해당 규정을 적용받을 수 있습니다.

재개발 · 재건축 주택을 임대 준 경우 등

법 상으로 비과세 대상은 국내에 1주택을 소유한 1세대로 명시돼 있고, 재건축이 되는 종전주택의 거주요건은 별도로 언급하고 있습니다('소득세법 시행령' 제156조의2). 따라서 1세대가 다른 곳에 임대로 거주하면서, 소유하고 있는 1주택은 다른 사람에게 임대주고 있는 경우에도 이 규정의 요건을 충족한다면 대체주택 비과세 혜택을 받을 수 있습니다.

대체주택을 임대 준 경우에는, 재개발 · 재건축 사업기간 중 거주목적으로 취득한 대체주택에 대한 비과세 규정이기 때문에, 반드시 대체주택에서 1년 이상 거주를 해야 합니다. 이 때 1년 이상 계속 거주해야 하는 것은 아니며, 통산해서 1년 이상 거주하면 됩니다.

한편, 재개발 · 재건축 주택이나 대체주택이 조정대상지역인 경우도 생각해 볼 수 있는데요. 재개발 · 재건축 대체주택의 양도세 비과세 규정은 종전주택 및 신규주택의 조정대상지역 여부와 무관하게 적용이 가능합니다.

재개발 · 재건축 착수 이전에 준비해야 할 것

우선 비과세 요건부터 보면, ① 사업시행인가일 현재 1주택이어야 하고, ② 사업시행인가일 이후에 대체주택을 취득해야 하며, ③ 대체주택에서 1년 이상 거주해야 합니다. 또 ④ 신축주택 완성일로부터 2년 이내에 신축주택으로 세대 전원이 이사를 한 후에 1년 이상 계속 거주해야 하고, ⑤ 신축주택이 완성되기 전이나 완성된 후 2년 이내에 대체주택을 양도해야 합니다.

만약 세대 전원이 무주택인 상황이라면 사업시행인가가 난 이후에 재개발·재건축 주택을 취득하고, 그 이후에 대체주택을 취득해서 이 규정 적용이 가능합니다. 즉, 재개발·재건축이 진행되는 주택은 사업시행인가 전부터 관리처분인가일 사이에 취득하면 되고, 대체주택도 사업시행인가일 이후나 관리처분계획인가일 이후에 취득해도 되지요.

재개발·재건축 사업의 당초 사업시행인가 내용에 일부 변경인가가 있는 경우도 생각해 볼 수 있습니다. 이 경우 당초 사업시행인가 효력이 유효하다면 당초 사업시행인가일을 기준으로 비과세 적용을 판단해야 합니다.

실제로 재개발·재건축 사업의 특성상 사업기간이 굉장히 길어지는 경우가 있기 때문에, 사업시행기간 동안 거주목적의 대체주택을 취득하거나 그 전후에 다른 주택을 취득했다가 매매하는 경우도 생길 수 있습니다. 이 경우 사업시행인가일 이후에 대체주택으로 여러 채를 샀다가 팔고, 마지막 남은 1채에서 1년 이상 거주하고, 대체주택 양도일 현재 비과세 규정을 충족한 경우에도 비과세 특례 적용이 가능합니다.

도움 : 김용태(세무회계사무소서담 대표세무사)

내 집 마련 시 세금 혜택 받는 법

—— 주택 관련 소득 · 세액 공제 모음 ——

우리나라에서 주거복지는 매우 중요한 문제입니다. 그럼에도 인간 생활의 3대 요소, 의식주 중에서도 가장 편차가 심한 데요. 국민의 절반은 주택을 소유하고 있지만, 나머지 절반은 임대로 생활하고 있기 때문이지요.

이런 현실을 반영해 정부에서는 내 집 마련과 주거비 절감을 위한 다양한 혜택을 제공하고 있는데요. 대표적으로 근로소득자의 경우 소득세를 낼 때 주거비의 일정액을 소득공제 혹은 세액공제 하는 혜택을 줍니다.

월세는 750만원까지 세액공제

우선 월세로 거주하는 근로자에게는 월세 납입액의 일정액을 내야할 소득세액에서 공제해 줍니다. 이른바 월세 세액공제이지요. 총급여 7000만원 이하의 근로자가 매월 납입한 월세액의 15%를 최대 750만원까지 세액공제 받을 수 있습니다. 총급여가 5500만원 이하라면 공제한도는 750만원으로 같지만 공제율은 17%로 올라갑니다. 예를 들어 총급여 5000만원인 근로자가 월 50만원씩 연간 600만원을 월세로 지출했다면, 그 납부액의 17%인 102만원을 소득세액에서 빼줍니다.

| 월세 세액공제율 |
- 총급여 5500만원 이하 = 17%
- 총급여 5500만원 초과 = 15%

월세 세액공제를 받을 수 있는 주택의 범위는 제한돼 있습니다. 국민주택규모(85㎡) 이하이거나 기준시가(공시가격) 3억원 이하인 주택에 월세로 거주하는 경우에만 공제를 받을 수 있지요. 월세 세액공제를 받을 수 있는 주택은 아파트 외에 오피스텔이나 고시원도 가능합니다. 이때 임대차계약서 상의 주소지와 주민등록표 등본상의 주소지가 같아야 하지요.

근로자 본인이 아니라 배우자나 다른 가족의 이름으로 임대차계약이 체결됐더라도 가족이 기본공제 대상자로서 소득요건을 갖췄다면 월세 세액공제를 받을 수 있습니다. 근로자 본인이 계약한 것이 아니라도 공제가 가능하다는 얘기지요. 만약 동료나 친구 등과 동거를 하면서 월세계약을 체결하고 월세를 나눠 부담하고 있는 경우라면, 둘 중에서 세대주인 사람만 월세 세액공제를 받을 수 있습니다.

청약저축 납입액은 240만원까지 소득공제

내 집 마련을 위해 청약저축에 가입하고 있는 경우에는 연간 저축 불입액을 240만원까지 소득공제 해줍니다. 소득공제는 소득세를 내야 할 소득을 줄여주는 것인데요. 정확히는 주택마련저축이라고 부르는데, 청약저축, 주택청약종합저축, 근로자주택마련저축이 모두 공제대상입니다.

총급여 7000만원 이하이면서 무주택인 세대주가 본인 명의로 주택마련저축에 납입한 금액의 40%를 연 240만원까지 소득에서 공제해 줍니다. 구체적으로 청약저축과 주택청약종합저축은 각각 연 납입액이 240만원 이하여야 하고, 근로자주택마련저축은 월 15만원, 연 180만원 이하의 납입액이 공제대상에 들어가지요.

| 주택마련저축 소득공제 불입액 요건 | [2023년 기준]
- 청약저축 : 연 납입액 240만원 이하
- 주택청약종합저축 : 연 납입액 240만원 이하
- 근로자주택마련저축 : 월 납입액 15만원(연 180만원) 이하

청약저축은 반드시 근로자 본인 명의로 가입해야 하기 때문에, 배우자 명의로 가입했다면 공제대상이 아닙니다. 주택청약종합저축은 무주택확인서를 다음해 2월 말까지 해당 저축취급기관에 제출해야 합니다. 저축 가입일로부터 5년 이내에 계약을 해지하게 되면 소득공제도 받지 못하지만, 저축 불입액의 6%를 세금으로 추징해가니까 주의해야 합니다.

보증금대출은 원리금 상환액 40% 소득공제

전 · 월세 보증금을 마련하기 위해 대출을 받은 경우에도 그 원리금 상

환액 일부를 소득공제받을 수 있습니다. 무주택 세대주가 국민주택규모 (85㎡) 이하의 주택을 임차하기 위해 전세금이나 월세보증금 등 주택임차 차입금을 대출받은 경우 공제 대상이 될 수 있는데요. 원리금 상환액의 40%에 상당하는 금액을 과세기간 근로소득금액에서 공제해 줍니다.

주택임차차입금 원리금상환액 소득공제는 주택마련저축 공제금액과 합쳐서 합계 400만원까지를 공제한도로 정하고 있는데요. 전세보증금 대출을 받고 원리금으로 연간 860만원을 상환한 근로자가 청약저축도 240만원을 납입했다면 합쳐서 1100만원의 40%인 440만원에서 400만원만 공제받을 수 있다는 얘깁니다.

임차차입금 대출은 금융권에서 받은 경우에만 공제를 받을 수 있습니다. 대부업자가 아닌 기업이나 각종 공제회 등에서 빌린 경우에는 소득공제를 받을 수 없습니다.

또 입주일이나 전입일 중 빠른 날을 기준으로 3개월 이내에 차입한 금액이어야 하고, 대출금도 대출기관에서 임대인인 집주인에게 직접 송금한 경우에만 공제대상이 됩니다. 세입자인 근로자가 대출금을 받은 후 집주인에게 전달한 경우에는 공제를 받을 수 없는 점을 주의해야겠습니다.

🔍 주택담보대출 이자상환액은 1800만원까지 소득공제

주택을 구입하면서 그 주택을 담보로 대출을 받은 경우에도 대출에 대한 이자상환액을 일정부분 소득공제 해주는데요. 대출까지 받아 내 집 마련을 한 국민들의 이자 부담이라도 좀 덜어준다는 취지이지요. 무주택 세대주이거나 1주택만 소유한 세대주 근로자라면 공제받을 수 있습니다. 담보가 되는 해당 주택은 취득 당시 기준으로 기준시가 5억원 이하여야 공제 대상이 됩니다.

주택을 구입할 당시에 담보대출을 받은 경우에 한해 공제 혜택을 주기 때문에 소유권 등기일부터 3개월 이내에 차입한 금액에 대한 이자만 공제대상이 된다는 점을 기억해 둘 필요가 있습니다. 구입 당시 담보대출을 받고, 추후 같은 주택을 담보로 추가대출을 받은 경우, 추가대출에 대한 이자상환액은 소득공제를 받을 수 없게 되지요.

또한 10년 이상 장기차입금에 대해서만 공제 혜택을 주는데요. 고정금리나 비거치식 등 상환방식에 따라 공제한도가 최소 300만원에서 1800만원으로 차이가 난다는 점도 놓치지 말아야 합니다.

| 장기주택저당차입금 이자상환액 소득공제 | [2023년 기준]
- 10~15년 미만 : 고정금리 or 비거치분할상환 = 300만원
- 15년 이상 : 고정금리 or 비거치분할상환 = 1500만원
- 15년 이상 : 고정금리 and 비거치분할상환 = 1800만원

특히 원금이 아닌 이자만 공제 대상이 된다는 점에 주의해야 합니다. 세대주가 공제를 받지 않으면 해당 주택에 실제 거주하는 다른 세대원이 공제를 받을 수 있는데요. 1주택 보유요건을 따질 때에는 주민등록상 동일 세대원이라면 실제 거주를 함께하지 않더라도 같은 세대로 봅니다. 2주택이라면 공제가 불가능합니다.

오피스텔을 주거용으로 쓰면 생기는 일

— 취득세, 양도소득세 등 대처하기 —

오피스텔은 1980년대 사무공간에서 숙식도 하는 새로운 생활양식이 등장하면서 생겨났는데요. 애초에 업무용으로 만들어졌지만 주택공급을 위해 주거용으로도 사용할 수 있도록 규제가 완화되기 시작했지요. 덩달아 용도 구분도 업무용과 주거용 두 가지로 나뉘었습니다.

그런데 오피스텔을 주거용으로 쓰는 경우 '주택'으로 구분되면서, 이에 따른 세금 문제가 적잖이 발생합니다. 우리나라에서는 주택을 많이 보유하는 경우 세금이 무겁게 매겨지는데, 오피스텔을 주거용으로 사용하면 '세법'상 보유 주택 수에 포함됨에 따라 각종 세금이 더 무겁게 부과될 수 있습니다. 지금부터 오피스텔을 주거용으로 사용하는 경우 발생하는 문제들을 꼼꼼히 살펴보겠습니다.

주거용으로 쓰며 다른 주택 취득하면 취득세 '중과'

오피스텔을 주거용으로 쓰는 경우 가장 먼저 취득세 부담이 달라집니다. 오피스텔 자체를 취득할 때의 취득세가 아니라 오피스텔을 주거용으로 사용하면서 다른 일반주택을 추가로 취득하는 경우, 오피스텔이 주택 수에 포함돼 취득세 부담이 늘어나는 거지요.

오피스텔은 그 자체로는 10채를 취득하든 100채를 취득하든 용도 구분과 무관하게 취득할 때 4%(지방교육세 0.4% + 농어촌특별세 0.2% 포함 4.6%)를 취득세로 내면 되는데요. 하지만 오피스텔을 주거용으로 쓰면서 다른 일반주택을 더 취득하는 경우에는 이미 보유하고 있는 오피스텔이 주택 수에 추가되면서 '다주택자로' 취득세를 내야 합니다.

예를 들어 조정대상지역 내 주거용 오피스텔을 보유하면서 조정대상지역의 아파트를 새로 취득하는 경우에는 조정대상지역 내 2주택 취득이 되어 1~3%의 기본세율이 아닌 8%의 중과세율이 적용되는데요. 만약 주거용 오피스텔 1채와 일반주택 1채를 보유한 상태에서 조정대상지역에 추가로 취득하는 주택이라면 오피스텔을 포함해 3주택이 되어 중과세율

| 오피스텔의 세목별 주택 수 포함 여부 |

구분	주택 수 미포함	주택 수 포함
취득세	2020년 8월 11일 이전 취득	2020년 8월 12일 이후 취득
재산세	매년 6월 1일 기준 업무용	매년 6월 1일 기준 주거용
종부세		
양도세	업무용으로 사용하며 양도	주거용으로 사용하며 양도

인 12%로 취득세를 내야 하지요.

오피스텔을 주택 수에 포함한 것은 2020년 8월 12일부터인데요. 이에 따라 2020년 8월 12일 이후부터 취득한 오피스텔이 있다면 추가로 다른 주택을 취득할 때, 오피스텔의 주거용 여부와 취득세 중과세율을 신경 써야만 합니다.

또 하나 알아 둘 것은 오피스텔을 주거용으로 사용하더라도 주택 수에 포함되는 시점은 주거용으로 사용한 후 처음으로 돌아오는 6월 1일(재산세 과세기준일)부터라는 것인데요. 주거용으로 보고 구청에서 주택으로 인정하고, 주택분 재산세가 고지될 수 있는 상황이 되어야만 주택으로 판단되기 시작한다는 얘깁니다.

예를 들어 업무용으로 사용하던 오피스텔을 올해 11월 20일에 주거용으로 용도를 바꿔서 사용하게 된 경우, 당장 11월 20일부터 주택 수에 포함되는 것은 아니라는 겁니다. 내년 6월 1일에 주택분 재산세 과세대상이 되는 순간부터 주택 수에 포함되지요. 그래서 이 경우 내년 5월 말까지는 추가로 다른 주택을 취득해도 오피스텔이 주택 수에 포함되지는 않습니다.

한편, 예외적으로 시가표준 1억원 이하인 오피스텔의 경우에는 주거용으로 사용하더라도 취득세 중과 주택 수에는 포함하지 않는 규정도 기억해 둘 필요가 있겠습니다.

다주택자라면 재산세와 종합부동산세 등 보유세 부담이 커질 수 있는데요. 재산세는 1세대 1주택인 경우 과세표준에 따라 0.05%~0.35%(공시가격 9억원 이하에만 적용)의 특례세율을 적용받을 수 있는데, 이때 주거용 오피스텔도 주택 수에 포함해서 1세대 1주택 특례세율 적용 여부를 판단하게 됩니다. 다주택인 경우 특례세율 대신 과세표준별 0.1%~0.4%의 높은 세율로 재산세를 부담해야 하지요.

종부세도 3주택 이상인 경우 과세표준에 따라 상대적으로 무거운 세율이 적용됩니다. 이때 주거용 오피스텔을 보유하고 있고, 주택분 재산세를 납부했다면 종부세 산정 시 주택 수에 포함되지요. 재산세와 종부세는 6월 1일 기준으로 과세되는데요. 따라서 주택 수 산정에 대한 판단도 6월 1일 현재 '주거용' 오피스텔을 보유하고 있는지가 기준이 됩니다.

양도소득세는 실제 주거용으로 쓰는지가 중요

양도소득세는 주택 수에 가장 민감한 세금 중 하나인데요. 1세대 1주택에게만 비과세 혜택을 주기 때문이지요. 다주택자에는 비과세 혜택을 주지도 않을뿐더러 지역에 따라 무거운 중과세율도 부과됩니다. 2022년 5월

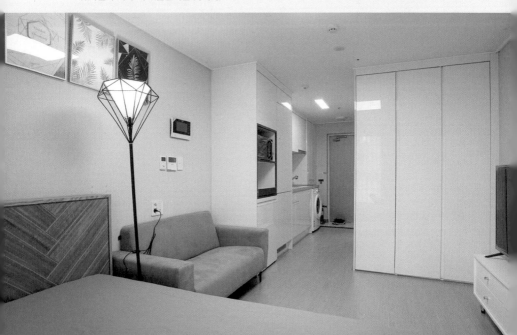

양도소득세 계산 시 주거용 오피스텔도 주택 수에 추가되기 때문에 투자에 앞서 주의를 요한다. 특히 양도소득세는 '실질과세의 원칙'을 적용하는데, 양도하는 당시에 오피스텔이 실제 주거용으로 사용되고 있다면 주택 수에 포함한다는 뜻이다.

10일 이후 적용이 유예되고는 있지만 조정대상지역 다주택인 경우 2주택에는 20%p, 3주택 이상에는 30%p를 기본세율에 더해서 중과되는 점을 간과하지 말아야 하겠습니다.

양도소득세 계산 시 주거용 오피스텔도 주택 수에 추가되기 때문에 투자에 앞서 주의를 요합니다. 특히 양도소득세는 '실질과세의 원칙'을 적용하는데, 양도하는 당시에 오피스텔이 실제 주거용으로 사용되고 있다면 주택 수에 포함한다는 뜻입니다. 양도일 현재 전입신고가 돼 있거나 세입자가 확정일자를 받아 살고 있는 등 주거용으로 사용되고 있다면 그 오피스텔을 주택 수에 포함해서 세금을 계산해야 하지요.

한편, 오피스텔을 분양받아 분양권만 갖고 있는 경우가 있는데요. 오피스텔이라도 분양권만 갖고 있는 경우에는 각종 세금을 계산할 때 주택 수에 포함하지 않지요. 오피스텔 분양권은 아직 주거용으로 사용할지, 업무용으로 사용할지가 결정되기 전이기 때문입니다. 따라서 오피스텔 분양권은 취득세 주택 수 산정에도 포함하지 않고, 주택분 재산세나 종부세와도 무관합니다.

양도소득세의 경우 오피스텔 분양권을 주택 수에 포함하는지에 대한 논란도 있었지만, 오피스텔 분양권은 다른 주택 분양권과는 달리 주택 수에 포함하지 않는다는 과세관청의 유권해석이 나왔습니다. 따라서 1세대 1주택인데 오피스텔 분양권만 하나 더 있다면 양도소득세를 비과세받을 수 있습니다.

도움 : 김성범 세무사(세무법인메가넷 파트너)

집 허물어도 재산세는 나와요

— 공사 중인 주택의 세금관계 설명서 —

건설경기가 얼어붙으면 도심 구석구석의 소규모 재건축사업 진행까지 지지부진해지기 마련인데요. 공사가 멈추거나 지연되면 공사비와 분양가가 상승하는 등의 피해와 함께 세금 부담도 그대로 이어집니다. 집을 부수고 새로 짓는 사이, 거주하지도 않는 주택이지만 재산세를 내야하고, 경우에 따라 종합부동산세(이하 '종부세') 부담도 발생합니다. 재개발이나 재건축 등 공사가 중단된 경우 세금 부담에 대해 알아둘 필요가 있습니다.

멸실되지 않은 주택은 주택분 재산세 낸다

사업이 멈췄더라도 소유주에게는 재산세가 부과되는데요. 다만, 기존 건물이 남아 있는지가 재산세의 종류와 금액을 결정하는 중요한 기준이 되지요. 만약 기존 주택이 남아 있다면 주택에 대한 재산세가 부과되고, 기존 주택이 허물어져 없어진 이후라면 주택의 부지였던 토지에 대한 재산세만 부과됩니다. 구체적으로는 과세기준일인 6월 1일 기준으로 건물이나 주택이 '멸실'처리된 것인지가 기준점이 되지요.

주택 건축물이 '사실상 철거멸실된 날'에는 주택이라고 보지 않는데, 사실상 철거멸실된 날을 알 수 없는 상황이라면 '공부(公簿)상 철거멸실된 날'을 기준으로 주택 여부를 판단합니다. 과거에는 세대원의 퇴거 및 이주, 단전, 단수,

멸실건물의 경우 기존 건물이 남아 있는지가 재산세의 종류와 금액을 결정하는 중요한 기준이 된다. 만약 기존 주택이 남아 있다면 주택에 대한 재산세가 부과되고, 기존 주택이 허물어져 없어진 이후라면 주택의 부지였던 토지에 대한 재산세만 부과된다. 이때 구체적으로는 과세기준일인 6월 1일 기준으로 건물이나 주택이 '멸실'처리된 것인지가 기준점이 된다.

출입문 봉쇄 등의 조치를 철거·멸실의 주된 판단기준으로 삼았는데, 확인이 쉽지 않고 해석에 차이가 발생하는 등의 문제가 생기면서 2018년부터는 '공부상 철거·멸실' 기준이 도입된 거지요.

주택 재산세는 주택분을 7월에 토지분을 9월에 나눠 내는데, 멸실 이전에 주택으로 재산세를 내는 경우 부속토지를 포함해서 공시가격의 60%를 과세표준으로 계산합니다. 하지만 멸실 이후 토지분에 대해서 재산세를 내는 경우 공시가격의 70%에 면적을 곱한 것을 과세표준으로 합니다. 이때 토지보유 현황에 따라 토지분으로 재산세를 내는 것이 더 무거울 수 있습니다.

종부세도 재산세 과세대상 주택에 부과되는 세금인 만큼, 주택이 멸실되었는지 여부가 중요합니다. 멸실주택은 종부세를 계산할 때 주택 수에서 제외되는데요. 주택으로의 사용가치를 상실했으므로 조합원 입주권으로서의 가치만 있는 셈이지요. 대신 토지분 종부세에는 합산과세됩니다. 이에 따라 토지분 종부세 기준금액이 커지는 문제가 발생할 수 있음을 유의해야겠습니다.

철거 전이라면 취득세율에 주의

2018년부터 사실상 철거·멸실된 날을 알 수 없는 경우 '공부상 철거·멸실된 날'을 기준으로 주택 여부를 판단하면서 철거주택의 취득세 부분에서도 건축물대장이 중요해졌는데요. 종전에는 관리처분계획인가 후에 단전·단수되거나 이주 완료 등을 종합적으로 판단해 이미 주택의 기능을 상실했다고 인정되는 경우에는 주택으로 보지 않고, 유상거래하더라도 주택 취득세율을 적용하지 않았습니다.

하지만 이제는 건축물대장상 주택으로 등재돼 있고, 주택의 구조와 외형도 유지되고 있다면 주택으로 보고 유상거래 취득세율이 적용됩니다. 1세대 1주택이라면 1~3%, 조정대상지역 다주택은 중과세율이 적용될 수 있으니 각별히 주의해야겠습니다.

한편, 제법 규모가 있는 재건축사업의 경우에는 사업의 진행과 관리의 편의를 위해 재건축 조합에 부동산 관련 권리를 위탁하는 '신탁등기'를 하게 되는데요. 조합에 권리를 위탁하기는 했지만 매매 등의 권리행사에는 영향이 없고 부동산의 소유주 역시 조합원입니다.

그런데 이 경우 신탁으로 권한을 대행하고 있는 재건축 조합에 재산세가 합산해서 과세 통지된다는 특징이 있습니다. 조합이 조합원의 재산세를 일괄해서 납부하고, 추후 입주시점에 조합원들에게 재산세를 정산받는 방식이지요. 공사기간 중 재산세를 내지 않았더라도 나중에 일괄정산해서 내야 한다는 점을 기억해 둘 필요가 있겠습니다.

도움 : 김성범 세무사(세무법인메가넷 파트너)

인테리어·리모델링할 때 꼭 챙겨야 할 세금문제

필요경비의 절세 테크닉

집을 사고 팔 때 생긴 양도차익에는 양도소득세가 붙습니다. 그런데 이 경우 단순하게 살 때와 팔 때의 집값 차이만으로 세금을 계산하지는 않는 데요. 주택을 취득할 때 들었던 각종 비용 중 일부는 차익에서 빼주고, 살 면서 집의 가치를 높인 것으로 인정되는 각종 주택 수리비용 등도 제한 뒤에 세금을 계산하지요. 이를 가리켜 '필요경비'라고 합니다.

실제로 필요경비만 잘 챙겨도 양도소득세를 상당 부분 줄일 수 있습니다. 하 지만 일부 비용은 필요경비로 인정받기가 쉽지 않거나 스스로 판단하기가 어렵 습니다. 특히 주택 전체적인 인테리어나 리모델링을 하고 입주하는 경우 각각 어떤 비용이 필요경비로 인정되는지에 대한 구분이 복잡해집니다.

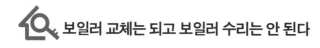 **보일러 교체는 되고 보일러 수리는 안 된다**

'세법'에서는 '자본적 지출'이라고 해서 자산가치를 상승시킨 지출에 대해서만

필요경비로 인정하도록 정하고 있는데요. 주택을 더 오래 쓸 수 있도록 내용연수를 늘리거나 일부를 새것으로 교체하는 수준의 의미 있는 수리만 필요경비로 인정한다는 뜻이지요. 정확하게는 개량과 확장, 증설 등만 필요경비로 인정됩니다.

예를 들어 새로 사서 들어간 집이 비교적 신축이어서 도배와 장판 공사만 하고 입주했다고 한다면, 그 비용은 필요경비에 포함되지 않습니다. 도배나 장판 교체 정도로는 주택의 자산가치가 늘었다고 보기 어렵기 때문이지요. 하지만 베란다를 확장했거나 창호(새시)를 통으로 교체하고 보일러를 새것으로 교체하는 등의 공사를 했다면 그 비용을 나중에 양도차익에서 제외할 수 있습니다.

그런데 집주인 입장에서 다소 애매한 구분도 있습니다. 화장실 변기를

| 주택 수리비용의 양도세 필요경비 인정 여부 |

O	X
섀시 설치 · 교체	창문유리 교체
베란다 확장	베란다 타일 시공
욕실 확장	욕실 변기 교체
주방 확장	싱크대 교체
방 확장	조명 교체
상 · 하수도 배관 교체	샤워부스 설치
보일러 교체	보일러 수리
붙박이장 설치	방범창 설치
태양광 설치	방수공사
구조 변경	외벽 도색

| 주택 부대비용의 양도세 필요경비 인정 여부 |

O	X
취득세	취득세 납부지연가산세
법무 · 세무 · 중개사 수수료	감정평가 수수료
개발부담금	금융기관 대출이자
소유권 확보 소송비용	매매계약 위약금
재건축 철거비용	임차인 퇴거 보상비용
취득 시 부담한 부가세	중도금 선납할인 비용

새것으로 교체하거나, 싱크대를 새것으로 바꾼다거나 하는 경우인데요. 이 경우 집주인에게는 나름 큰 공사였지만, 필요경비로 인정은 받지 못한다는 사실을 기억해둘 필요가 있습니다. 주택의 구조를 개량하거나 확장, 증설한 게 아닌 것으로 구분되기 때문이지요.

이런 개별적인 공사가 동시다발적으로 진행된 리모델링의 경우에는 어떨까요. 욕실도 변기만 교체한 것이 아니라 배관도 바꾸고, 타일도 새것으로 깔았으며, 싱크대뿐만 아니라 창호까지 교체한 경우가 여기에 해당됩니다.

이렇게 복합적으로 인테리어나 리모델링이 진행됐을 때에는 전체 공사에 대해 계약하고, 비용도 한 번에 결제하는 것이 보통인데요. 하지만 이런 경우라도 리모델링 금액 전체를 필요경비로 넣어 양도세를 신고하면 안 됩니다. 추후 국세청에서 비용인정을 받지 못해서 세금을 토해내는 경우가 있습니다. 따라서 전체 리모델링이라 하더라도 이왕이면 항목별 견적서를 참고해서 세무대리인을 통해 필요경비를 각각 구분해 신고하는 것이 필요하겠습니다.

법무사 비용과 중개수수료 영수증을 챙겨두자

집을 사고 팔 때 들어가는 수수료 등 각종 부대비용도 필요경비에 포함될 수 있습니다. 우선 취득세 납부액이 필요경비에 해당하고, 농어촌특별세와 인지세 등도 모두 필요경비에 해당합니다.

또 법무사 비용과 세무 상담을 받은 세무사 수수료, 공인중개사에게 지급한 중개수수료도 양도차익에서 뺄 수 있는 필요경비입니다. 공인중개사 중개수수료는 전·월세의 경우는 인정되지 않고, 취득과 양도계약에서만 인정되는데요. 법정수수료보다 초과해서 지급하는 경우, 초과지급액도 필요경비로 인정받을 수 있습니다.

주택 소유권을 확보하기 위한 소송비용이나 화해비용도 필요경비에 해당하고, 오래된 주택은 재건축을 위한 철거비용도 필요경비에 포함된다는 사실도 중요합니다. 하지만 취득세 등 세금을 늦게 납부해서 부담하는 가산세는 경비로 인정받지 못한다는 점을 유의해야 합니다. 은행 대출이자나 매매계약 위약금 등도 포함되지 않고, 양도거래에서 지출한 감정평가 수수료도 필요경비로 볼 수 없습니다.

필요경비에 해당하는 항목이라도 '증빙'은 필수입니다. 인테리어나 리모델링 공사를 할 때에는 세금계산서나 카드영수증, 현금영수증과 같은 적격증빙을 꼭 받아둬야만 합니다. 이때 공사현장 사진이나 동영상도 도움이 될 수 있습니다. 특히 법무사 수수료나 중개수수료 등은 대부분 현금영수증 발급이 가능하니까 나중에 집을 팔 때까지 잘 챙겨둬야 하겠습니다.

강남 아파트 낙찰받으면 좋은 이유

자금조달계획서, 거주의무, 조합원지위승계 따져보기

경매는 복잡한 권리관계의 부담을 지는 대신 시세보다 낮은 가격에 매수할 수 있다는 것이 큰 매력인데요. 그런데 2023년 5월경 대치동 은마아파트 단지의 경매물건이 시세보다 2억2000만원이나 높은 가격에 낙찰됐습니다. 왜 이런 낙찰자가 나타났던 걸까요? 전문가들은 은마아파트와 같이 투기과열지구 내에서 재건축을 앞두고 있는 주택을 경매로 낙찰받는 경우, 가격말고도 이점이 있다고 평가합니다.

🔍 경매주택은 자금조달계획서 제출의무가 없다

투기과열지역이나 조정대상지역 등 규제지역의 주택을 구입하는 경우에는 구입자금이 어디에서 왔는지에 대한 자금조달계획서를 반드시 제출해야 합니다. 규제지역이 아니더라도 6억원 이상의 주택을 구입할 때에는 자금조달계획서를 내야하고, 법인이 구입한다면 지역이나 금액과 무관하게 모든 주택을 구입할 때 자금조달계획서를 제출해야 하지요. 하지만 부동산을 경매로 취득하는 경우에는 자금조달계획서 제출의무가 없습니다. 자금조달계획서를 제출하지 않아 과태료를 물 필요도 없지요.

한편, 토지거래허가구역으로 지정된 지역에서 주택, 상가, 토지 등 부동산 거래를 하려면 반드시 지자체장의 허가를 받아야 하는데요. 또한 주택을 구매하는 경우에는 2년간 거주해야 하는 의무가 생깁니다. 전세를 끼고 매매하는 갭투자를 막기 위한 조치지요. 하지만 토지거래허가구역이라도 경매로 주택을 취득하는 경우에는 '민사집행법'상 거래허가가 필요 없습니다. 또한 경매로 주택을 매수하면 전·월세 세입자를 둘 수 있고, 거주의무기간이 없어서 즉시 매도할 수도 있지요.

🏠 서두르면 큰 코 다친다

투기과열지구에 있는 재건축단지는 조합설립인가 이후에 조합원지위 승계를 할 수 없는데요. 재건축 아파트에 거주할 목적이 아닌 투자목적으로는 거래를 할 수 없도록 한 것이지요. 하지만 '도시 및 주거환경정비법'(이하 '도시정비법')에 따라 금융기관의 채무를 변제하지 못해서 주택이 경매된 경우에는 조합원지위 승계가 가능합니다. 투기과열지구의 재건축 주택을 경매로 낙찰받은 경우가 있다면 그 주택을 조합원지위를 이어받으면서 매수하는 것이 가능하다는 얘기지요.

하지만 이러한 경매주택의 장점을 악용하려 한다면 문제가 생길 수 있는데요. 자금조달계획서의 경우 계획서를 제출하지 않는다고 해서 증여세 문제가 생기지 않는다는 보장이 없거든요. 사실상 경매 낙찰대금을 증여를 통해 마련했으면서도 증여세 신고를 하지 않았다면 세무서 조사에 의해 언제든지 증여세 추징이 가능하지요. 신고를 안 했다면 가산세까지 각오해야 합니다.

경매주택은 토지거래허가구역에 있더라도 2년 거주의무가 없습니다. 하지만 2년 이상 보유해야 할 의무는 존재하지요. 주택이나 입주권은 모두 취득한 후 2년 이상 보유한 다음에 양도해야만 일반 양도세율을 적용받을 수 있습니다. 거주의무가 없다고 해서 2년 내에 팔아버린다면, 보유기간에 따라 1년 미만은 77%, 1년 이상~2년 미만은 66%의 높은 양도소득세를 물어야 하는 점을 반드시 기억해야겠습니다. 아울러 경매로 취득한 주택이 조정대상지역 내에 있는 주택이라면 2년 이상 보유와 2년 이상 거주까지 해야만 양도소득세에서 비과세 혜택을 받을 수 있다는 점도 함께 숙지해야겠습니다.

이장원 세무사는 "경매주택을 취득하는 경우에는 차익이 있다고 해서 단기간에 매도해서는 안 된다. 주택부분은 양도세 단일세율이 너무 높고, 조정대상지역인 경우에는 2년 거주의무까지 지켜야만 양도세 비과세를 받을 수 있다. 경매취득 단계에서부터 자신의 주택 수 및 매매시점을 고민해서 취득세 중과세율과 양도세를 고려해야만 경매의 장점은 물론이고 합리적인 낙찰가액을 산정할 수 있을 것"이라고 조언했습니다.

입주권 사서 준공 후 팔면 중과세 폭탄?!

재개발 · 재건축 지역 입주권 매매 단기양도의 실익

수도권은 물론 서울도 대부분 투기과열지구와 조정대상지역에서 해제되면서 드디어 얼어붙은 부동산 경기에 훈풍이 감지되는 걸까요. 이렇게 규제지역에서 해제된 주택은 세금변화가 적지 않은데, 특히 재건축이나 재개발에 따라 보유하고 있는 조합입주권의 경우 규제지역 해제와 함께 전매가 가능해지면서 단기매매에 대한 세금 변화도 발생합니다.

거래 가능해진 서울 입주권, 문제는 중과세율

투기과열지구에서의 입주권은 예외적인 사유를 제외하고는 대부분 전매가 제한되는데요. 재건축은 조합설립인가부터 준공까지, 재개발은 관리처분계획인가부터 준공까지 전매가 어렵습니다. 그런데 투기과열지구와 조정대상지역에서 지정해제된 지역에서의 입주권 매매는 가능하지요.

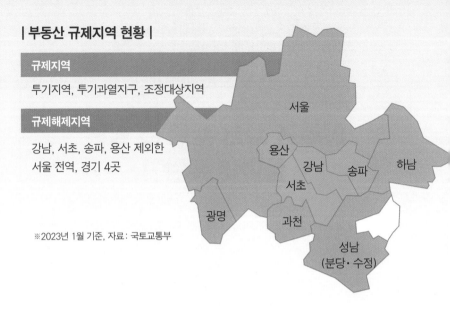

| 부동산 규제지역 현황 |

규제지역
투기지역, 투기과열지구, 조정대상지역

규제해제지역
강남, 서초, 송파, 용산 제외한
서울 전역, 경기 4곳

※2023년 1월 기준, 자료: 국토교통부

서울
용산
강남   송파
하남
서초
광명
과천
성남
(분당·수정)

문제는 입주권을 단기매매하는 경우 높은 중과세율이 적용된다는 점입니다. 입주권을 보유기간 1년 이내에 매각할 경우 지방소득세를 포함해 77%의 고세율로 양도세를 내야하고, 2년 이내에 매각하더라도 66%의 세율로 세금을 부담해야 하지요.

정부가 2년 미만 단기양도 중과세율을 폐지하고, 1년 미만 양도세율도 45%로 인하하는 방안을 추진하고 있지만, 아직 법이 개정되지는 않았습니다. 특히 입주권을 중도에 매입한 승계 조합원입주권의 경우 준공 이후 양도 시에 각별한 주의가 필요합니다. 입주권을 사서 주택이 완공된 경우에는 입주권 취득일이 아닌 준공 후 사용승인일이나 임시사용승인일을 취득일로 보기 때문이지요.

입주권 상태로 2년을 보유했더라도 준공이 되고 나면, 사용승인일부터 다시 보유기간을 계산하면서 경우에 따라 단기보유에 따른 중과세율로 양도세를 낼 수도 있습니다.

규제지역 해제 후 준공됐다면 '거주요건' 사라져

다만, 조정대상지역 입주권을 취득했지만 조정대상지역에서 해제된 후 준공된 경우, 1세대 1주택 양도세 비과세를 위한 실거주 의무가 사라진다는 장점은 있는데요. 입주권이 조정대상지역 상태에서 준공되면, 사용승인일부터 보유기간 2년 외에 거주기간 2년도 채워야 비과세를 받을 수 있습니다. 하지만 비조정대상지역으로 바뀐 후에 준공되면 비조정대상지역의 주택을 취득한 것이 되기 때문에 2년 실거주 요건은 사라지지요.

권민 세무사는 "관리처분계획인가를 받은 조합원입주권을 산 경우나 일반분양권을 산 경우에는 이것이 주택으로 준공되는 순간, 모든 기준점이 주택준공일이 된다. 단기매매인지 여부, 비과세 거주요건 여부도 준공일을 기준으로 판단한다. 따라서 입주권이나 분양권을 오래 갖고 있었다고 안심하지 말고 신축주택을 양도할 때에는 세무사의 자문을 구하는 것이 좋다"고 조언했습니다.

우리 집도 팔면
양도소득세 안 내나요?

──── 일시적 2주택자 양도세 비과세 요건 ────

부동산 관련 '세법'에서 양도소득세 규정만큼 많이 바뀐 게 또 있을까요. 양도소득세 규정은 주택시장 변화에 따라 정말 자주 바뀌었는데요. 덩달아 1세대 1주택, 특히 일시적인 1세대 2주택에 대한 양도세 비과세 요건도 수시로 개정돼 혼란이 많았습니다.

최근 주택가격 하락과 함께 관련 규정들이 다시 단순화되고 있지만 '일시적 2주택의 양도세 비과세 판단'은 여전히 어렵고 복잡하지요. 어떤 경우에 일시적 2주택 비과세 대상이 되는지 대표적인 요건을 중심으로 정리해봤습니다.

 보유요건 : 구입한 지 2년이 지난 집인가요?

우선 1주택자가 양도세 비과세를 적용받으려면 2년 이상 보유한 뒤에 팔아야 하는데요. 2년도 지나지 않아 다른 주택으로 갈아타는 경우에는 1주택자라고 하더라도 투기 목적의 단기매매로 보고 비과세 혜택을 주지 않지요. 단기보유 주택은 오히려 더 높은 양도세율을 적용하는데요. 2년 미만은 60%, 1년 미만은 70% 세율로 양도세를 계산합니다.

구입한 지 2년이 넘지 않은 시점에서 갈아탈 집을 먼저 사고, 종전주택 보유기간이 2년이 넘기를 기다려도 비과세를 받을 수 있게 됩니다. 하지만 이 경우에도 주의할 점이 있습니다. 반드시 종전주택을 취득한 날로부터 1년이 지난 후에 갈아탈 집을 사야 한다는 것이지요. 종전주택을 취득한 날로부터 '1년이 지난 후에 신규주택을 취득한 경우'에만 일시적 1세대 2주택으로 인정받을 수 있기 때문입니다.

거주요건 : 조정대상지역에서 직접 살았나요?

1주택자(일시적 2주택 포함)는 2년 이상 보유하면 양도소득세 비과세 혜택을 받을 수 있는데요. 하지만 취득 당시 조정대상지역의 주택은 2년 이상 보유하면서 2년 이상 거주도 해야 합니다. 2년 보유에 2년 거주요건이 추가되는 것이지요.

조정대상지역 주택의 거주요건은 2017년 8월 3일부터 추가됐는데요. 따라서 '2017년 8월 3일 이후 조정대상지역에서 취득한 주택'을 파는 경우 '2년 이상 보유'하고 '2년 이상 거주'까지 한 경우라야만 양도세 비과세를 받을 수 있습니다.

거주요건 대상이 되는 조정대상지역은 취득일 당시 기준으로 판단합니다. 예를 들어 2017년 8월 4일에 조정대상지역이던 서울 영등포구의 주택을 취득한 경우 조정대상지역에서 해제된 지금(2023년 7월 1일 현재 기준) 팔더라도 2년 거주요건을 따지게 됩니다. 취득 당시에 조정대상지역이었다가 양도 시점에 조정대상지역에서 해제되더라도 거주요건은 그대로 존재한다는 사실을 주의해야 합니다.

2년 거주요건은 보유하는 기간을 '통산'해서 따지는데, 총 보유기간 중 2년 이상만 거주했다면 요건을 갖춘 게 됩니다. 1년 거주하고, 임대를 놓다가 다시 1년 거주해서 2년을 채웠다면 거주요건을 갖춘 것이지요.

처분요건 : 혹시 아직 안 팔았나요?

새로 산 집과 팔 집의 보유기간이 일시적으로 겹치는 '일시적 2주택자'도 3년 내에만 종전주택을 처분하면 종전에 보유하던 주택을 팔 때 생기는 양도세를 비과세합니다. 그런데 일시적 2주택이라 하더라도 조정대상지역 집을 팔고 조정대상지역의 집을 사는 경우는 종전 집을 '2년 내'에 팔아야 했는데요. 하지만 2023년 1월 12일 이후에 양도하는 주택부터는 이 요건이 완화됐습니다. 조정대상지역 내에서 주택을 갈아타더라도 종전주택을 '3년 내'에만 팔면 비과세를 받을 수 있도록 한 것이지요.

사실 지금은 조정대상지역 대부분이 풀린 상황이어서 서울의 강남구, 서초구, 송파구, 용산구 내에서 주택을 갈아타는 경우가 아니라면 크게 달라질 것은 없습니다. 다만, 종전에 2년 내에 처분해야 했던 집(2022.5.10~2023.1.11 사이 조정대상지역 취득)인데 2년을 넘겼거나 심지어 1년 내에 처분해야 했던 집(2019.12.17~2022.5.9 사이 조정대상지역 취득)인데 처분하지 못하고 아직 보유 중인 경우라면 비과세의 여지가 새롭게 생깁니다. 아직 신규주택을 취득한지 3년이 넘지 않았고, 종전주택을 현재까지도 처분하지 않았다면, 일시적 2주택으로 비과세를 받을 수 있으니 날짜를 꼭 체크해봐야 합니다.

한편, 1세대 1주택 양도세 비과세는 주택가격(양도가액)이 12억원 이하인 경우에 적용됩니다. 1세대 1주택이라도 12억원을 초과하는 부분에 대해서는 양도세를 계산해서 부담해야 하지요. 이때에도 보유기간과 거주기간에 따른 장기보유특별공제를 적용받을 수 있습니다.

일시적 1세대 2주택 양도세 비과세 받으려면	
보유요건	① 종전 집을 1년 이상 보유한 상태에서 새로운 집을 취득해야 하고, ② 종전 집은 2년 이상 보유한 후에 양도해야 한다.
거주요건	① 종전 집이 조정대상지역일 때 취득한 집이라면 2년 거주 후에 양도해야 하고, ② 그 밖의 경우 거주요건 없이 보유요건만 맞으면 비과세 된다.
처분요건	종전 집은 새로운 집 취득 후 3년 내에 양도해야 한다.

도움말 : 최왕규 세무사(참세무법인 마포지점)

종부세 낼 돈이 없을 때

납부를 미루거나 나눠 내는 방법

종합부동산세(이하 '종부세')는 소득이 아닌 보유하고 있다는 사실만으로 부과되는 세금이기 때문에 세금 납부에 불만이나 어려움을 호소하는 납세자들이 많은데요. 당장 고지된 종부세를 제때 납부하기 어려운 납세자들은 나눠 내는 분납이나 납부를 뒤로 미루는 납부유예, 납기연장 등을 요구할 수 있는데, 이 또한 쉽지는 않습니다. 까다로운 요건을 갖춘 뒤 세무서에 신청을 하고, 허가를 받아야만 가능하기 때문이지요. 어떻게 하면 종부세 납부 부담을 조금이라도 덜 수 있을까요.

불가피한 사유 '읍소', 납기연장 신청하기

세금은 법에서 정한 납부기한이 있습니다. 종부세는 12월 15일까지 납부해야 합니다. 기한을 지키지 않으면 가산세를 물어야 하는데, 불가피하게 세금을 제때 내기 어렵다고 인정되는 경우에는 납부기한을 좀 연장해줍니다. 이른바 '납부기한 연장제도'이지요. 납부기한은 3개월 단위로 최대 9개월까지 연장할 수 있습니다.

하지만 '불가피하다'고 인정받기가 쉽지 않습니다. 재난 등에 따라 심각한 경제 손상을 입은 경우 등에 대해서만 납부기한을 연장하도록 허용하고 있기 때문이지요. 재난이나 도난에 따른 심각한 손실, 도산의 우려, 납세자 및 동거가족의 중상해 및 사망 등이 법에 열거된 불가피한 사유에 해당합니다.

각별히 어려운 경제 상황에 대한 자료나 병원진료기록 등을 증빙으로 제출하더라도 납기연장을 확신할 수는 없습니다. '우려'나 '심각'의 정도에 대한 판단은 관할세무서 재량에 달려있기 때문입니다. 상당수 납세자들이 세무서 문턱에서 '읍소'하는 이유이지요.

다행히 1세대 1주택인 경우 종부세 납부를 미룰 수 있는 1세대 1주택 납부유예제도가 2022년부터 도입됐는데요. 납부기한 연장처럼 몇 달 뒤로 미루는 수준이 아니라 해당 주택을 팔거나 상속·증여할 때까지 쭉 미루는 방식입니다. 납세자는 당장 세금 낼 돈이 없는 경우 종부세를 내지 않고 미뤘다가 집을 팔 때 집값에서 정산해서 내게 됩니다.

종부세 납부유예는 기한 없이 납부를 미루는 방식이어서 요건이 까다롭습니다. 기본적으로 1세대 1주택이면서 만 60세 이상 고령자이거나 해당 주택을 5년 이상 장기보유한 납세자여야만 신청이 가능하지요. 또 전년도 총 급여가 7000만원 이하이고, 종합소득금액도 6000만원 이하여야 하며, 올해 내야 하는 종부세액이 100만원이 넘는 납세자만 납부유예를 신청할 수 있습니다. 납부유예를 위해서는 종부세액에 상당하는 담보물도 제공해야 합니다. 토지나 건물, 유가증권, 보험증권 등을 담보로 제출

| 종합부동산세 납부유예 요건 |

대상	요건	유예 기간
1세대 1주택	• 만 60세 이상 or 5년 이상 보유. • 총급여 7000만원 이하. • 종합소득 6000만원 이하. • 종부세액 100만원 초과. • 종부세액만큼 납세담보 제공.	• 양도 · 상속 · 증여 시까지. • 1세대1주택이 아니게 된 때까지. ※ 납부 시 연1.2% 이자 가산.

할 수 있습니다.

1세대 1주택자와 1세대 1주택자로 간주되는 일시적 2주택, 상속주택, 지방저가주택 추가보유자도 납부유예 대상에 포함됩니다. 종부세 납부를 유예하려는 납세자는 납부기한 3일 전인 12월 12일까지 신청서를 작성해 관할세무서에 제출해야 합니다.

250만원 넘으면 6개월 뒤 나눠 내기

종부세도 분할납부, 즉 분납이 가능한데요. 분납기간은 납부기한 후 6개월입니다. 종부세액이 250만원이 넘는 경우부터 분납이 가능한데, 250만원 초과~500만원 이하이면 250만원 초과금액을 나눠 낼 수 있지요. 납부기한 내에 250만원은 납부하고, 나머지는 나눠서 6개월 이내에 내는 방식입니다. 납부할 종부세액이 500만원을 초과하면 전체 종부세액의 절반을 6개월 이내에 나눠 낼 수 있습니다.

종부세에는 종부세액의 20%로 농어촌특별세(이하 '농특세')도 부과되는데, 종부세를 분납하면 농특세도 같은 비율로 분할해서 납부하게 됩니다.

| 종합부동산세 분납 요건 |

종부세액	분납 가능액	분납 기간
250만원 초과 ~ 500만원 이하	250만원 초과액	6개월까지
500만원 초과	전체의 50%	

분할납부를 하더라도 분납기간 동안 국세납부와 관련한 이자까지는 붙지 않습니다.

분납은 관할세무서에 신청하거나 홈택스나 손택스에서 간편하게 신청할 수도 있는데요. 분납대상자는 분납을 신청한 후 전체 고지된 종부세액에서 분납을 신청한 금액을 차감한 나머지 세금을 우선 납부해야 합니다. 분납할 세금은 6개월 뒤에 납부해도 되고, 분납기간 중에 납부해도 됩니다.

한편, 국세도 신용카드 납부가 가능한데요. 카드사별로 진행하는 무이자할부 행사를 이용하면 세금납부에 따른 자금 부담을 조금이나마 덜 수 있습니다. 분납처럼 여러 달로 나눠서 세금을 납부하는 것이 가능한 셈이지요.

국세 납부가 가능한 신용카드는 비씨, 신한, 삼성, 현대, 롯데, 국민(KB), 씨티, 전북은행, 광주은행, 제주은행, 수협은행, 하나카드, 농협(NH)의 13개인데요. 보통 신용카드사별로 국세 카드 납부에 대한 무이자할부 행사를 진행하는데, 일부 카드사는 무이자할부를 운영하지 않고, 운영하던 행사도 취소될 수 있으니 납부하기 이전에 확인해 봐야 합니다. 국세를 신용카드로 납부하는 경우에는 할부수수료와는 별도로 0.8%의 납부대행 수수료를 부담해야 하는데요. 체크카드는 수수료가 0.5%입니다.

잘못 계산된
종부세 고지서를 받았다면

— 종부세 고지서 체크리스트 —

종합부동산세(이하 '종부세')는 국세청이 직접 부동산 현황을 체크해서 세액까지 계산해 고지하는 세금인데요. 고지서를 받은 납세자는 12월 15일까지 납부해야 합니다. 그런데 잘못 계산된 고지서를 받을 수도 있습니다. '세법'이 너무 자주 바뀌고 복잡한 데다 국세청이 입력한 기초적인 정보가 실제와 다를 수도 있기 때문이지요.

더구나 종부세는 지방세인 재산세를 기초자료로 활용하는데요. 국세청이 직접 수집한 자료가 아니라 행정안전부와 각 지방자치단체가 수집해서 제공한 자료를 기반으로 계산되지요. 재산세 과세자료에 오류가 있으면 종부세도 오류가 나는 구조란 얘깁니다. 실제로 2021년의 경우 종부세 고지서에서 문제를 확인해, 이의신청을 한 납세자가 1481명에 달했지요. 전년 대비 79% 늘어난 수치인데요. 해마다 종부세 납세자 수는 늘어나고, 달라지는 규정도 많지요. 나의 주택 보유 현황은 과세기준에 맞게 적용됐는지, 종부세 고지서를 받으면 꼭 체크해봐야 할 것들을 정리해봤습니다.

혹시 나도 1주택 특례 대상은 아닐까

가장 먼저 확인할 것은 주택 수인데요. 1세대 1주택자는 종부세 계산 시 상당한 혜택을 받기 때문이지요. 종부세는 공시가격 9억원이 넘는 보유주택부터 부과되지만, 1세대 1주택자는 공시가격 12억원이 넘는 주택부터 종부세를 부담합니다. 또한 1주택자에는 고령자 공제와 장기보유세액공제를 합해 최대 80%를 세액에서 공제해주지요.

그런데 2022년부터는 일시적인 2주택에 대해서도 1주택자와 동일한 기본공제와 세액공제를 적용하는데요. 또 1주택인데 상속받은 주택이 추가된 경우에도 1주택자와 같은 기준으로 종부세를 내고, 지방의 저가주택(공시가격 3억원 이하) 1채를 더 보유한 경우에도 1세대 1주택자와 같은 공제를 적용할 수 있습니다. 상속주택이나 지방저가주택을 보유하고 있는 경우, 주택 수 계산에서 빠지기 때문에 세 부담이 크게 줄어들 수 있는 거지요.

따라서 종부세 납세대상자는 과세기준일인 6월 1일 기준으로 대체주택, 상속주택, 지방저가주택 등의 보유상황이 고지서에 제대로 반영됐는지를 꼭 체크해야 합니다.

| 종부세 1주택 특례 적용대상과 세액계산 방법 |

특례 구분	주택 수 제외 대상	합산과세	중과세
일시적 2주택	• 종전주택 또는 신규주택 중 1채 (신규주택 취득 후 3년 이내 양도)	O	X
상속주택	• 5년 이내의 모든 상속주택 • 기간제한 없이 모든 상속 저가주택 (수도권 6억원, 지방 3억원) • 기간제한 없이 모든 상속 소액지분 (40% 이하)		
지방저가주택	• 지방저가주택(3억원 이하) 1채		

※지방: 수도권, 광역시(군 제외), 특별자치시(읍·면 제외) 외 지역

부부공동명의자들도 고지서를 꼼꼼히 살펴봐야 합니다. 종부세는 부동산을 보유하고 있는 각각의 개인에게 인별로 과세합니다. 부부공동명의로 1주택을 보유하는 경우 세대 기준에서는 1주택이지만, 부부가 각각 1주택씩을 보유한 것으로 간주해 2주택자와 같은 종부세가 부과되는 특징이 있지요.

부부공동명의 1주택자라면 1주택자 기본공제금액인 12억원이 아니라 부부가 각각 기본공제를 9억원씩 18억원을 공제받을 수 있는 장점이 있는데요. 하지만 공동명의인 부부가 각각 공제를 받는 것을 선택하는 경우 1세대 1주택자에게 주어지는 고령자 및 장기보유세액공제를 받지 못하는 불리함도 동시에 발생합니다. 이에 따라 부부가 18억원을 공제받을 것인지, 1주택자와 같이 12억원을 공제받고 최대 80%의 세액공제를 추가로 받을 것인지를 선택할 수 있도록 기회를 줍니다. 부부공동명의 1주택자 과세특례이지요.

국세청은 매년 9월에 부부공동명의 1주택자 과세특례 신청을 받지만 신청기간에 미처 신청하지 못한 경우가 종종 발생합니다. 특례를 신청하지 못했거나 어느 쪽의 세금이 적은지 유·불리를 제대로 따지지 못했다면, 당장 체크해봐야 하겠습니다.

합산배제대상 주택은 없었나

종부세는 납세자가 전국에 보유하고 있는 주택의 과세표준을 모두 합해서 계산하는데요. 다만, 합산하지 않아도 되는 주택기준도 정하고 있습니다. 이른바 '합산배제주택'이지요. 여러 주택의 과세표준을 합산하지 않으면 낼 세금도 줄어드는데요. 그래서 고지서가 날아오면, 합산배제가 잘 처리됐는지를 꼭 체크해야 하지요.

전용면적과 공시가격 등 요건을 갖춘 임대주택과 사원용 주택, 어린이집용 주택 등은 합산배제대상입니다. 2022년부터는 합산배제주택도 주택 수에서 제외되는데요. 1세대 1주택인데 합산배제주택인 어린이집용 주택을 추가로 보유하고 있다면 1세대 1주택과 같은 공제혜택을 받을 수 있지요. 합산배제주택을 보유한 경우 고지서에서도 반영 여부를 따져봐야 합니다.

한편, 고지서에서 오류가 발견됐다면 고지된 세금을 그대로 납부할 필요가 없는데요. 고지서 납부기한인 12월 15일까지 납세자가 스스로 종부세를 계산해서 신고납부할 수 있기 때문이지요. 9월에 해야 했던 합산배제신고와 1주택 과세특례 신청 등을 하지 못했다면 그 내용을 반영해서 직접 신고하면 됩니다. 다만, 이렇게 스스로 신고납부한 세금이 요건에 맞지 않은 경우에는 가산세를 물 수 있는데요. 신고납부를 선택한다면 전문가인 세무대리인을 통해서 확인을 거친 후에 신고납부하는 것이 좋습니다.

가산세를 물지 않고 오류를 수정하는 방법도 있는데요. '이의신청'이지요. 고지서를 받은 날로부터 90일 이내에 주소지 관할 세무서장에 이의신청서를 제출하면 됩니다. 이 때 중요한 것은 고지된 세금을 기한 내에 납부한 후에 이의신청을 해야 합니다. 세무서에서 이의신청 내용을 확인한 후 오류가 명백하다면 더 낸 종부세를 환급해주지만, 그렇지 않다면 기한 내에 납부하지 않은 이유로 가산세를 물어야 합니다.

아울러 2023년부터는 고지된 종부세도 경정청구를 할 수 있기 때문에 고지서대로 세금을 낸 후에 경정청구로 돌려받는 방법도 가능합니다. 종부세 특례는 납세자가 직접 신청해야만 받을 수 있기 때문에 신청기간에 미처 신청하지 못한 경우가 많은데요. 이미 고지서대로 세금을 냈다면 경정청구를 적극적으로 활용할 필요가 있겠습니다.

농지, 양도세 감면 어려워졌다

— 8년 자경농지 감면 방법 —

8년 이상 농사를 짓던 땅은 양도소득세 감면 혜택을 주지만, 그 요건이 까다롭습니다. 1억원에서 최대 2억원까지 양도소득세액에서 빼주는 혜택이다보니 꼼꼼하게 요건을 갖춰야 하지요. 특히 2022년부터는 그 요건이 더욱 까다로워졌는데요. '농지법' 개정으로 농사를 짓는 땅이라는 것을 증명하기 위해 필요한 증빙요건이 더 많아졌지요. 과거 LH 직원들의 농지 활용 땅 투기 사실이 확인되면서, 농지와 관련된 규제가 더욱 강화됐기 때문입니다.

양도차익 3억원도 사라지는 중요한 혜택

8년 자경농지 양도소득세 감면은 농민들에게 아주 중요한 혜택인데요. 단순히 양도차익을 줄여주는 것이 아니라 낼 세금에서 1억원을 빼주기 때문이지요. 또한 농지를 나눠서 매각하는 경우 5년 간 최대 2억원까지도

세액을 감면받을 수 있습니다.

　장기보유특별공제까지 고려하면, 양도차익이 3억1300만원 정도가 되어야 과세표준 1억원이 나옵니다. 8년 넘게 농사지은 어지간한 농지는 양도세가 거의 없다고 봐도 무방하지요.

　하지만 이 감면 혜택은 8년 이상 스스로 농사를 지은 땅이라는 것이 명확하게 증명이 되어야만 받을 수 있습니다. 통산해서 8년 이상을 농사를 지어야 하고, 농지와 거주지역이 같거나 가까워야만 스스로 농사를 지었다는 사실을 입증해야 하지요. 농지로부터 직선거리 30킬로미터 이내에 거주해야 한다는 구체적인 요건도 있습니다.

　게다가 노동력의 절반 이상을 농장업에 투입해 상시적으로 농업에 종사했음을 입증해야 하는데, 농약이나 비료 구입 사실증명, 농협조합원증명원 등이 증빙될 수 있어야 합니다. 노동력 투입 여부는 실무적으로 입증이 쉽지 않기 때문에 소득기준도 마련돼 있습니다. 연간 근로소득과 사업소득 합계가 3700만원 미만이어야 자경을 인정받게 됩니다. 다른 소득이 많다면 농업에 전념하지 않았다고 간주하는 거지요.

🔍 까다로워진 '농지대장', 1000㎡ 미만도 만들어야

농지소유자의 농지현황과 경작현황 등 20여개 항목을 적은 농지원부는 그래서 8년 자경농지 양도세 감면을 받기 위해 매우 중요한 증빙입니다. 그런데 2022년부터 이 농지원부가 더욱 깐깐해졌습니다.

　이름을 '농지대장'으로 바꾼 농지원부는 종전에 1000㎡ 미만의 농지에는 작성의무가 없었는데요. 하지만 2022년 4월 15일부터는 1000㎡ 미만

농지도 농지대장을 반드시 작성해야 합니다. 아울러 농지원부의 작성기준도 농업인에서 필지를 기준으로 바뀌었고, 이에 따라 관할 행정청도 농업인의 주소지가 아닌 농지의 소재지로 개편됐습니다.

2022년 8월 18일부터는 모든 임대차계약 사실과 농막, 축사 등의 시설물의 설치 시에도 관할 행정청에 신고해야 하는 의무도 생겼는데요. 신고해서 농지대장에 반영하지 않으면 관할 관청에서 직권으로 기입할 수 있습니다. 농지에 대한 모든 정보가 농지대장에 낱낱이 기록되는 거지요.

농지의 취득도 절차가 복잡해졌습니다. 2022년 5월 18일부터 농지 취득 시 제출해야 하는 농업경영계획서 서식이 대폭 개편됐고, 같은 해 8월 18일부터는 지자체에 설치된 농지위원회에서 심의를 통과해야만 농지를 취득할 수 있습니다. 영농 착수시기와 수확시기, 작업일정, 농지취득자금 조달계획 등이 구체적으로 기입돼야 하고, 농업인 확인서 등 증빙자료를

| 농지원부 개편 내용 |

기존	구분	개편
농지원부	명칭	농지대장
농업인 기준	작성기준	필지 기준
1000m² 이상 농지	작성대상	모든 농지
농업인 주소지	관할	농지 소재지
–	신고의무	임대차계약, 농막설치 등도 신고

※작성기준, 작성대상, 관할: 2022년 4월 15일부터 시행
※명칭 · 신고의무: 2022년 8월 18일부터 시행

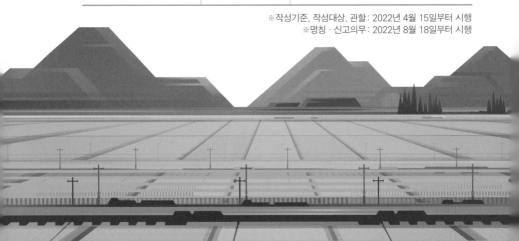

함께 첨부해야만 심사를 통과할 가능성이 높습니다.

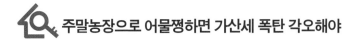 주말농장으로 어물쩍하면 가산세 폭탄 각오해야

개편된 농지대장과 취득심사기준을 적용하면 자경감면은 쉽지 않습니다. 소규모 주말농장과 같은 경우 종전에는 농지원부가 없어서 공무원들이 확인하기도 어려웠지만 앞으로는 농지대장이 꼼꼼하게 기록되기 때문에 눈속임이 어렵게 된 거지요.

'농지대토감면'도 복잡해졌습니다. 8년 동안 농사를 짓지 못하고 농지를 팔더라도 대신 다른 농지를 취득해 총 농사기간을 8년으로 맞추면 8년 자경감면과 같은 혜택을 주는 것이 농지대토감면인데요. 농지대토감면을 받으려면 종전 농지의 3분의 2 이상 면적의 농지, 혹은 종전 농지가액의 2분의 1 이상의 농지를 1년 이내에 대체취득하면 되는데, '농지법' 개정으로 취득 자체가 쉽지 않아졌지요. 농지 취득 시 농지위원회 심의를 거치도록 의무화했기 때문입니다.

종전에 농지취득자격증명을 발급받기까지는 농업경영목적인 경우 4일 이내, 주말체험농장은 2일 이내였지만, 지금은 농지위원회 심의를 거쳐야 하기 때문에 14일까지 심의기간이 소요됩니다.

이장원 세무사는 "농지취득심의만 14일이 걸리고, 무조건 통과된다는 보장도 없기 때문에, 사전에 대토취득지역에 이사를 가서 심의를 요청하는 것이 유리할 수 있다"며 "양도소득세 감면은 사후관리를 철저하게 하기 때문에 자칫 1억원의 감면세액에 가산세까지 추징당할 수 있다"고 주의를 당부했습니다.

| 청약 |

한국부동산원 청약홈 https://www.applyhome.co.kr

중소기업인력자원사업 종합관리시스템(특별공급 기관추천 공고) www.smes.go.kr/sanhakin

사전청약 뉴홈 www.사전청약.kr

LH청약+ https://apply.lh.or.kr

SH(서울주택도시공사) 인터넷 청약시스템 https://www.i-sh.co.kr

GH(경기주택도시공사) https://apply.gh.or.kr

| 정비사업 및 인·허가 |

정비사업 정비몽땅 https://cleanup.seoul.go.kr

KOSIS 국가통계포털 https://kosis.kr

| 실거래가 및 공시가격 |

국토교통부 실거래가공개시스템 http://rt.molit.go.kr

부동산공시가격 알리미 https://www.realtyprice.kr

| 시세 및 거래 정보 |

한국부동산원 부동산통계정보시스템 https://www.reb.or.kr/r-one

한국부동산원 부동산테크 https://land.seoul.go.kr

서울부동산정보광장 https://land.seoul.go.kr

공공데이터포털 https://www.data.go.kr

KB부동산 데이터허브 https://data.kbland.kr

부동산R114 https://www.r114.com

아실 https://asil.kr

호갱노노 https://hogangnono.com

내 집 마련 때 알아두면 좋은 웹사이트

| 대출, 청약 통장 |
주택도시기금 https://nhuf.molit.go.kr
전국은행연합회 https://www.kfb.or.kr
한국주택금융공사 https://www.hf.go.kr

| 세금 계산 |
셀리몬 https://sellymon.com
아는자산 https://knowingasset.com

| 지자체 통계 |
서울시 서울부동산정보광장 https://land.seoul.go.kr:444/land/
경기도 경기부동산포털 https://gris.gg.go.kr

| 공동주택 관리비 |
공동주택관리 정보시스템 http://www.k-apt.go.kr

| 경매 |
두인 https://www.dooinauction.com
경매마당 https://madangs.com
대법원 법원경매정보 https://www.courtauction.go.kr
온비드 https://www.onbid.co.kr

| 토지 및 등기 정보 |
토지이음 http://www.eum.go.kr
대법원 인터넷등기소 http://www.iros.go.kr
국토정보맵 https://map.ngii.go.kr

믿을 건 집밖에 없다

초판 1쇄 발행 | 2023년 11월 9일

지은이 | 채신화, 나원식, 이상원
펴낸이 | 이원범
기획 · 편집 | 어바웃어북 기획편집실
마케팅 | 안오영
표지 · 본문 디자인 | 강선욱
펴낸곳 | 어바웃어북 aboutabook
출판등록 | 2010년 12월 24일 제2010-000377호
주소 | 서울시 강서구 마곡중앙로 161-8(마곡동, 두산더랜드파크) C동 1002호
전화 | (편집팀) 070-4232-6071 (영업팀) 070-4233-6070
팩스 | 02-335-6078

ⓒ 채신화, 나원식, 이상원, 2023

ISBN | 979-11-92229-31-7 03320

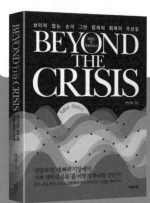